내 안의 창조성을 깨우는

몰입

윤홍식

홍익학당 대표이며, 동서양 인문학의 핵심을 참신하면서도 알기 쉽게 유튜브를 통해 전 세계에 알리고 있는 인기 있는 젊은 철학자이자 양심경영 전문가이다. 홍익학당 유튜브 채널의 구독자 수는 15만여 명에 달하며, 6,000여 개의 인문학 강의 조회 수는 1억을 돌파했다. 연세대학교 사학과 및 동 대학원 철학과를 졸업한 후 홍익학당과 출판사 봉황동래를 운영하고 있으며, 고전콘서트·양심콘서트·양심캠프 등을 열고 있다. 삼성·LG 등 일반 기업과 법무부·중소기업진흥청·우정청 등 공공기관에서 고전을 통한 윤리교육과 양심리더십 교육을 맡았으며, KBS·EBS 등 방송 매체에서도 활발하게 활동 중이다. 다양한 강의를 통해 양심의 각성과 실천을 강조하고 있으며, 국민 전체의 인성교육을 위하여 『양심노트』를 만들어 보급하고 있다. 저서로는 『5분 몰입의 기술』(2009년 문화체육부 선정 우수도서) 『대학, 인간의 길을 열다』 『조선선비들에게 배우는 마음챙김의 지혜 100』 『이것이 인문학이다』 『양심이 답이다』 『인성교육, 인문학에서 답을 얻다』 『카르마 경영의 6가지 원칙』 등이 있다.

내 안의 창조성을 깨우는 몰입

지은이 윤홍식
초판1쇄 2014년 3월 15일
초판9쇄 2025년 1월 31일
펴낸곳 봉황동래
펴낸이 윤홍식
출판등록 제313-2005-00038호
등록일자 2005년 3월 10일
주소 서울 마포구 마포대로 92, A동 3층(도화동, 효성해링턴 스퀘어)
전화 02-322-2522
팩스 02-322-2523

ISBN 978-89-94950-02-0 03190

값: 18,000원

디자인은 엔드디자인이 꾸몄습니다.
책값은 더 좋은 책을 만드는 데 사용됩니다.

이 책이 나오는 데 적극적으로 후원해 주신 〈강선자, 강정희, 거제명상팀, 김근영, 김근훈, 김승경, 김아린, 문귀남, 박상민, 손미자, 신동욱, 심성희, 양원용, 윤희근, 이병희, 이선경, 이선복, 이순채, 이승진, 이은순, 이종원, 정우준, 허남성〉님과 그밖에도 익명으로 후원을 해 주신 많은 분들께 진심으로 감사드립니다.

내 안의 창조성을 깨우는

몰입

지은이 • 윤홍식

봉황동래

◆ 들어가며

자신이 즐기는 일을 하는 것이 행복한 것이 아니요,
자신이 지금 하는 일을 즐기는 것이 행복한 것이다.

우리는 누구나 한평생 행복하게 살기를 원합니다. 그리고 이 세상을 떠나는 날까지 건강에 대해 걱정 없이 살기를 원합니다. 또 자신이 뜻한 바를 이루고 사는 성공하는 삶을 살기를 원합니다. 사람인 이상 모두 이러한 행복한 삶·건강한 삶·성공하는 삶을 원하며, 이를 이루기 위해 평생을 바치는 것은 너무도 당연한 일입니다.

그런데 과연 그러한 풍요로운 삶을 살고 간 사람들은 지구 상에 몇 명이나 될까요? 누구나 알듯이 그러한 축복받은 사람들은 아주 소수에 불과할 뿐입니다. 도대체 왜 모든 사람들이 이런 풍요로운 삶을 살 수 없는 것일까요? 과연 그러한 삶을 사는 방법은 어디에 있을까요? 우리는 그 답이 저 멀리 아득한 곳에 있다고 생각합니다. 그러나 성공적인 삶의 비법은 의외로 우리 가까이에 있을 수 있습니다.

　이 우주가 사람으로 하여금 행복하고 건강하고 성공하는 삶을 꿈꾸도록 프로그램을 했다면, 그것을 이룰 수단도 분명히 우리에게 주었을 것입니다. 우리는 단지 그 수단을 알아차리지 못하고 있을 뿐입니다! 우리 수중에는 분명히 그러한 풍요로운 삶을 이룰 수 있는 수단이 있습니다. 지금 이 순간, 우리는 그 놀라운 마법의 키를 가지고 있다는 말입니다.

　우리는 그 힌트를 우리의 일상에서 손쉽게 찾아볼 수 있습니다. 한번 생각해보십시오. "내가 과거에 대한 후회와 미래에 대한 불안에서 벗어나서, 지금 이 순간 최고로 행복하다고 느낀 순간은 언제였던가?", "내가 진정으로 살아있다고 생생하게 느낀 순간은 언제였던가?"라고 말입니다.

　그 순간은 바로 무언가에 '몰입'했을 때입니다! 그것이 오락이든 스포츠이든 간에, 자신이 진심으로 좋아하는 일에 '몰입'했을 때 우리는 잠시나마 시공을 초월하여 '진정한 자신'과 만날 수 있습니다. 이때 몸에서는 긍정적 호르몬이 나와서 우리를 아득하고 황홀한 상태로 몰고 갑니다. 만약 우리가 매일매일 이러한 기분으로 살 수만 있다면 우리는 한평생 행복하게 살다 갔노라고 말할 수 있을 것입니다.

　그런데 문제가 있습니다. 내가 좋아하는 일을 할 때만 그러한 최고의 몰입 상태에 도달한다는 것입니다. 내가 싫어하고 증오하는 일들이 태반인 이 세상에서 매일매일 행복감을 누리기란 불가능해 보입니다. 이러한 현실을 어떻게 극복해야 할까요? 답은 간단합니다. 그 일이 무슨 일이든 자신이 좋아하는 일처럼 즐기고 살면 됩니다. 우리에게 닥쳐오는 현실은 바꿀 수 없으나, 그러한 현실을 대하는 우리의 마음은 바꿀 수 있으니까요.

"자신이 즐기는 일을 하는 것이 행복한 것이 아니요, 자신이 지금 하는 일을 즐기는 것이 행복한 것이다."라는 옛말이 있습니다. 자신이 즐기는 일을 하는 것을 행복한 삶이라고 여기는 한, 우리의 행복은 무척이나 제약받게 됩니다. 그냥 지금 이 순간 내가 하는 일에 진심으로 몰입하여 즐길 수만 있다면, 우리는 매일매일 행복할 수 있을 것입니다.

그리고 이런 행복한 삶은 우리에게 '성공'과 '건강'이라는 소중한 선물도 함께 선사할 것입니다. 자신이 하는 모든 일을 진심으로 즐겁게 받아들이고 즐기는 사람은, 자신이 하는 일에 스트레스와 반감을 품고 살아가는 사람들에 비해 훨씬 건강하고 활기찬 삶을 살지 않겠습니까? 그리고 자신이 하는 일의 전체 과정을 모두 즐기는 사람은, 결과에만 집착하여 과정을 소홀히 하는 사람들에 비해 항상 성공하는 삶을 살 것입니다.

이렇게 볼 때 행복한 삶·건강한 삶·성공하는 삶을 사는 비법은 자명합니다. 그것은 바로 '지금 이 순간에 몰입하는 것'입니다. 지금 이 순간을 즐기지 못하고 몰입하지 못한다면 풍요로운 삶은 모두 영원한 꿈으로만 남게 될 것입니다. 풍요로운 삶을 꿈꾼다면 무엇보다 지금 이 순간을 즐겨야 합니다. 우리가 하는 일에 몰입을 하는 습관을 익혀야만 합니다.

과거는 이미 지나가버렸고 미래는 아직 오지 않았습니다. 과거에 대해 집착하고 미래에 대해 불안해하고 두려워하는 한, 우리는 영원히 행복해질 수 없습니다. 지금 이 순간 우리가 하는 일에 몰입할 수만 있다면, 즉각 행복해질 수 있으며 원하는 성공적인 삶을 살 수 있으며 항상 건강한 삶을 살 수 있습니다. 우리의 눈앞에 상쾌하고 황홀한 하루하루가 펼쳐질 것입니다.

이렇게 소중한 '몰입'이지만, 지금 곧장 내가 하는 일에 활용할 수 없다면, 몰입의 아름다운 효능들도 영원히 남의 이야기에 불과할 것입니다. 본서에서는 누구나 '5분' 안에 몰입을 맛볼 수 있도록 손쉬운 방법론을 제시하고 있습니다. 최근의 조사에 의하면, 현대인이 한 가지 일에 대해 주의력을 지속할 수 있는 시간은 대략 '5분' 정도에 불과하다고 합니다. '5분'의 시간이 우리에게 주어진 시간입니다. 이 시간 안에 몰입의 성패가 결정 납니다.

이 시간을 효과적으로 활용하지 못한다면, 주어진 대상에 대한 몰입은 물건너가게 될 것입니다. 본서에서 제시하는 '5분' 안에 몰입에 들어갈 수 있는 효과적인 기술들을 충분히 활용할 수 있다면, 남녀노소 누구나 손쉽게 5분이라는 짧은 시간 안에 내면의 집중력을 끌어낼 수 있게 될 것입니다.

몰입의 기술을 충분히 익히게 되면, '5분'이라는 시간은 황홀한 시간이 될 것입니다. 우리는 5분이라는 시간 안에, 몰입을 방해하는 부정적 상념들을 제거할 수 있으며, 내면에 잠재되어 있는 창조적 의식인 슈퍼의식을 끌어낼 수 있습니다. 때와 장소를 망각하고 자신이 하는 일만을 바라보고 느낄 수 있으며, 머릿속에서는 신바람이 나고 온몸에 긍정적 호르몬이 샘솟음을 느낄 수 있게 될 것입니다. 우리는 이 상쾌하고 황홀한 체험을 지금 당장 맛볼 수 있습니다. 5분만 몰입하십시오! 그 5분이 여러분의 인생을 송두리째 바꿔놓게 될 것입니다.

끝으로 본서에 소중한 체험담을 보내주신 독자 분들께 감사의 말씀을 전하며, 원고를 꼼꼼하게 검토해준 안현님과 종원이와 병문이, 그리고 창의적 아이디어 노트를 제안해준 이윤석님과 본문 그림의 채색을 맡아준 여동생 선아에게도 감사의 인사를 전합니다. 또한 홍익학당의 든든한 버팀목이 되어 주시는 모든 회원분들께도 감사의 인사를 전합니다.

2013년 11월 26일 겨울을 맞이하며
홍익학당 대표 윤홍식

창조적인 삶의 비결, 몰입

 매일 반복되는 우리의 지루한 일상을 돌아보면, 과연 이렇게 사는 것이 옳은 것인지, 좀 더 '신바람'과 '영감'이 넘치는 삶을 살아야 하는 것이 아닌지 의문이 드는 것이 사실입니다. 하지만 이 사실을 명심해야 합니다. 우리는 '지금 이 순간', 우리가 원하기만 하면 그러한 삶을 살 수 있다는 것입니다.

 그 답이 바로 '몰입'입니다. 아무리 지루한 일상을 사는 우리들이라도 자신이 진심으로 좋아하는 대상에 대해서는, 그 대상을 마음에 떠올리는 것만으로도 가슴이 뛰고 영감이 넘치게 됩니다. 아무리 사소한 일이라도 그것을 자신의 '취미'로 삼고 진심으로 사랑하고 즐긴다면, 그것에 대해 '창조적인 영감'을 얻게 되며 우리의 내면은 늘 희열로 가득 차 신바람이 나게 됩니다. 이것이 바로 '몰입'입니다!

 '창조성'은 대상을 진심으로 즐기는 중에만 나옵니다. 자신이 사랑하지 않는 일에 어떻게 창조적인 생각을 할 수 있겠습니까? 하지만 자신이 진심으로 사랑하는 일이라면 온종일이라도 창조적인 생각을 끌어낼 수 있습니다. 자신이 사랑하는 대상을 진심으로 사랑하게 되면, 우리 마음에서는 다른 대상이 사라지게 됩니다. 동시에 과거에 대한 후회와 자책, 미래에 대한 불안과 두려움을 모두 잊고 진심으로 '신바람'과 '영감'에 감싸이게 됩니다.

몰입은 '신바람'이며 '사랑'입니다! 우리가 어떤 대상을 진심으로 사랑하고 그것으로 인해 신바람이 날 때, 우리는 시간과 공간을 모두 잊어버리게 되며, 내면에서 긍정적 호르몬이 샘솟아 심신을 기쁘게 하며, 멋진 영감과 창조적인 생각이 머리에서 샘솟게 됩니다. 또한 멋진 생각만큼이나 멋진 행동이 마찰 없이 절로 나오게 됩니다. 이러한 상태를 우리는 "신바람이 난다!"라고 표현합니다. 이러한 신바람이 나는 상태가 바로 '몰입의 상태'입니다.

대상을 순수하게 사랑하고 즐기기 위해서는, 다른 꿍꿍이를 품고 대상을 수단시하면서 접근해서는 안 됩니다. 대상 그 자체를 목적으로 삼고 온전히 대상에만 몰입할 때에만, 우리는 대상을 진정으로 사랑할 수 있습니다. 창조적인 생각도 이러한 사랑의 상태, 몰입의 상태에서만 주어지는 선물입니다. 일상의 업무가 '취미'가 되지 못하는 이유는, 무엇보다 몰입하고자 하는 대상들이 우리에게 일정한 성과를 내도록 내몰기 때문입니다.

하지만 이런 일에서조차도, 우리에게는 '영감'과 '신바람'을 끌어낼 수 있는 힘이 있습니다. 그것을 '취미'처럼 순수하게 사랑하고 즐길 수만 있다면 말입니다.

'취미趣味'란 본래 대상이 지닌 아름다운 정취(趣)와 참맛(味)을 순수하게 즐기고 감상하는 행위를 말합니다. 어떠한 다른 목적 없이 순수한 마음으로 대상이 주는 행복감을 만끽하고 즐기는 행위가 바로 '취미'입니다. 우리가 자신이 다루는 대상을 '취미의 대상'처럼 일체의 이해득실을 떠나서 진심으로 사랑하고 즐길 수 있다면, 우리는 손쉽게 몰입을 이룰 수 있을 것입니다.

몰입의 방법은 의외로 간단합니다. 두 가지만 기억하십시오. 첫째 자신이 해야만 하는 미션을 늘 마음속으로 암송하십시오. 둘째 "모른다!"와 "괜찮다!"를 활용하십시오. 이 두 가지만 늘 기억하시면, 여러분은 몰입의 달인이 될 수 있습니다.

먼저 자신이 해야 할 일을 늘 암송하면, 과거나 미래를 잊고 오직 지금 이 순간에만 몰입할 수 있게 됩니다. 우리의 정신을 불안하게 할 일체의 잡념이 끼어들지 못하죠. 잡념이 일어나면 더욱 단호하게 미션을 암송하고 선언하십시오. 우리는 한 가지 생각에 몰입하는 동안에는 다른 생각을 할 수 없게 만들어져 있습니다. 그러니 몰입의 달인이 되기 위해서는 원하는 생각을 지속적으로 암송해주는 것이 중요합니다.

그리고 잡념이 몰입을 강력히 방해할 때는, "모른다!"라고 암송하고 선언하십시오. 5분만 실험해보십시오. 놀라운 효과를 경험하게 될 것입니다. 몰입을 방해하는 잡념들이 사라지면서 마음은 상쾌해질 것이며 영감으로 번뜩이게 될 것입니다. "괜찮다!"도 동일한 효과를 냅니다. 부정적 영향을 주는 잡념이 떠오르면 무엇이든 무조건 괜찮다고 선언해보십시오. 잡념이 일절 말을 걸지 못하게 될 것입니다.

몰입하고자 하는 대상을 진심으로 즐기기 위해서는, 대상을 대할 때 내면에서 일어나는 온갖 부정적인 상념에 대해 단호하게 "모른다!" "괜찮다!"라고 선언할 수만 있으면 됩니다. 우리는 좋아하는 대상에 대해서는 어떠한 부정적인 상념도 일으키지 않습니다. 그러니 우리가 대상에 진심으로 몰입하기를 원한다면, 어떠한 부정적 판단이 일어나고, 어떠한 부담감이 우리를 압박해오든지, 무조건 모르쇠로 일관해보십시오.

부정적인 상념이 무슨 말을 걸어오건 "모른다!" "괜찮다!"라고 우리의 입장을 분명히 하다 보면, 우리의 뇌는 대상에 대한 부정적인 생각을 잊고 대상을 즐기게 되며, 마음은 차분해지고 내면에서 신바람이 샘솟기 시작합니다. 부정적인 생각을 없애려 하지 마십시오. 그러다가는 부정적 생각과 더욱 얽히게 됩니다. 그냥 "모른다!" "괜찮다!" 하고 무시하시기만 하면 충분합니다. 그냥 모르쇠로 일관하시기만 하면 됩니다. 부정적인 생각이 약해질수록 신바람은 샘솟게 됩니다. 5분 정도만 집중해서 단호히 선언해보십시오. 내면에서 놀라운 변화가 일어날 것입니다.

'대상에 대한 몰입'은 결국 '대상을 향한 사랑'입니다. 대상을 '암송'하여 주의집중이 늘 대상으로 향하게 하고, 대상에 대한 사랑을 방해하는 온갖 부정적인 요소들에 대해 "모른다!" "괜찮다!"라는 무관심한 태도를 취할 수만 있다면, 몰입은 저절로 이루어지게 되어 있습니다. 우리가 일상의 업무를 취미로 삼게 되면 매 순간 무한한 '행복감'과 '창조성'을 누릴 수 있게 될 것입니다. 취미를 누릴 때만 행복한 삶이 아니라, 일상이 그대로 취미가 되어 매일매일 최고로 신바람이 나는 삶을 누리게 될 것입니다.

목차

들어가며 • 04
창조적인 삶의 비결, 몰입 • 09

1장 몰입이란 무엇인가?

1 | 취미생활은 재미있고 일은 재미없다? • 22
2 | 왜 내가 해야 하는 일에는 몰입이 잘 안 될까? • 26
3 | 의식과 무의식으로 구성된 마음 • 29
4 | 슈퍼의식의 비밀 • 33
5 | 몰입이란 무엇인가? • 39
6 | 몰입의 증거 • 43
7 | 몰입과 매몰의 구분 • 48
8 | 재미가 없는 일에 몰입하는 방법 • 50
9 | 피할 수 없으면 즐겨라! • 55

몰입의 달인 – 소크라테스 • 58
선비들에게 배우는 몰입 노하우 – 매월당 김시습 • 59
달인이 되는 비결 • 60

2장 즉각 몰입하는 비결

1 | 2가지 몰입법으로 슈퍼의식 각성하기 • 62
2 | 몰입의 4단계 • 66
3 | 대상에 몰입하는 요령 • 72
4 | 몰입을 돕는 4가지 기법 • 77
5 | 대상에 대한 몰입의 구체적 적용 • 86
6 | 호흡에 몰입하는 요령 • 88
7 | 나에게 몰입하기 • 95
8 | 나에게 몰입하는 요령 • 98
9 | 게임을 통해 본 2가지 몰입 • 102
10 | 마음을 리셋하라 • 106
11 | 초간단 마음리셋법 • 108
12 | 5분 몰입 • 111

몰입의 달인 – 아르키메데스 • 113
선비들에게 배우는 몰입 노하우 – 퇴계 이황 • 114
불교의 몰입 9단계 • 115
나의 몰입 이야기 • 122

3장 몰입으로 지금 이 순간 행복해지기

1 | 지금 이 순간 나는 왜 불행한가? • 128
2 | 지금 이 순간 행복해지는 요령 • 132

3 | 행복의 비결 • 138
4 | 고통과 쾌락을 반복하는 마음 • 141
5 | 고통과 쾌락의 반복에서 벗어나기 • 145
6 | 현재에 머무르지 못하는 마음 • 151
7 | 지금 이 순간에 몰입하는 마음 • 155
8 | 몰입의 심리적 효능 • 160
9 | 우울한 감정을 극복하기 • 165
10 | 죄책감을 극복하기 • 171
11 | 트라우마를 극복하기 • 174
12 | 불안감을 극복하기 • 177
13 | 외로움을 극복하기 • 180
14 | 이별의 아픔을 극복하기 • 183
15 | 소외감을 극복하기 • 186
16 | 답이 없는 고민 하지 않기 • 189
17 | 진심으로 용서하기 • 193

몰입의 달인 – 뉴턴 • 198
선비들에게 배우는 몰입 노하우 – 화담 서경덕 • 199
몰입하는 선비의 하루 일과 • 200
남에게 받은 상처에서 벗어나는 비결 • 203
나의 몰입 이야기 • 206

 4장 천재들의 비밀 몰입사고법

1 | 천재들의 사고법, 몰입사고법 • 214
2 | 몰입을 통한 뇌의 기능 향상 • 220

3 | 뇌를 바꾸는 몰입 • 227
4 | 몰입사고법은 직관사고법 • 229
5 | 동양고전에서 배우는 몰입사고법 • 235
6 | 한 가지 일에만 몰입하기 • 242
7 | 분할하여 몰입하기 • 245
8 | 몰입력 충전하기 • 248
9 | 몰입력 충전의 활용 • 252
10 | 2가지 몰입법을 이용하여 창조적 해답 찾기 • 255

몰입의 달인 – 이덕무 • 260
선비들에게 배우는 몰입 노하우 – 율곡 이이 • 261
공부를 게임처럼 즐기는 비결 • 262
창조력을 끌어내는 비결 • 265
나의 몰입 이야기 • 267

5장 몰입사고법으로 지혜 기르기

1 | 자명한 앎의 비밀 • 276
2 | 몰입사고법으로 지혜를 얻는 비밀 • 282
3 | 3박자 사고로 창조적으로 생각하기 • 288
4 | 창조적 사고로 문제 해결하기 • 293
5 | 몰입사고법으로 영성지능 계발하기 • 298
6 | 양심성찰의 요령 • 303
7 | 몰입사고법으로 창조성 기르기 • 307
8 | 몰입사고법으로 올바른 선택하기 • 309

9 | 몰입사고법으로 책읽기 • 312
10 | 몰입사고법으로 기억하기 • 317

몰입의 달인 – 니콜라 테슬라 • 319
선비들에게 배우는 몰입 노하우 – 포저 조익 • 320
창의적 아이디어 노트 • 321
양심잠 • 322
양심노트 • 323
양심노트의 사례 • 324
율곡에게 배우는 몰입사고의 비결 • 327
원효에게 배우는 몰입사고의 비결 • 331
대승기신론에서 배우는 몰입사고의 비결 • 333
나의 몰입 이야기 • 334

몰입으로 부정적인 습관 버리기

1 | 긍정적 자아 만들기 • 344
2 | 운명을 바꾸는 비결 • 347
3 | 몰입하여 분석하기 • 351
4 | 생각 바로잡기 • 359
5 | 감정 바로잡기 • 363
6 | 몰입으로 화 다스리기 • 367
7 | 말과 행위 바로잡기 • 371
8 | 몰입을 통해 부정적 습관을 버리는 요령 • 376

9 | 습관교정을 성공으로 이끄는 비결 • 380
10 | 몰입으로 목표 이루기 • 384

몰입의 달인 – 이휘소 • 390
선비들에게 배우는 몰입 노하우 – 면우 곽종석 • 391
원하는것을 끌어당기는 비결 • 392
나의 몰입 이야기 • 394

7장 몰입으로 건강해지기

1 | 사람의 몸을 구성하는 핵심 요소 • 404
2 | 몰입으로 마음·기운·몸 건강하게 하기 • 406
3 | 건강에 관한 동양고전의 가르침 • 412
4 | 몰입으로 에너지 충전하기 • 416
5 | 올바른 호흡법 • 418
6 | 호흡에 대한 몰입의 긍정적 영향 • 422
7 | 몸에 몰입하는 요령 • 425
8 | 몰입으로 아픈 몸 치유하기 • 428
9 | 숙면을 취하는 몰입 • 434
10 | 아침에 일어났을 때의 몰입 • 436
11 | 건강증진의 구체적 효과 • 438

나의 몰입 이야기 • 443
일상을 취미처럼 즐기는 삶 • 445
몰입 7단계 프로그램 • 454

1장

몰입이란
무엇인가?

그 일이 취미이건 일이건 공부이건, 몰입해 즐기면서
여유롭게 하는 일은 성공할 확률이 높아지며,
몰입하지 못하고서 억지로 스트레스를 받아가면서 하는 일은
실패할 확률이 높아지는 것입니다

1
취미생활은 재미있고 일은 재미없다?

 우리가 '취미'로 즐기는 각종 오락에 대해서는 진심으로 '몰입'을 해서 합니다. 신바람이 나서 신명이 나서 시간가는 줄 모르고 합니다. 또한 그것만을 생각하고 그것만을 원합니다. 그래서 밥을 먹었는지, 화장실을 다녀왔는지, 모두 놓아버리고 오직 내가 하는 '그것'만을 바라보고 즐기고 느낍니다. 또한 순간순간 영감이 감돌며, 지금

· 몰입이 잘 된 상태 ·
---

❶ 진심으로 즐거워서 함
❷ 정신이 집중되고, 시간이 가는 줄 모름
❸ 신바람이 나고 즐거움
❹ 영감이 감돌고 집중력 · 판단력 · 창조력이 극대화됨
❺ 취미에 관한 모든 정보에 깨어있음

이 순간 내게 필요한 정보들이 머릿속에서 샘솟습니다. 뇌가 극도로 활성화되어 영감과 창조성이 극대화되며, 판단력과 정보처리능력이 극대화가 됩니다. 이것이 바로 '몰입'입니다.

운동·술·담배·게임·인터넷·음악·만화 등 어떤 것도 마찬가지입니다. 우리가 진심으로 '즐기는 대상'에 대해서는 어떤 것이든지, 우리는 쉽게 몰입해서 진심으로 그것들을 즐깁니다. 그런데 일이나 공부 등 정작 우리에게는 꼭 필요하고 너무도 중요한 일들에 대해서는 몰입이 잘 되지 않는 것이 현실입니다. 앞에서 언급한 즐기는 대상을 향했을 때와는 정반대의 상황이 펼쳐집니다.

• 몰입이 안 된 상태 •

❶ 의무감으로 억지로 함
❷ 정신이 분산됨
❸ 짜증이 나고 스트레스를 받으며 화가 남
❹ 뇌가 정지되고 판단력 등이 마비됨
❺ 공부하는 내용이 머리에 와닿지 않음

의무감으로 억지로 일을 하게 됩니다. 피할 수만 있다면 피하고 싶어 합니다. 그래서 스트레스를 받고, 짜증을 내고, 화를 냅니다. 하기 싫은 일을 억지로 하니 머리가 굴러가지 않습니다. 아무리 일을 하고, 공부를 해도 그 내용이 이해가 되지 않습니다. 건성으로 혹은 스트레스 상태에서 억지로 일을 하니 실패할 확률만 높아집니다. 즐기면서 일을 하고 공부를 해도 성공할까 말까인데, 억지로 짜증내면서 하는 일이 어떻게 성공할 수 있겠습니까?

우리의 일상을 가만히 들여다보면, 오락거리에 불과한 일에 대해서는 진심으로 즐기면서 혼신을 다해 창조적으로 처리하고, 정작 우리에게 중요하고 절실한 일에 대해서는 스트레스를 받으며 억지로 처리하고 있다는 사실을 알 수 있습니다. 이것은 심각한 일입니다. 실패해도 좋은 일에 대해서는 몰입하고, 반드시 성공해야 하는 일에 대해서는 몰입을 하지 못하는 우리의 현실을 지금 당장이라도 바로잡아야 할 것입니다.

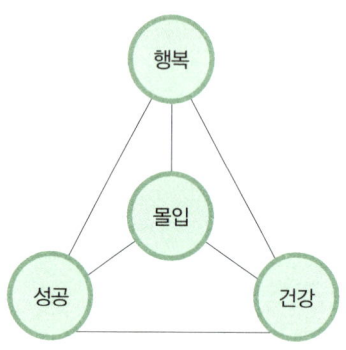

:: 행복 · 성공 · 건강의 비결 몰입 ::

몰입해 즐기면서 여유롭게 하는 일은 성공할 확률이 높아지며, 몰입하지 못하고서 억지로 스트레스를 받아가면서 하는 일은 실패할 확률이 높아집니다. 성공적인 인생의 비밀이 바로 '몰입'인 이유가 여기에 있습니다. 이 '비밀'을 아는 사람과 알지 못한 사람의 인생은 하늘과 땅처럼 차이가 나게 됩니다. 또한 그가 표현해낼 수 있는 창조력 또한 엄청난 차이가 나게 됩니다. 사실 아주 작은 차이에 불과할 뿐인데 말입니다. 몰입을 통해 자신의 목표와 사명을 이루어가는 성공하는 인생에는 자연히 건강과 행복이 따라옵니다. 어떠한 상황에서도 항상 긍정적이고 여유로운 마음가짐을 유지하는 몰입은 우리에게 항상 건강과 행복이라는 최고의 선물을 선사하기 때문입니다.

2
왜 내가 해야 하는 일에는 몰입이 잘 안 될까?

우리가 즐기는 대상들에 대해서는 누가 시키지 않아도 몰입이 잘 됩니다. 그런데 정말 우리 인생에 중요한 일(공부)에 대해서는 몰입이 잘 안 돼서 고통스러웠던 경험이 누구나 있을 것입니다. 도대체 왜 우리에게 너무도 중요하고 꼭 해야만 하는 일(공부)에 대해서는 몰입이 되지 않는 것일까요?

그것은 1차적으로 우리에게 '호감'이냐 '비호감'이냐에 달려 있습니다. 평소에 내가 가지고 있는 선입견이 대상을 '즐거운 일'로 여기는지, 피할 수만 있다면 '피하고 싶은 일'로 여기는지에 달려 있는 것입니다. 평소 호감의 대상으로 우리 마음에 기억되어 있는 일을 대하면 누가 시키지 않아도 즐기게 됩니다. 그 일을 생각하는 것만으로도, 뇌에서 몸과 마음을 기쁘고 행복하게 만들어주는 엔도르핀·세로토닌·도파민 등의 긍정적 호르몬·신경전달물질들이 나옵니다.

그렇지만 평소 정말 하기 싫은 일, 피하고 싶은 일로 기록되어 있는 일을 대하게 되면, 그 일을 해야 할 것을 생각하는 것만으로도 짜증이 나고 스트레스가 온몸을 휘감게 됩니다. 마음뿐만 아니라 몸도 스트레스를 받아서 긴장하게 됩니다. 마음과 몸이 이렇게 진심으로 싫어하는데, 몰입이 이루어질 턱이 없습니다. 아무리 그 일을 잘해보고자 노력해도 이러한 마음과 몸의 긴장과 스트레스가 풀리지 않는 한 몰입이 되지 않습니다.

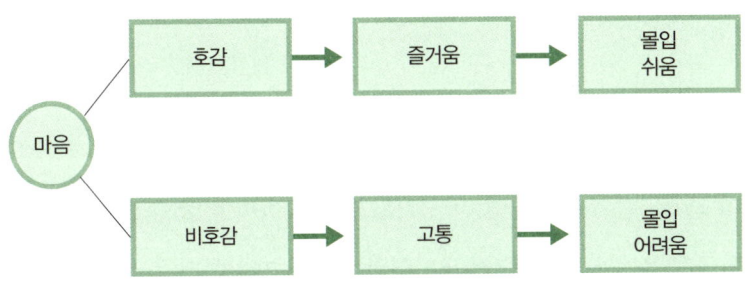

∷ 호감과 비호감에 따른 구분 ∷

그런데 재미있는 것은, 나에겐 비호감인 대상이 남에겐 호감의 대상일 수 있다는 사실입니다. 사람에 따라 호감과 비호감의 대상이 다르다는 것입니다. 누군가에겐 호감의 대상인 '술'이 다른 사람에겐 비호감의 대상일 수 있습니다. 누군가에겐 비호감의 대상인 '공부'가 누군가에겐 호감의 대상일 수도 있는 일입니다. 호감·비호감의 절대적 기준이 있는 것이 아니란 말입니다.

또한 한 개인을 기준으로 봤을 때, 어렸을 때는 극도로 꺼리는 대상이 나이가 들어 호감의 대상으로 바뀌기도 하며, 비호감의 대상이 어떤 사건을 계기로 호감의 대상으로 급변하는 일도 있습니다. 진심으로 싫어했던 음식이, 시간이 흘러 생각하는 것만으로도 기분을 들뜨게 하는 호감의 대상으로 바뀌었던 경험은 누구나 있을 겁니다.

호감·비호감에는 절대적인 기준이 없다는 것, 그리고 호감·비호감은 상황에 따라 바뀔 수 있다는 것은 우리에게 큰 희망을 줍니다. 호감·비호감에 선택의 여지가 있다는 것이니까요. 지금 우리에게 정말로 비호감인 대상들도 우리가 마음먹기에 따라 호감의 대상으로 바꿀 수도 있는 것입니다.

물론 우리의 호감·비호감이 인간으로서의 본능이나 선천적 기질에 관계되는 부분이라면, 바꾸기도 힘들 것이며 바꿀 필요가 없는 경우도 많을 것입니다. 그러나 이러한 부분을 제외하면 우리의 삶을 보다 성공적이며, 행복하고, 건강하게 만들기 위해, 얼마든지 바꿔야만 하고 바꿀 수 있는 부분이 많습니다.

우리의 성공을 방해하는 습관들, 우리의 행복에 방해되는 습관들, 우리의 건강에 방해되는 습관들은 반드시 바꿔야 합니다. 정작 몰입을 해야 할 대상에 대해서는 짜증을 내며, 풍요로운 삶을 위해 반드시 피해야 할 일에 대해서는 진심으로 몰입하는 삶의 구조를 '지금 당장' 바꿔야만 합니다. 언제 어디서나 내가 하는 일에 몰입할 수 있어야 합니다.

3
의식과 무의식으로 구성된 마음

언제 어디서나 내가 하는 일을 몰입하여 즐기면서 하고자 한다면, 무엇보다 우리의 '마음의 구조'에 대해 이해를 해야만 합니다. 어떤 기계든 그 구조와 작동원리를 알면 쉽게 컨트롤할 수 있는 것처럼 말입니다.

일상생활에서 작용하는 우리 마음의 구조를 살펴보면, 크게 '의식 意識'(consciousness)과 '무의식 無意識'(unconsciousness)으로 이루어졌다고 봅니다. 일반적으로 우리 마음의 작용에서 의식은 10% 정도 그 비중을 차지하고, 무의식은 90% 정도 차지한다고 봅니다. 일상에서 쓰는 우리의 마음 중 대략 10%만 우리가 명확히 인식하고, 나머지 90%는 우리가 의식하지 못하는 중에 작용한다는 것입니다.

'무의식'이 하는 대표적 기능은 다음과 같습니다. 무의식은 우리가 평소에 항상 생각하고 판단해서 하는 일이 아니라, 무의식적으로 습관적으로 하는 생각·감정·행동들이 자동으로 실행되도록 관장하는 심층의식입니다. 우리가 굳이 의식하지 않아도, 자동으로 습관적 생각·감정·행위들을 표현하는 내면의 마음인 것이죠.

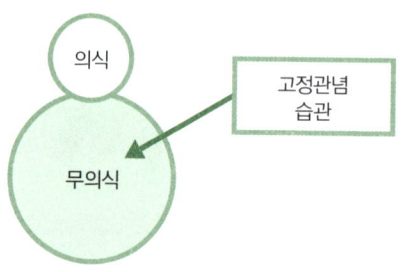

:: **의식과 무의식** ::

걷거나, 식사를 하거나, 자고 누울 때, 꼭 그것을 의식해서 하지 않습니다. 우리는 대개 그러한 행위들을 무의식적으로 합니다. 무의식적으로 앉고 무의식적으로 걸어 다니고, 무의식적으로 밥을 먹고 살아갑니다. 인간이 살아가는 한 90%를 무의식이 알아서 처리한다고 보면 됩니다.

우리의 몸 또한 무의식이 관장합니다. 면역체계·체온의 조절·오장육부의 움직임 등 몸의 중요한 기능들을 무의식이 담당합니다. 만약 심장의 작동을 우리 의식이 조절한다면, 우리는 마음먹은 대로 심장을 정지시킬 수 있을 것입니다. 이런 일을 막기 위해 우리 몸의 주요 기능들은 모두 무의식이 알아서 조절합니다.

이렇게 우리 몸이건 우리의 일이건, 무의식이 스스로 알아서 처리해준다는 것은 고마운 일이죠. 우리가 일일이 판단하면 얼마나 번거롭겠습니까? 그런데 반대로 무의식이 우리의 발목을 잡는 경우가 있습니다. 우리 의식이 "나 이제 저 대상에 몰입하고 싶어!", "저 대상에 집중하고 싶어!"라고 말해도, 평상시의 습관대로 무의식이 제동을 겁니다. "야! 넌 그동안 몰입하지 않았잖아!", "다른 일을 해! 넌 이것을 싫어했잖아!"라고 강력히 외칩니다. 오히려 우리 의식의 결정을 방해합니다. 우리 삶을 도와주던 무의식이 결정적일 때 우리를 배신하기도 하는 것이죠.

만약 의식의 결정에 무의식이 진심으로 따를 수만 있다면, 몰입은 정말 쉬운 일이 될 것입니다. 우리는 언제 어디서나 어떤 것에 대해서든 쉽게 몰입할 수 있을 것이며, 우리의 인생은 우리의 의식적 결정에 따라 얼마든지 변화할 수 있을 것입니다. 어제까지 싫어했던 일에 대해서도 오늘부터 몰입해서 할 수 있을 것이며, 어제까지 익혀왔던 습관도 오늘부터 하지 않을 수 있을 것입니다. 그야말로 인생의 주재자·경영자가 되는 것이죠.

문제는 무의식이 그리 녹록지 않다는 것입니다. 무의식이 우리의 '습관'을 담당하는 만큼, 기존의 습관에서 쉽게 벗어나지 못합니다. 어제까지 집중이 되지 않던 일에 몰입하고자 하여, "어제까진 내가 이걸 싫어했지만, 오늘부터는 몰입하자!"라고 의식이 결정을 내릴 때, 무의식이 "그동안 네가 이걸 습관적으로 싫어하긴 했지만, 지금부터는 몰입해볼게!"라고 쉽게 인정하지 않는다는 겁니다. 오히려 무의식은 "그동안 습관적으로 이걸 싫어해왔는데, 왜 이제 와서 다른 소리야? 하던 대로 하자!"라고 밀어붙입니다.

의식보다는 무의식의 힘이 훨씬 크기 때문에(앞의 그림 참조), 무의식이 강하게 주장하면 의식은 끌려가게 마련입니다. 그래서 '작심삼일'(作心三日, 굳게 먹은 마음이 3일을 못 넘긴다.)이라는 말이 있는 것입니다. 단단히 마음을 먹고 의식이 작심을 했더라도 3일이 못 가서 나가떨어지는 이유가, 무의식의 엄청난 관성의 힘 때문에 그렇습니다. 무의식에는 그동안 해왔던 방향으로 계속 가려는 힘이 있는 것이죠.

따라서 비호감의 대상을 호감으로 바꾸는 일은, '의식'만으로 가능하지 않습니다. 의식이 "이것은 평소 비호감으로 여기던 것인데, 오늘부터 호감으로 바꿀 거야!"라고 말한다고 해서, 무의식이 쉽게 움직여주지 않습니다. 무엇보다 무의식이 변해야 합니다. 무의식을 바꾸는 작업이 바로 '몰입'입니다. 의식의 결정에 무의식이 따르도록 유도할 수 있어야 합니다.

그런데 재미있는 것은, 의식과 무의식 외에 '제3의 의식'이 우리 내면에 있다는 것입니다. 습관에 끌려가지도 않고, 또 무의식에 지배되지도 않는 강렬한 의식, 이걸 현대 학자들은 '슈퍼의식' 즉 '초의식超意識'(superconsciousness)이라고 부릅니다. 슈퍼의식을 알아야만 여러분은 무의식을 효과적으로 제압할 수 있습니다. 이 슈퍼의식이야말로 우리가 몰입을 하는 데 가장 결정적인 역할을 하는 중요한 의식입니다.

4
슈퍼의식의 비밀

'슈퍼의식'(초의식)이란, '의식'과 '무의식'을 초월한 의식입니다. 의식처럼 무의식에게 약하지도 않고, 무의식처럼 그동안 해왔던 습관에 구속되어 새롭고 창조적인 것을 못하는 그런 자리도 아닙니다. 슈퍼의식은 의식처럼 무의식에 의해 좌지우지되지 않습니다. 무의식을 넘어서 작용하는 의식입니다. 그래서 습관을 초월합니다. 이 자리는 기존의 습관을 넘어서 있는 자리이기 때문에, 슈퍼의식이 발동하면 무의식은 힘을 잃는 것입니다.

우리가 '신바람'이 나고 '신명神明'이 나서 뭔가를 할 때, 의식은 철저히 긍정적이 되고 무의식의 방해를 받지 않습니다. 아무리 긍정적으로 살려고 해도 무의식의 방해를 받으면 부정적으로 변해버리던 의식이, 신바람이 나기만 하면 저절로 긍정적으로 변화하며, 무의식도

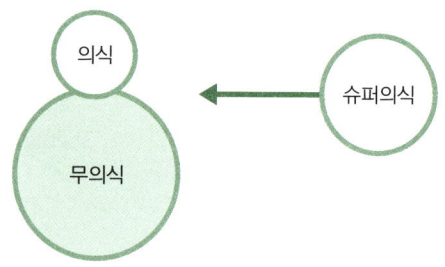

:: **제3의 의식인 슈퍼의식** ::

의식에게 철저히 협조적으로 나옵니다. 그래서 평소에 잘 안 되던 것도, 신바람이 나면 이상하게도 잘 됩니다. 신바람이 날 때는 안 되던 것도 가능해지고, 모르던 것도 알아집니다. 이것은 슈퍼의식이 무의식을 초월하는 존재라는 것을 의미합니다. 우리가 흔히 '신바람', '신명'이라고 부르는 것이 바로 현대 학자들이 말하는 '슈퍼의식'입니다.

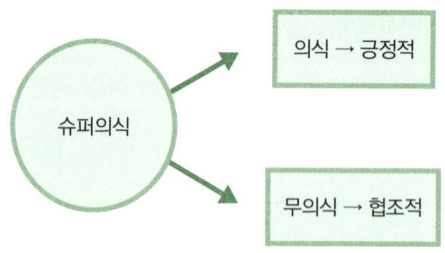

:: **의식·무의식에 미치는 슈퍼의식의 힘** ::

우리가 "신명이 난다!"라고 말하는 것이 바로 "슈퍼의식이 발동했다."라는 것입니다. 누구나 이런 체험을 겪어 보았을 것입니다. 신바람이 날 때는 모르던 것도 알아지고 안 되던 것도 가능해집니다. 한마디로 한계가 없어집니다. 무한한 영감과 창조성이 샘솟게 됩니다.

그리고 아무 이유 없이 절대적인 행복감을 맛보게 됩니다. 몸과 마음이 모두 즐겁고 부족한 것이 하나도 없습니다. 슈퍼의식은 어떠한 부족감도 느끼지 못하는 자리입니다. 그래서 항상 행복감으로 충만해 있는 자리입니다.

이렇게 한계가 없이 무한한 정보를 주고, 무한한 행복감을 주고, 무한한 능력을 주는 자리가 바로 슈퍼의식 자리입니다. 이러한 슈퍼의식을 발동시키는 행위, 신바람을 나게 하는 행위가 바로 '몰입'입니다. 뭔가에 열중하여 몰입했을 때, 우리 마음 내면에서는 신바람이 납니다. 신바람이 나기 전까지는 지겹던 일도 신바람만 나면 즐길 수 있습니다. 신바람이 나야 진정한 몰입이며, 몰입을 해야 신바람이 납니다.

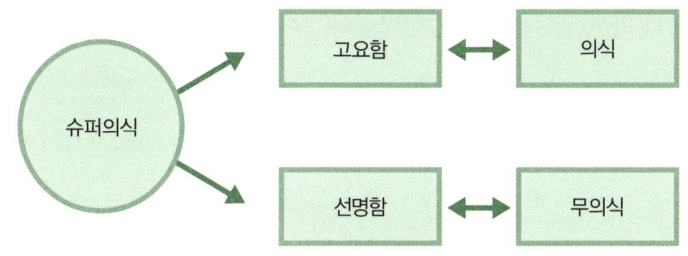

:: **의식과 무의식을 초월한 슈퍼의식** ::

신바람이 난 상태를 관찰해보면, 슈퍼의식의 특징을 잘 알 수 있습니다. 신바람이 난 상태에서는 마음이 참으로 고요하고 편안합니다. 잡스럽게 떠들던 온갖 생각·감정들이 온 데 간 데가 없고 고요함이 느껴집니다. 또한 정신이 어느 때보다 선명하고 또렷하여 뇌가 극도로 활성화됩니다. 무한한 영감과 창조성이 우리를 찾아옵니다. 이러한 특징은 슈퍼의식이 의식과 무의식을 초월한 의식이라 가능한 것입니다. 우리의 '의식'은 쉴 새 없이 떠드는 자리입니다. 반면에 '무의식'은 의식할 수 없는 자리이니 흐리멍덩한 자리입니다. 그러나 슈퍼의식은 이 둘과는 질적으로 달라서, 지극히 고요하며(의식의 초월) 지극히 선명합니다(무의식의 초월).

따라서 이러한 슈퍼의식을 각성시키고자 하면, 마음을 대상에 집중하여 하나로 모으되 잡념을 모두 버릴 수 있어야 합니다. 그래야 '의식'을 초월할 수 있습니다. 이리 저리 산만한 마음인 의식을 초월하기 위해서는, 오직 '하나'만 바라보고 생각해야 합니다. 그리고 동시에 잠이나 흐리멍덩한 상태에 빠져들면 안 됩니다. 그래야 '무의식'을 초월할 수 있습니다. 한 가지 대상에 몰입하여 잠들지 않는 것, 이것이 바로 슈퍼의식을 각성하는 최고의 요결입니다.

천재 과학자인 에디슨(1847~1931)이 슈퍼의식을 각성시키기 위해 찻잔을 든 채로 잠이 들었다는 것은 유명한 이야기입니다. 찻잔을 든 채로 잠에 들면, 손에 힘이 빠지며 찻잔이 밑의 차받침으로 떨어지게 되죠. 이때 찻잔이 차받침에 부딪히며 소리가 나서 잠에서 깨게 됩니다. 이것은 의식과 무의식을 초월한 슈퍼의식을 각성하기 위한 방편이었습니다.

잠에 빠져들면 무의식에 들어가게 됩니다. 그러나 무의식에 빠져 있어서는 영감과 창조성이 나오지 않습니다. 그러니 찻잔을 들고 잔 것입니다. 찻잔과 차받침이 부딪히는 소리에 순간적으로 깨게 됩니다. 무의식에서 곧장 의식을 회복하게 되는 거죠. 그러나 이 순간 워낙 황급해서 의식이 이런 저런 생각을 일으키지 못합니다. 이때 의식과 무의식의 초월이 일어나는 것입니다. 의식과 무의식 모두 활동이 제약당한 상태에서 고요하되 선명한 슈퍼의식이 발동하게 됩니다. 뇌의 능력은 순간적으로 극대화가 되고 창조적인 영감이 떠오르는 것이죠. 에디슨은 이러한 방법으로 영감이 떠오를 때까지 반복했다고 합니다.

슈퍼의식은 무한한 정보를 지닌 자리이며, 창조적이고 영감 어린 의식이기에, 몰입을 통해 신바람이 나서 슈퍼의식이 각성되면 사고력과 창조력, 기억력이 모두 활성화됩니다. 판단이 안 되던 것이 명확히 판단이 되고, 놀라운 아이디어가 샘솟고, 인생살이의 올바른 길이 선명히 보이고, 잊어버렸던 것이 떠오르는 체험, 신바람이 난 상태에서는 누구나 누릴 수 있는 체험들입니다.

슈퍼의식은 무한한 정보와 영감·창조력을 지닌 자리이며, 무의식·의식을 초월하여 작용하는 자리이고, 절대적 행복감이 충만한 자리입니다. 그래서 슈퍼의식과 접속만 되면 창조적이 되며, 아무 이유 없이 행복해집니다. 그리고 슈퍼의식은 언제 어디서나 우리에게 무엇이 옳고 그른지를 분명히 보여주며, 처한 상황에 알맞은 최선의 해법을 보여줍니다.

그런데 안타깝게도 우리는 이렇게 긍정적인 의식이며, 인생에 도움이 되는 의식인 슈퍼의식을 무시하며 살아가고 있습니다. 무한한 능력을 지닌 슈퍼의식에 접속하지 않고 살아가고 있습니다. 몰입을 통해 슈퍼의식을 발동시키는 정확한 방법을 알아서, 언제 어떤 상황에 처하건 우리의 살림살이를 살맛 나게 만드는 최고의 비법을 자유자재로 활용할 수 있어야 하겠습니다.

5
몰입이란 무엇인가?

우리가 '몰입'을 통해서 한 가지 대상에만 진심으로 집중할 수 있다면, 슈퍼의식을 곧장 각성시킬 수 있습니다. 여러 갈래로 분산된 마음으로는 슈퍼의식을 각성시킬 수 없습니다. 따라서 '몰입'은 1차적으로는 한 가지 대상에 진심으로 집중하는 것을 말하지만, 그 본래적 의미는 '일념집중'을 통해 '슈퍼의식'을 자유자재로 활용하는 비법을 말하는 것입니다. 의식과 무의식을 모두 넘어선 슈퍼의식, 의식을 긍정적으로 만들어주고 무의식의 구속을 막아주는 슈퍼의식을 지금 여기서 활용하는 비법이 바로 '몰입'입니다.

'슈퍼의식'은 지금 하는 일이 무엇이든지, 그 일을 긍정적으로 재밌게 할 수 있도록 만들어줍니다. 또한 무한한 힘과 정보, 영감을 가지고 우리 의식을 지원해줍니다. 그리고 무의식이 의식이 하는 일을 방해하도록 놓아두지 않습니다. 무의식 안에는 저장되어 있지만 우리가 잊고 지냈던 정보와 습관들을 총동원하여 의식이 하는 일을 지원해줍니다. 얼마나 황홀합니까? 잊었던 정보가 절로 떠오르고 최선의 해결책이 절로 떠오르며, 무의식의 방해를 받지 않고 의식이 하고자 하는 일을 진심으로 즐길 수 있으니 말입니다.

슈퍼의식과 무의식과 의식을 한 줄로 꿰어 대상을 향할 수 있을 때, 우리에게는 무한한 기쁨과 무한한 영감, 무한한 능력이 함께 합니다. 돋보기로 태양빛을 집중적으로 대상에 향하게 하면, 대상에서 불이 일어나듯이 말입니다. 몰입할 수만 있다면, '진심'으로 그 대상을 어떠한 장애나 방해 없이 즐길 수 있습니다. 이왕 사는 인생, 즐겁게 몰입하며 산다면 더할 나위 없이 행복한 삶이 될 것입니다. 몰입해서 공부를 하고 몰입해서 오락을 즐기며 몰입해서 일을 하는 인생이야말로 신바람 나는 인생 · 행복한 인생 · 살맛 나는 인생이 될 것입니다.

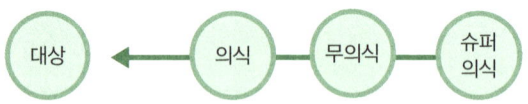

:: 몰입을 통한 슈퍼의식의 각성 ::

그런데 잊지 말아야 하는 사항이 하나 있는데, '결과'에 대한 과도한 집착은 스트레스를 가져와서 '몰입'을 방해한다는 것입니다. 공부나 일이나 게임을 하는 데 있어, 반드시 이겨야만 하고 반드시 일을 성공시켜야만 하고 반드시 합격해야만 한다면, 어떻게 몰입할 수 있겠습니까? 결과에 대한 압박 때문에 긴장이 되고 스트레스를 받게 되어서 몸과 마음이 황폐해질 것입니다. 또한 자꾸자꾸 부정적인 생각과 감정이 올라오기 때문에 오히려 실패할 확률만 높아질 것입니다.

반대로 '결과'에 대해서는 무조건 잊어버린 채 '과정' 자체를 즐기면서 시간가는 줄도 모르고 그 일을 즐기면서 한다면, 마음은 항상 여유로울 것이고 즐거울 것입니다. 즐겁고 기분이 좋아야만 긍정적인 생각이 나고, 성공할 확률이 높아집니다. 결과에 대한 집착을 버리고 현재의 과정에 충실할수록 성공은 현실화될 것이며, 과정을 소홀히 하고 미래의 결과에 시달릴수록 실패는 현실화될 것입니다.

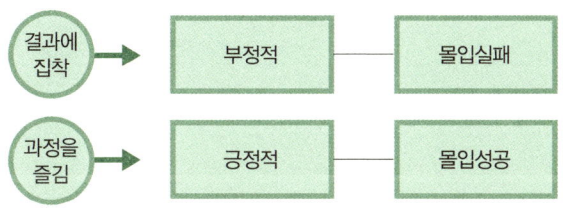

:: **집착과 즐기는 마음의 차이** ::

지금 여러분이 하는 일이 재미없고 짜증이 난다면 이미 실패하는 방향으로 가고 있는 것입니다. 실패의 방향으로 더욱 깊이 빠져들기 전에 빨리 방향을 틀어야 합니다. 우선적으로 기분부터 좋게 만들어야 합니다. "지금 내가 하고 있는 일이야말로, 진심으로 내가 좋아하는 것이다!"라고 먼저 여러분의 마음을 설득하는 것이 슈퍼의식을 등장시키는 비결입니다.

슈퍼의식은 즐겁고 행복하고 뭔가에 몰두해서 긍정적으로 일하는 의식이기 때문에, 그런 상태를 유도했을 때 쉽게 나오게 됩니다. 그냥 아무 이유 없이 지금 자신이 하는 일을 즐거운 일이라고 생각하십시오! 그리고 결과는 잊어버리십시오! 오직 과정만을 즐기십시오! 이렇게 할 수만 있다면 몰입은 저절로 이루어질 것이며, 일이 물 흐르듯 자연스럽게 진행될 것입니다.

6 몰입의 증거

그렇다면 슈퍼의식이 각성되었다는 증거, 즉 몰입이 되었다는 증거에는 어떤 것이 있을까요? 우리는 내면에 어떠한 변화가 일어날 때, 우리가 대상에 몰입했다는 것을 객관적으로 알 수 있을까요?

• 슈퍼의식 각성의 증거 •

❶ 신바람이 나서 즐거움
❷ 무의식적 긴장과 갈등이 없음
❸ 몸과 마음이 모두 이완되고 편안해짐
❹ 시간과 공간을 잊어버림
❺ 잡념이 없어 의식이 고요하고 편안하며 밝고 선명함
❻ 영감이 감돌고 창조력·판단력·기억력이 극도로 발달됨
❼ 상황을 초연하고 객관적으로 바라볼 수 있음

먼저 신명·신바람이 나서 진심으로 기분이 좋아지게 됩니다. 신바람 자체가 슈퍼의식입니다. 신바람이 나면 기분이 좋죠. 아무 이유 없이 좋습니다. 뇌에 시원한 바람이 부는 것 같고, 마음에 어떠한 장애도 마찰도 없습니다. 그래서 여러분이 뭔가 좋아하는 일에 몰입할 때는, 진심으로 즐겁게 합니다. 겉(의식)은 즐거운데 속(무의식)은 찜찜한 게 아니고, 안과 밖이 모두 즐겁습니다. 마음의 안과 밖에 어떠한 갈등도 없습니다.

이렇게 진심으로 즐거우려면 '의식'과 '무의식'만으로는 안 됩니다. '슈퍼의식'이 등장해야 합니다. 슈퍼의식이 등장하게 되면, 무의식도 협조합니다. "의식이 하는 일에 최대한 지원해줄게!" 하고 지원해줍니다. 그토록 의식의 여러 결정에 반발하던 무의식이, 슈퍼의식이 등장하면 적극적으로 기분 좋게 협조합니다. 의식이 하고자 하는 것에 무의식이 적극적으로 협조하니 어떻게 기분이 좋지 않을 수 있겠습니까? 더구나 행복감 덩어리인 슈퍼의식이 등장하여 신바람이 나니 어떻게 행복감에 젖어들지 않을 수 있겠습니까?

우리 몸의 자율조절장치는 무의식에 의해 통제됩니다. 슈퍼의식이 등장하여 의식은 물론 무의식까지 신이 나고 편안해지면, 마음뿐만 아니라 몸까지도 편안해지고 즐거워지게 됩니다. 뇌파가 달라지고 호르몬·신경전달물질이 달라집니다. 기분을 좋게 하는 뇌파가 나오고, 몸과 마음을 편안하게 하는 호르몬이 분비됩니다. 우리 몸을 기분 좋게 만드는 엔도르핀·세로토닌이 분비됩니다. 특히 세로토닌은 우리 마음을 차분하게 안정시켜주며 안락하게 만듭니다. 기분을 좋게 하는 뇌파와 호르몬은 우리 몸을 건강하게 만들어줍니다. 특히 현대인들이 취약한 신경성 질병들에는 특효약이 되어줍니다.

또한 몰입이 잘 될 때에는 몰입하는 대상 외의 다른 대상에 대해서는 잘 인지하지 못합니다. 그래서 시간과 공간도 잘 모르는 상태에 빠지게 됩니다. 잡념이 없어져서, 내가 하는 일 외에는 다른 생각이 없습니다. 결과에 대한 기대나 두려움도 없으며 과거에 대한 후회나 자책도 없습니다. 나의 모든 에너지를 지금 이 순간 진행되는 과정에만 쏟아붓습니다.

지금 이 순간에 전념하는 마음에는 깊은 고요와 평화가 샘솟습니다. 이유가 없이 그냥 샘솟습니다. 슈퍼의식이 발동하여 신바람이 나면 내면에 고요함이 감돌게 되죠. 그래서 사물을 객관적으로 냉철하게 볼 수 있게 됩니다. 고정관념이나 이해득실에 의해 왜곡된 시각으로 사물과 일을 바라보는 것이 아니라, 강 건너 불구경하는 듯한 평온하고 여유로운 마음으로 대상을 바라볼 수 있습니다. 그래서 언제 어디서나 냉정하고 정확한 판단을 할 수 있습니다.

더구나 우주적인 정보를 지니고 있으며, 무의식의 정보까지 자유로이 활용할 수 있는 슈퍼의식이 발현되면, 영감과 창조력이 샘솟고 판단력이나 사고력·기억력이 극도로 발달하게 됩니다. 모르던 것이 알아지고, 잊어버렸던 것이 기억나며, 답이 없던 것에 창조적인 답안을 내놓게 됩니다. 뇌가 극도로 활성화되는 것이죠. 몰입하면 뇌의 잠재력을 최대한 활용할 수 있습니다.

한 가지 재미난 사실은, 몰입에서 오는 이러한 신바람과 의식·무의식상의 희열, 몸과 마음의 이완과 편안함, 시간과 공간의 망각, 고요하되 선명한 의식과 초월적인 영감은 '몰입 대상'이 무엇인지에 전혀 관계가 없다는 것입니다. 아무리 지루한 행위나 아무리 사소한 행위일지라도 그것에 몰입하는 순간, 우리는 이러한 슈퍼의식 각성에 따른 절대적 행복감과 충만감·영감을 얻을 수 있습니다.

그것이 '설거지'여도 마찬가지이며, '공부'여도 상관없습니다. 중요한 것은 '일의 종류'가 아니라 우리의 '마음자세'입니다. 우리가 몰입하고 있느냐, 몰입하지 않았느냐가 관건일 뿐입니다. 어떤 일이든지 우리가 그것에 진심으로 몰입하면 우리는 슈퍼의식의 각성을 체험하게 될 것입니다. 이것이 '몰입의 힘'입니다. 우리는 즉각 행복해질 수 있고, 즉각 편안해질 수 있습니다. 지금 당장 자신이 하는 바로 그 행위를 진심으로 즐기시기 바랍니다!

에디슨은 "천재는 99%의 노력과 1%의 영감으로 이루어진다."라고 했습니다. 여기서 노력은 1차적으로 영감을 떠오르게 하기 위한 노력, 즉 '몰입'에의 노력입니다. 그리고 그 결실로 신바람이 나고 슈퍼의식이 각성되어 '영감'을 던져주는 것입니다. 노력 없이는 영감이 떠오르지 않고, 영감 없이는 노력이 결실을 맺지 못합니다.

인생의 중대한 문제를 창조적으로 지혜롭게 해결하고, 지금 하는 일과 공부에서 최고의 결과를 얻고자 한다면, '지금 이 순간'을 헛되이 낭비하지 말고 지금 당장 몰입하십시오! 자신의 슈퍼의식을 각성

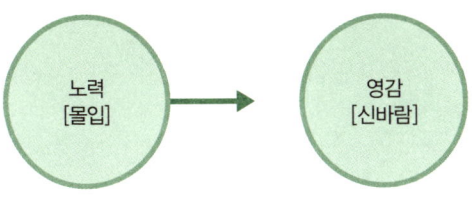

:: **노력과 영감** ::

시키십시오! 모르던 것을 알게 되고 잊어버렸던 것이 생각날 것입니다. 지금까지 지구상에 존재하지 않았던 놀라운 아이디어가 샘솟을 것입니다.

7
몰입과 매몰의 구분

몰입을 잘하기 위해서는 한 가지 주의할 것이 있습니다. 그것은 '몰입'과 '매몰'을 명확히 구분하는 것입니다. 이 두 가지는 유사하면서도 엄청난 차이를 가지고 있습니다. 가끔 우리는 매몰된 상태에 빠져 있으면서도, 자신이 몰입하고 있다고 착각하기도 합니다.

그만큼 이 둘이 유사점이 있다는 것인데, 유사점이란 바로 둘 다 한 가지 대상만 바라본다는 것입니다. 몰입이 한 가지 대상에 집중하는 것이듯, 매몰도 한 가지 대상만 바라봅니다. 그런데 바라보는 정신상태가 다릅니다. 몰입은 정신을 또렷이 차리고 신바람이 나서 그 일을 하는 것이고, 매몰은 흐릿한 정신으로 정신을 놓고 그 일을 하는 것입니다.

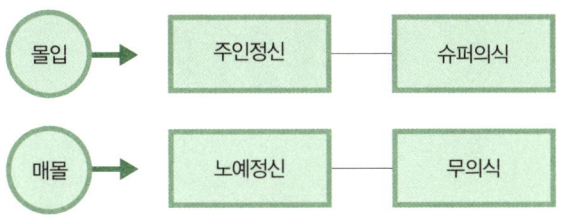

:: 몰입과 매몰의 구분 ::

　몰입이 '주인정신'을 가지고 '슈퍼의식'을 각성시켜 한 가지 주제에 집중하는 것이라면, 매몰은 '노예정신'을 가지고 '무의식' 상태에서 멍하게 습관적으로 그 일에 끌려가는 것입니다. 어떤 일을 하든지 몰입해서 정신을 차리고 신바람이 나서 주체적으로 '대응'해야만 좋은 결과를 얻을 수 있습니다. 매너리즘에 빠져서 무의식적으로 '반응'만 하는 매몰 상태에서는 결코 좋은 결과를 기대할 수 없습니다.

　자신이 하는 일에 몰입하고 있는지, 매몰되어 있는지를 명확히 구분해야 합니다. 지금 자신이 하는 일이 나의 마음을 완전히 지배하되 재미있고 신나며 시야가 선명하고 두뇌가 활성화된다면 틀림없이 몰입하고 있는 것입니다. 반면에 자신이 하는 일에 더 이상 흥미가 없고 시야가 흐려지고 두뇌가 점점 흐리멍덩해진다면, 다른 생각을 하지 않는다고 하더라도 매몰되어 있는 것입니다. 이 미세한 차이가 엄청난 결과의 차이를 낳을 수 있다는 것을 잊지 마십시오.

8
재미가 없는 일에 몰입하는 방법

재미없는 것을 재미있게 하는 방법이 바로 '몰입'입니다. 이번에는 몰입의 구체적이고 실전적인 방법들을 알아보도록 하겠습니다. '지금 이 순간' 내가 원하는 것에 '즉각' 몰입할 수 있는 비법들 말입니다.

> **• 몰입의 구체적인 방법 •**
>
> ❶ 애정 어린 시선으로 미소 지으며 바라보기
> ❷ 비호감이라는 판단을 중지하기
> ❸ 주어진 대상만 바라보고 느끼기
> ❹ 그 일을 하게 되어 너무나 즐겁다고 생각하기
> ❺ 여유를 가지고 조금씩 자연스럽게 익숙해지기

몰입은 '사랑'입니다! 따라서 몰입을 잘하려면 대상을 사랑해야 합니다. 사랑하지 않는 대상을 진심으로 즐겁게 할 수는 없겠죠. 대상을 사랑하려면 먼저 애정 어린 시선으로 대상을 바라보아야 합니다. 이때 입가와 눈가에 미소를 지으면서 바라보면 더욱 효과가 좋습니다. 미소를 지으며 대상을 바라보다 보면 왠지 정이 갑니다. 왠지 정이 더 가게 만들어야 몰입을 잘할 수 있습니다.

그런데 "이건 평소에 내가 싫어하던 것인데."라는 생각이 자꾸 난다면 몰입하기 힘들겠죠. 이럴 때는 판단을 중지하면 됩니다. 어렵지 않습니다. 그냥 "몰라!", "괜찮아!"라고 마음속으로 단단히 선언하십시오. "이건 네가 싫어하던 거잖아."라는 생각이 일어나면 즉각 "몰라!" 혹은 "괜찮아!"라고 선언함으로써, 싫어했다는 사실 자체를 잊어버리고 판단을 중지하십시오.

일체의 부정적인 생각과 감정이 올라올 때, 곧장 이 방법을 써서 판단을 중지해야 합니다. "몰라!", "괜찮아!"를 5분만 집중적으로 선언해보십시오. 신기하게도 뇌에서 부정적으로 판단하지 않는다면, 그걸 진심으로 싫어했다는 사실을 망각하게 됩니다. 비호감이었다는 판단이 사라지게 됩니다. 이럴 때 슈퍼의식이 나옵니다. "이 대상을 진심으로 즐기고 있구나!"라고 판단하고, 슈퍼의식이 발동하게 됩니다.

이런 상태에서 주어진 대상만 바라보고 느끼십시오. 사랑하는 대상을 바라보듯이 말입니다. 사랑하는데 다른 것에 한눈을 팔 시간이 없겠죠. 보고 듣고 느끼는 모든 오감을 총동원하여 그것만 보고 그것만 느끼십시오. 우리가 진심으로 좋아하는 일을 할 때는 누구나 다 이렇게 합니다. 즐겁지 않은 대상, 비호감인 대상도 몰입하려면 호감의 대상에 적용했던 것과 마찬가지 방식을 적용해야 합니다. 대상만 생각하려고 노력하십시오!

그 다음 그 일을 하게 되어 정말 축복받았다고, 너무나 행복하고 즐겁다고 생각을 하십시오. "아, 정말 즐겁다!", "이걸 하게 되다니 난 축복받았어!", "난 지금 이 순간 최고로 행복해!"라고 마음속으로 단호히 선언하면서 지금 내가 하는 일이 최상의 일이라고 생각하십시오. 아무런 이유가 없습니다. 무슨 이유가 있어서 그 일이 좋은 것이 아니라, 내가 좋다고 하니까 그 일이 내게 좋고 의미 있는 일이 되는 것입니다. 몰입하려면 이렇게 해야 합니다.

"이 일을 하는 지금 이 순간이 최고로 행복하다!"라고 자꾸 상상하고 마음속으로 선언을 하십시오. 그러면 실제로 그런 마음이 생겨나게 됩니다. 5분만 진심으로 선언해보십시오. 단 5분의 집중으로도 부정적이던 마음의 벽이 무너집니다. 평소에 그 일을 싫다고 생각했던

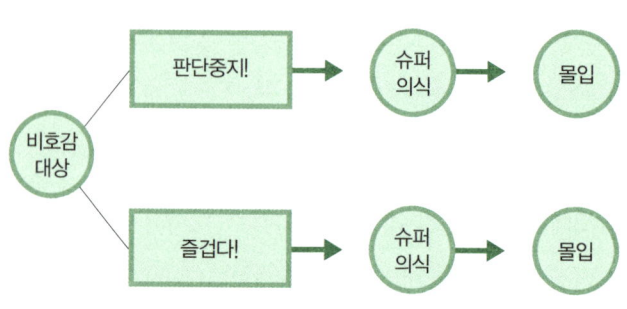

:: 비호감 대상에 몰입하는 방법 ::

고정관념의 벽이 무너집니다.

　마지막으로 '여유'를 가져야 합니다. 한 번에 되는 일은 세상에 없습니다. 잘 되지 않더라도 얼마나 즐거운 마음으로 반복하느냐 하는 것이 관건입니다. 우물을 파더라도 처음에는 흙탕물만 나옵니다. 그러나 맑은 물이 그 안에 있다는 것을 믿고 꾸준히 파 내려가다 보면 맑은 우물물에 도달하게 됩니다.

　몰입을 하는 것도 동일합니다. 처음에는 몰입하려는 자체에서 스트레스를 받게 되며, 몰입을 쉽게 포기하게 됩니다. 스트레스를 잘 받아넘길 수 있어야만 언제 어디서나 무슨 일에 대해서든지 몰입할 수 있는 힘을 얻게 됩니다. 스트레스를 받으면 지는 겁니다. 스트레스를 받으면 부정적인 생각에 빠지게 됩니다. 몰입에는 치명타가 되죠. "괜찮다!", "한번 또 해보지 뭐!", 'No problem!', "일 없어!"를 반복하여 마음을 다스리면서, 다시 한 번 더 애정 어린 시선으로 접근해야 합니다.

　'비호감'이란 판단을 중지하면서, 이 일을 하게 되어 너무 즐겁다는 마음으로 대상에 다가가야 합니다. 대상이 튕긴다 할지라도 반복해야 합니다. 이 과정을 몇 번이고 반복하다 보면, 어느덧 높았던 벽이 무너지게 될 것입니다. 어느덧 그 대상에 푹 빠져서 즐기고 있는 자신을 발견하게 될 것입니다. 처음에는 몰입하려고 하는 과정에서 스트레스를 받을 수 있으나, 점차 익숙해지고 편안해지게 될 것입니다.

우리 뇌는 반복적으로 하는 일에 대해서 뇌의 신경회로를 최적화시키게 되어 있습니다. 또한 무의식에 습관으로 자리를 잡게 되어 있습니다. 그래서 우리는 처음에는 저항감이 심했으나 익숙해진 일에 대해서, "처음에는 어려웠던 일인데, 요즘에는 눈을 감고도 할 수 있다."라고 말할 수 있게 되는 것입니다. 포기하지 말고 초심으로 돌아가 반복하십시오. 몰입은 익숙해지기입니다. 서서히 대상에 빠져드는 것입니다.

유튜브(YouTube): 몰입의 원리-싫은 일을 즐기며 하는 법

9
피할 수 없으면 즐겨라!

　우리는 흔히 "피할 수 없으면 즐겨라!"라고 합니다. 이 말에는 몰입의 중요한 비밀이 숨겨져 있습니다. 사실 그 비밀 때문에 이 말이 지혜로운 말이 될 수 있었던 것이기도 합니다. 그 비밀은 바로 아무리 피하고 싶은 일도 피할 수 없다고 체념한 순간 즐거운 일이 될 수 있다는 것입니다. 앞에서도 살펴봤듯이 끔찍이 싫은 비호감의 대상도 판단을 중지하면, 즉 피할 수 없다고 판단하고 모든 판단을 중지한다

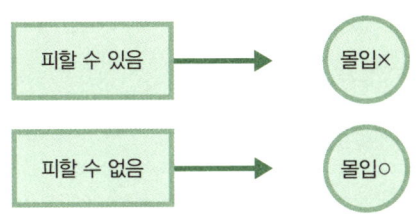

:: 피하고자 하는 마음과 몰입 ::

면, 호감의 대상으로 전환시킬 수도 있다는 것입니다.

애초에 그 대상이 호감의 대상이었다면, 피하려는 마음 자체를 먹지 않았겠죠. 그런데 너무나 하기 싫은 일이고 마주하기 싫은 일이라면, 그 대상을 피하고 싶은 것이 당연합니다. 그런데 만약 조금이라도 피할 여지가 있다면 판단이 중지되지 않습니다. 즉 대상에 몰입하기보다 피할 궁리만 하게 됩니다. 그런데 더 이상 피할 여지가 없으면 우리의 판단은 어쩔 수 없이 정지하게 됩니다. 그래서 모든 것을 체념하고 그 대상을 즐기게 됩니다. 이 과정이 비호감의 대상에 몰입하는 방법입니다.

우리의 뇌는 '선택'을 하지 않으면 '몰입'이 이루어지지 않게 만들어져 있습니다. 그러니 단호한 선택이 이루어지기 전에는 몰입을 기대할 수 없습니다. 우리의 마음이 대상을 대하여 이런 저런 잡다한 소리를 계속 내는 한 몰입은 어렵습니다. 몰입은 마음이 하나로 모아져야만 되는 것이니까요.

대상을 대했을 때 몰입이 잘 되지 않는다면 빨리 피할 수 없다고 마음속으로 체념하는 것이 중요합니다. "이 일을 하는 것을 피할 수 없다!", "다른 여지가 없다!"라는 판단이 빠를수록, 즉 판단의 중지가 빠를수록, 몰입은 쉬워집니다. 마음에서 이런 저런 소음이 빨리 사라질수록, 슈퍼의식은 쉽게 발동합니다.

슈퍼의식은 마음을 하나로 집중했을 때 발현되는 의식입니다. 따라서 슈퍼의식을 빨리 발동시키고 싶다면, 빨리 신바람이 나게 하고 싶다면, 마음에서 들려오는 의식·무의식의 이런 저런 소음에서 빨리 빠져나와야 합니다. 빨리 이들을 평정해야 합니다. 그 쉬운 방법이 바로 "이것은 피할 수 없다!"라고 여기고 모든 판단을 중지하는 방법입니다. 그러면 마음이 대상에 안주할 수 있게 됩니다.

더 이상 이런 저런 몽상을 꿈꾸지 않고, 지금 이 순간 주어진 일에 진심으로 만족하게 됩니다. 이러한 마음 조절이 바로 몰입의 비법입니다. "피할 수 없으면 즐겨라!"라는 소극적인 자세보다는 "어떤 일이든 피할 수 없다고 생각하면 즐길 수 있다!"라는 적극적인 자세를 취하는 것이 몰입에 도움이 될 것입니다.

• 몰입의 달인 •
소크라테스

서양의 철학자인 소크라테스(BC 469~BC 399)는
어떤 주제에 대한 몰입에 빠지면 밤이 새도록
아테네의 아고라광장에서 서 있었다고 합니다. 그래서 날이
새도록 몰입해 있다가 그 문제가 풀려야만 움직였다고 합니다.
몰입은 슈퍼의식의 각성으로 가능한 것입니다.
그리고 슈퍼의식이 각성되면, 몰입 대상 외에는 잘 감지가
되지 않죠. 그래서 시간과 공간이 잘 인식되지 않습니다.
우주에 오직 그 '문제'와 '나'만 존재하는 것이죠.
이러한 황홀한 상태에 빠지게 되면 시간 가는 줄도 모르고
그 문제에만 집중할 수 있으며, 창조적인 해결책을
얻을 수 있습니다.

• 선비들에게 배우는 몰입 노하우 •

몰입은 모든 학문의 시작과 끝이다

매월당梅月堂 김시습金時習(1435~1493)

학문의 규모는 각기 다양하나
'몰입'(敬)이라는 것은 시작과 끝을 일관하는 것이다.
선현들이 이르길 "정신을 하나로 모아
다른 곳으로 향하지 않게 하라."라고 하였으며,
또 이르길 "항상 깨어있어야 한다."라고 하였다.
이것들은 모두 마음을 한 곳에 붙들어 두고서
다른 생각을 용납하지 않는 것일 뿐이다.

(『매월당문집』)

달인이 되는 비결

어느 분야나 달인의 경지에 이르려면,

❶ 자신이 다루는 대상에 대해 몰입하여
 진심으로 즐길 수 있어야 하며,

❷ 대상 자체가 지닌 자연스러운 결을
 있는 그대로 꿰뚫어 볼 수 있어야 하며,

❸ 대상을 다룸에 있어 필요한 기교를
 모두 익혀 기술의 활용이 자유로워야 한다.

2장
즉각 몰입하는 비결

몰입 즉 슈퍼의식을 각성하는 기법에는 크게
두 가지 종류가 있습니다. '대상'에 대한 몰입과
'나'에 대해 몰입이 그것입니다. 두 가지 몰입법 모두 몰입 주제에 대한
완벽한 집중과 잡념의 차단을 특징으로 합니다.

1
2가지 몰입법으로 슈퍼의식 각성하기

몰입 즉 슈퍼의식을 각성하는 기법에는 크게 두 가지 종류가 있습니다. ① '대상'에 대해 몰입하는 방법 ② '나'에 대해 몰입하는 방법이 그것입니다.

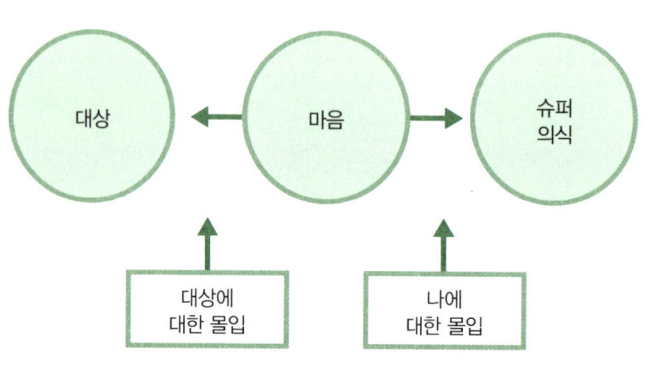

:: 두 가지 몰입의 구분 ::

몰입의 '대상'에는 여러 가지가 있을 것입니다. 몰입하는 '나 자신' 이외의 모든 것들이 여기에 해당합니다. 공부·게임·오락·낚시·각종 스포츠 등이 모두 해당합니다. 뭐든지 나 이외의 것들에 대해 몰입하는 것은 '대상'에 대한 몰입입니다. 그리고 이런 대상을 바라보는 나 자신에 대해 몰입하는 것이 바로 '나'에 대한 몰입입니다.

이 두 가지 몰입은 효능이 약간 다릅니다. ① '대상'에 대한 몰입은 바로 마음에 떠오른 대상에 대해서 정신력을 집중하고 슈퍼의식을 각성시켜서, 필요한 정보를 꺼내오고 활용하는 능력을 극대화시킵니다. 업무나 공부 등 지금 하는 일 모두에 이걸 적용할 수 있습니다. 업무·공부·오락·스포츠 등에 있어서 창조적 영감을 주고, 엔도르핀이 나오게 하며, 무한한 에너지와 무한한 정보를 줍니다. 이것이 대상에 대한 몰입입니다.

② '나'에 대한 몰입은 바로 몰입하는 나 자신에 곧장 몰입하는 방식입니다. 슈퍼의식 자체에 몰입하는 방식입니다. 그러니까 어떠한 생각도 하지 말고, 어떠한 감정도 품지 말고, 어떠한 대상도 바라보지 않으면서, 오직 내가 '나'만 바라보는 상태입니다. 자신만 바라보면서 쉬는 몰입은 정신력을 극도로 충전시켜줄 수 있습니다. 나에 대한 몰입은 몸과 마음을 곧장 회복시켜주며 다시 살아나게 합니다. 또한 무한한 영감과 창조성의 튼튼한 뿌리 역할을 합니다.

핸드폰을 충전기에 꽂아서 충전하듯이, 내 몸과 마음을 가장 급속하게 충전하는 비법입니다. 아무 생각도 하지 마시고, 아무런 감정도

품지 마시고, 아무 일도 하지 마십시오. 에너지가 소모되는 일들은 일절 하지 않고, 그냥 내가 나만 바라보면서 푹 쉬는 것입니다. 물론 쉬는 데 매몰되어 의식을 잃어버리면 무의식 상태에 빠지게 되어 잠에 빠지고 맙니다. 진심으로 즐겁게 신바람이 나서 쉬기 때문에 몰입이라고 하는 겁니다. 그러면 슈퍼의식이 각성된 상태에서 내 몸과 마음은 모두 활성화될 것이며 편안해지고 충만해질 것입니다.

이 두 가지 몰입은 '슈퍼의식'의 두 가지 측면을 모두 활용하는 것입니다. '나'에 대한 몰입은 슈퍼의식의 본체적인 측면을 활용하고, '대상'에 대한 몰입은 슈퍼의식의 작용적인 측면을 활용하는 것입니다. 슈퍼의식은 지극히 고요하고 절대적인 만족감의 자리이되, 동시에 무한한 정보와 능력, 창조적 영감을 지닌 자리입니다.

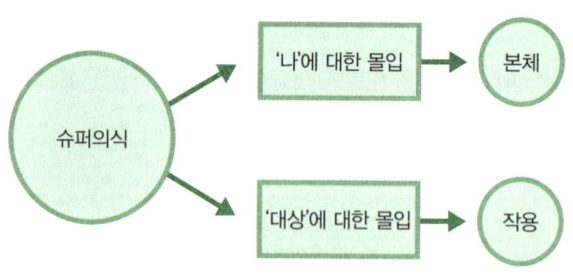

:: 슈퍼의식의 두 가지 측면 ::

이러한 슈퍼의식은 우리 내면에 또렷이 존재합니다. 슈퍼의식의 모든 측면을 자유자재로 활용할 수 있다면 지루한 일상은 신바람 나는 삶으로 변화할 것입니다. 일을 하거나 공부를 하거나 오락·스포츠를 즐길 때는 슈퍼의식의 작용적인 측면을 활용하여 '대상'에 대해 몰입하며, 편안히 쉴 때는 슈퍼의식의 본체적인 측면을 활용하여 '나 자신'에 몰입한다면, 언제 어디서나 신바람 나는 삶을 살 수 있을 것입니다. 일할 때도 신바람이 나며, 공부할 때도 신바람이 나고, 편안하게 쉴 때도 신바람이 나는 즐거운 삶을 살 수 있을 것입니다.

2 몰입의 4단계

몰입에는 4가지 단계가 있습니다.

· 몰입의 4단계 ·

❶ 짧은 집중
❷ 긴 집중
❸ 끊어짐 없이 집중
❹ 대상과 하나 됨

---

❶ 몰입의 1단계

몰입의 1단계에서는 몰입하고자 하는 주제(대상·나)에 대해 비교적 짧은 집중이 이루어지는 단계입니다. 몰입하려고 애를 쓰고 노력은 하는데, 실제로는 짧은 시간밖에 몰입이 되지 않는 단계입니다.

그래서 공부나 일 등의 주제에 집중하는 것이 일정 시간을 기준으로 했을 때 20~30%를 넘지 못합니다. 70~80%는 잡념이나 매몰에 빠진다는 것이죠. 이때 1단계에서 좌절하면 안 됩니다. 스트레스 받지 말고 한 번 더 노력하다 보면 자신도 모르게 2단계에 도달하게 됩니다. 단 5분이라도 좋으니 시간을 정하고 집중적으로 몰입해보십시오. 서서히 놀라운 변화가 일어나기 시작할 것입니다.

중요한 것은 마음과 에너지가 대상만을 향하도록 꾸준히 몰고 가는 것입니다. 처음에는 특정 주제를 향하는 마음과 에너지의 흐름이 아주 미약할 것입니다. 그래서 자꾸 방해를 받게 될 것입니다. 그러나 방해를 받더라도 꾸준히 하나의 주제만을 암송하고 생각한다면, 마음과 에너지의 흐름이 점차 강해지기 시작할 것입니다. 나중에는 오히려 주제에 대한 관심을 끊고자 하여도 끊기 힘들 만큼 강대한 마음과 에너지의 흐름이 대상을 향하게 될 것입니다. 첫 단계에 대한 너무 큰 기대도 금물이고 너무 큰 좌절도 금물입니다. 그냥 꾸준히 '한 번 더!' 노력하십시오.

❷ 몰입의 2단계

몰입의 2단계에서는 1단계보다 훨씬 수월하게 몰입 주제에 대해 생각하고 집중하게 됩니다. 이때는 공부나 일 등의 주제에 대한 집중이 일정 시간을 기준으로 70~80%가 됩니다. 상황이 역전되는 것이죠. 2단계쯤 되면 몰입에 대해서 어느 정도 안심을 하게 될 것입니다. "내가 좀 몰입을 하고 있구나!", "몰입이 가능하구나!" 하는 마음이 생기며 안심이 됩니다. 1단계에서 좌절하지 않고 스트레스를 잘 관리하면서 꾸준히 반복하기만 한다면 2단계에 쉽게 도달하게 됩니다.

"이 대상은 정말 집중이 잘 안 되는데." "이 대상은 도저히 더 이상은 집중이 안 될 것 같아."라는 생각만 버리고, 불필요한 판단을 중지하고 꾸준히 "즐겁다!" "괜찮다!" 하며 집중한다면, 어느덧 2단계에 도달하게 될 것입니다. 그러나 방심은 금물입니다. 아직 몰입이 불퇴전의 자리에 간 것은 아닙니다. 슈퍼의식도 아직 발동하지 않았습니다. 조금 몰입이 쉬워졌다고 마음이 풀어지면 금방 다시 잡념과 망상 속으로 빠져들고 맙니다. 마음을 다시 한 번 다잡고 전진해야 합니다.

❸ 몰입의 3단계

몰입의 3단계에서는 30분이건 1시간이건 2시간이건 그 일을 하는 동안은 온전히 대상만 생각하고 대상에 집중할 수 있습니다. 그러나 4단계가 몰입이 무의식적으로 이루어지는 단계임에 비해, 3단계는 아직 의식적인 노력이 요구되는 단계입니다. 4단계는 진심으로 즐기는 단계이고, 3단계에서는 주제에 대해서 몰입은 하고 있어도 이 상태가 깨질지도 모른다는 불안감이 아직 남아있는 단계입니다. 그래도 3단계까지 도달했다는 것은 대단한 발전임에는 틀림없습니다. 주제에 대한 몰입이 끊어지지 않을 정도는 되었으니 말입니다. 그러나 아직은 진심으로 즐기는 단계가 아닙니다. 아직은 신바람이 나지 않습니다.

❹ 몰입의 4단계

몰입의 4단계에서는 '신바람'이 납니다. 이제 다른 주제에 집중하려고 해도 잘 되지 않습니다. 주어진 주제를 향한 마음과 에너지의 흐름이 너무나 강대해져서 그 흐름의 방향을 틀기가 힘이 듭니다. 다른 걸 생각하고 다른 걸 집중하려고 해도 잘 되지 않을 정도로, 주어진 주제에 대한 몰입에 빠져있는 상태가 바로 4단계입니다.

그래서 3단계까지는 새가 날갯짓을 해서 날아오르는 단계와 유사하고, 4단계는 새가 하늘에 올라서 기류를 타면서 날갯짓도 하지 않고 공중에 떠서 자연스럽게 날아다니는 단계와 유사합니다. 이렇게 4단계까지 도달했을 때 몰입은 극치에 이르게 됩니다. 이 단계는 원하는 주제에 온전히 몰입해서 몰입 주제와 하나가 되어, 몰입 주제에 대한 정보를 무한하게 얻고 또 그 정보를 자유자재로 활용할 수 있습니다.

지금까지의 4단계를 우리가 쉽게 몰입하는 만화책을 대상으로 다시 한 번 설명해보겠습니다. 우리가 만화책을 펴서 재미에 빠져들긴 했으나 주변의 방해가 너무 많아 시달리는 단계, 그러나 만화책에 몰입하고자 노력하는 단계가 바로 1단계입니다. 그래도 쉬지 않고 마음을 다스려가며 집중을 하다보면, 어느 순간 만화책의 재미에 더욱 빠져들게 됩니다. 이때는 다른 곳에 주의를 팔더라도 쉽게 다시 만화책으로 돌아옵니다. 이 단계가 바로 2단계입니다.

이런 단계가 지나고 완전히 만화책에 빠져들어 만화책 외에는 어떠한 다른 생각도 없는 단계가 바로 몰입의 3단계입니다. 그런데 이 단계는 아직 의식적인 집중의 단계라 식사시간이 되거나 하면 책을 내려놓고 밥을 먹으러 갑니다. 마음이 아직 진심으로 몰입한 단계는 아니어서 멈추는 것도 순간입니다.

그런데 4단계에 진입하면 시간이 가는 줄도 모르고 여기가 어딘 줄도 모르고 만화책에 전념합니다. 밥을 먹었는지 안 먹었는지도 모르고, 밥을 먹더라도 만화책을 손에서 놓지 못하며, 밥이 코로 들어가는지 입으로 들어가는지 모르고 식사를 합니다. 잠이 들더라도 꿈에서 그 내용이 나올 정도가 됩니다. 이 정도 되어야 4단계라고 할 수 있겠습니다.

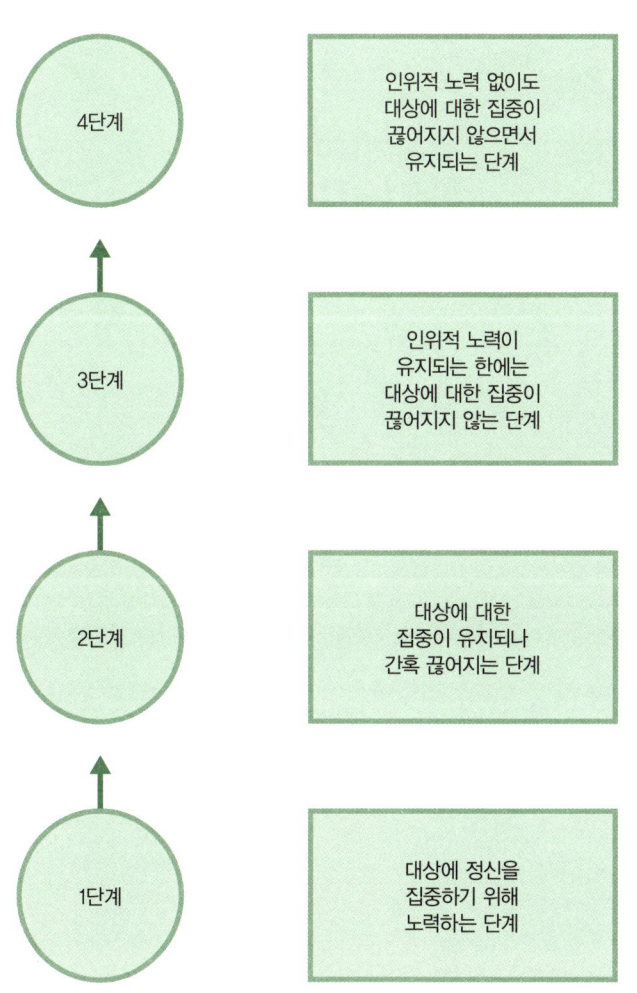

:: **몰입의 4단계의 구분** ::

3
대상에 몰입하는 요령

특정 대상(일·공부·스포츠·독서 등)에 몰입하고자 하는데, 대상이 우리 마음을 확 끌어당기지 못하는 경우가 많습니다. 평상시 좋아하던 대상이 아닐 수도 있고, 평소에 즐겨왔던 대상일지라도 지금 이 순간만큼은 그 대상에 집중하기 싫을 수도 있습니다. 그런데 꼭 해야 하는 일이고, 그 일을 하는 것이 최선일 때는, 어떻게든 그 일을 해야만 할 것입니다.

그리고 이왕 그 일을 할 바에는 몰입해서 해야만 소중한 시간을 낭비하지 않게 될 것입니다. '최소비용에 최대효과'라는 원칙에도 부합할 것입니다. 이럴 때는 평소에 그 대상을 싫어했다는 생각도 잊어버려야 하며, 지금 이 순간 그 대상을 꺼려한다는 사실도 잊어버려야 합니다. 그래야 몰입이 잘 됩니다. "또 이것을 해야 하나?", "이것은 정말 하기 싫은데….", "웬만하면 피하고 싶은데…."라는 생각이 마음속에 떠오를 때마다 '판단중지'를 하십시오.

"Stop!" "멈춰!" "난 너를 몰라!"라고 반복적으로 생각하면서 판단을 중지하십시오. 5분만 투자하십시오. 5분만 진심으로 암송하십시오. 계속해서 내가 싫어했는데, 하기 싫은데, 피하고 싶은데, 이런 생각이 반복된다면, 결국에는 몰입에 실패할 것입니다. 너무나 명확한 사실이죠. 그러니 부정적인 판단을 멈춰야 합니다. 그리고 반대로 "괜찮다!" "즐겁다!"라고 역공을 가하십시오. "이걸 하게 되어 난 너무 즐거워!", "이걸 하는 지금 이 순간이 최고의 순간이야!"라고 반복적으로 생각하십시오. 그다음 몰입하려는 대상을 마음속으로 암송을 하십시오. 공부를 한다면 "공부!" "공부!"라고 암송하며, 대화를 나눈다면 "대화!" "대화!"라고 암송하여, 지금 이 순간 집중하고자 하는 그 대상에 완전히 몰입해야 합니다.

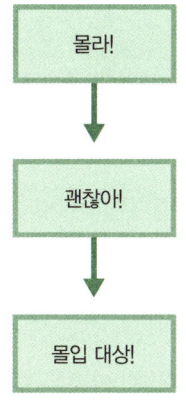

:: 대상에 몰입하는 요령 ::

마음은 항상 산란합니다. 이 대상 저 대상을 엄청나게 빠른 속도로 옮겨 다닙니다. 초고속으로 옮겨 다니죠. 그래서 우리 머릿속은 항상 온갖 잡념으로 가득합니다. 그런데 가만히 들여다보면, 우리 머릿속도 우리 마음도 한 번에 한 가지만 생각한다는 사실을 알 수 있습니다. 초고속으로 주제를 옮겨 다니며 빠르게 생각할 뿐이지, 한 번에 하나의 대상만을 주로 상대합니다.

그러니까 우리가 한 가지 대상을 마음에 오래도록 붙잡아 둔다면, 다른 잡념이 치고 들어올 수가 없겠죠. 몰입이 잘 안 될 때, 즉 이 생각 저 생각이 끊어지지 않을 때는 몰입하려는 대상을 마음속으로 암송하십시오. 그 생각을 최대한 오래 유지하여, 다른 생각의 침입을 막으십시오. 이것이 한 가지 대상에 쉽게 몰입하는 요령입니다.

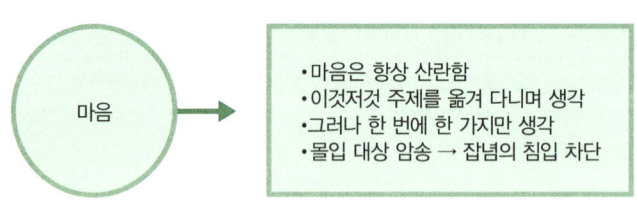

:: 마음의 특성 ::

만약 지금 어떤 작업을 한다면 그 작업을 자꾸 떠올려야 합니다. 보고서를 쓴다면 "보고서!" "보고서!"라고 마음속으로 암송을 해야 합니다. 그래야 그 외의 다른 생각, 지금 하는 일에 방해되는 생각이 침투하는 것을 막을 수 있습니다. 마음은 항상 한 대상만 생각하고 사귈 수 있는 것입니다. 한 가지 대상에만 집중할 수 있습니다! 그러니까 한 대상과 오래 만나십시오. 그 비법이 지금 만난 대상을 자꾸 마음속에서 떠올리는 것입니다. "운동!" "운동!" 또는 특정 문제에 대한 의문이라면, "그건 왜 그럴까?" "이건 왜 그럴까?"라고 자꾸 마음속으로 암송하다 보면 그 대상에 쉽게 빠져들게 됩니다.

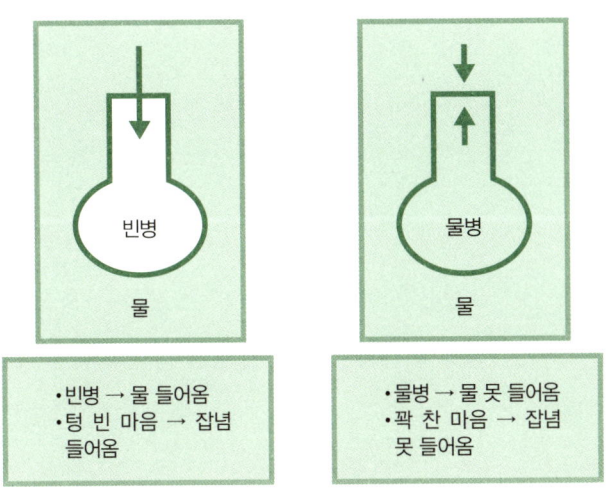

:: 빈병과 물병 ::

여기 두 병이 놓여있다고 가정해봅시다. 한 병은 그냥 속이 텅 빈 병이며, 한 병은 물이 꽉 채워진 병입니다. 이 두 병을 물속에 넣을 때 어떤 현상이 일어날까요? 빈병 속으로는 물이 그야말로 물밀듯이 쳐들어올 것입니다. 그러나 속이 꽉 찬 병으로는 물이 침범하지 못할 것입니다. 이미 채워져 있으니까요. 이런 원리로 마음을 관리하십시오.

어떤 대상에 집중하지 않은 마음, 한 가지 주제에 대해 집중하여 생각하지 않는 마음에는 온갖 잡념이 물밀듯이 쳐들어올 것입니다. 반면에 한 가지 대상에 단단히 집중한 마음, 한 가지 주제에 대한 생각이 끊어지지 않는 마음에는 어떠한 잡념도 침범하지 못할 것입니다. 어떠한 잡념의 방해도 받지 않고 내가 원하는 생각만을, 일정 시간만큼, 기분 좋게 유지할 수 있다면, 인생은 지금 이 순간부터 달라질 것입니다.

4
몰입을 돕는 4가지 기법

몰입할 때 몰입의 대상을 반복적으로 암송하여 다른 잡념의 침입을 차단하는 방법 외에 몰입을 돕는 4가지 기법이 있습니다. 모두 마음을 리셋(reset)하여 슈퍼의식을 효과적으로 각성시키는 기법들입니다. 이 4가지만 잘 활용한다면 언제 어디서나 곧장 슈퍼의식을 각성시킬 수 있습니다. 그리고 이러한 슈퍼의식 각성 상태를 활용하여 원하는 주제에 대한 몰입을 쉽게 이뤄낼 수 있습니다. 그것들은 다음과 같습니다.

❶ 들이쉰다! 내쉰다! (몸을 쉽게 이완시킴)

들이쉬고 내쉬는 '호흡'은 우리가 죽을 때까지 멈추지 않는 것입니다. 호흡이 이루어지면 살고 호흡이 멈추면 죽기 때문에, 호흡은 사실 우리의 '생명'입니다. 그래서 살아있는 한 호흡은 잠을 자건 깨어

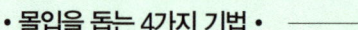

• 몰입을 돕는 4가지 기법 •

❶ 들이쉰다!
❷ 내쉰다!
❸ 모른다!
❹ 괜찮다!

있건 항상 우리와 함께 하는 것입니다. 그러므로 어떤 대상보다 이 '호흡'을 대상으로 항상 몰입을 할 수 있어야 합니다. 호흡이야말로 언제 어디서나 손쉽게 몰입을 할 수 있는 주제입니다.

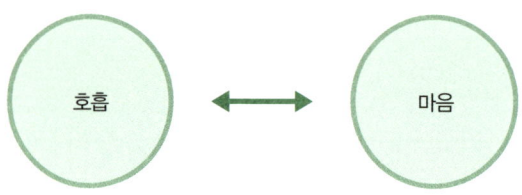

:: 호흡과 마음의 상호작용 ::

그런데 '마음'과 '호흡'은 항상 같이 요동을 합니다. 급박한 일이 생기면 숨이 먼저 거칠어집니다. 마음이 요동하면 호흡이 거칠어집니다. 반대로 호흡이 고요해지면 마음도 고요해집니다. 이것이 긴장될 때나 스트레스를 받았을 때 '심호흡'을 하면 편안해지는 원리입니다. 따라서 보이지 않고 잡히지 않는 마음을 직접 다스리려고 하는 것보다, 우리가 더 쉽게 통제하고 조절할 수 있는 호흡을 다스리는 것이 훨씬 쉬운 방법입니다.

"지금 내 호흡이 거칠지 않나?", "내 호흡이 고요한가?"를 항상 관찰하면서 '호흡' 자체를 즐기고 몰입할 수 있다면 마음을 효과적으로 다스릴 수 있습니다. 숨이 내 몸에 들어오는 과정을 빈틈없이 관찰해야 합니다. 숨이 내 몸에서 빠져나가는 과정을 빈틈없이 관찰해야 합니다. 오직 이것만 생각하십시오. 오직 이것만 느끼십시오. 그리고 그러한 관찰을 즐기십시오.

일단은 5분만 실습해보십시오! 몸과 마음에 미세한 변화가 일어날 것입니다. 뭔가 변화가 있었다면 조금씩 시간을 늘려보십시오. 그러다 보면 점차 몰입의 4단계를 거치면서 '호흡'에 빠져들게 될 것입니다. 그리하여 일체의 잡념을 모두 내려놓고 오직 호흡만 느끼고 바라볼 수 있을 때, 우리의 '슈퍼의식'이 찬란하게 드러날 것입니다. 우리의 몸과 마음에는 신바람이 나게 될 것입니다.

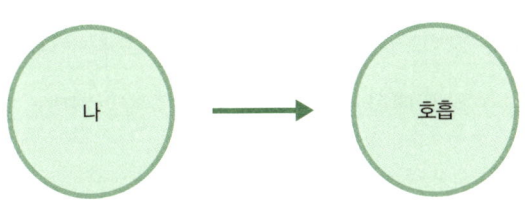

:: 호흡에 몰입하기 ::

무엇을 하든지 어디에 있든지 '호흡'에 대한 몰입을 잘할 수 있다면, 슈퍼의식의 각성 상태를 항상 유지할 수 있습니다. 우리는 게임을 할 때도 숨을 쉬며, 공부를 할 때도 숨을 쉽니다. 그리고 휴식을 취할 때도 숨을 쉽니다. 그러니 호흡에 몰입을 잘할 수만 있다면 슈퍼의식을 각성시키고 신바람을 일으키는 것에 자유로워질 것입니다. 숙달된다면 언제 어디서나 즉각 슈퍼의식을 각성시킬 수 있을 것입니다.

:: 호흡에 대한 몰입의 활용 ::

슈퍼의식이 각성되어 신바람이 난 상태에서 특정 대상에 몰입하는 것은 아주 쉽습니다. 이미 의식과 무의식을 초월하여 고요함과 선명함을 특징으로 하는 슈퍼의식이 드러나 있으니까요. 그 슈퍼의식을 다른 주제로 향하게만 해주면 되니 몰입이 아주 쉬워집니다.

특정 주제에 대한 몰입을 통해 슈퍼의식을 불러낼 수도 있지만, 호흡에 대한 몰입을 통해 슈퍼의식을 불러낸 뒤에 특정 주제에 대해 손쉽게 몰입하는 방법도 있는 것입니다. 평소에 호흡에 대한 몰입을 잘 한다면 특정 주제에 대한 몰입은 더욱 쉬워질 것입니다.

호흡에 대한 몰입은 '슈퍼의식의 각성' 이외에 또 한 가지 중요한 기능을 합니다. 그것은 바로 '에너지의 충전'입니다. 호흡이라는 것은 우리 몸 안에 신선한 에너지를 주입해주고, 이미 활용이 다한 탁한 에너지를 배출하는 기능을 합니다.

그러므로 우리가 호흡에 몰입할 수만 있다면, 신선한 에너지는 더욱 힘 있게 들어와서 우리 몸을 정화시켜 줄 것이며, 탁한 에너지는 더욱 활발하게 배출되어 우리 몸을 청정하게 해 줄 것입니다. 호흡을 통해 외부에서 들어온 신선한 에너지는 우리 몸과 마음을 활력에 넘치게 만들어 줄 것입니다. '집중력'에만 의존해서는 몰입을 오래 지속할 수 없습니다. '에너지'가 충만해야 훨씬 강력한 몰입력을 자신이 원하는 만큼 활용할 수 있습니다.

❷ 모른다! (생각을 쉽게 이완시킴)

평상시에도 마찬가지지만 특정 주제에 몰입을 하려고 노력하면 할수록 우리 마음은 더욱 소란스러워지기 마련입니다. 남과의 비교에서 오는 상대적인 박탈감, 이루지 못한 각종의 소망들과 그것들에 대한 집착, 그리고 자신에 대한 한없는 자책감 등 온갖 답이 없는 부정적인 생각들과 감정들이 우리 마음을 소란스럽게 합니다. 이래서는 몰입이 잘 될 리가 없습니다.

이러한 부정적인 생각들, 무의식에서 올라오는 습관적인 생각들은 우리에게 전혀 도움이 되지 않는 생각들입니다. "그게 될 것 같으냐?", "네가 그동안 성공한 적이 있었느냐?", "너에게 성공이 가당키나 하느냐?", "넌 늘 그 모양일 뿐이야!" 이런 식의 부정적인 말들은 쉽사리 사라지지 않습니다. 긍정적인 것보다는 부정적인 것에 쉽게 물드는 것이 사람의 마음인지라, 이러한 부정적인 생각·감정들이 쉽게 마음에 자리 잡고 떠나질 않습니다.

이러한 부정적인 마음의 소리들에 관심을 기울일수록 우리의 시야는 한없이 좁아집니다. 이미 좁아져 버린 시야는 어떠한 긍정적인 답안도 내놓지 않습니다. 몰입이 될 리도 없거니와 하는 일도 자연히 실패하게 됩니다. 그래서 이것들을 단호히 끊어버리지 못하고서는 몰입도 없고 성공도 없으며 행복도 없습니다.

　방법은 아주 쉽습니다. "난 너를 몰라!" "모른다!"라고 단호히 꾸준하게 선언하시면 됩니다. 5분만 투자하십시오. 잡념이 떠오를 때마다 5분만 진심으로 "모른다!"라고 선언하십시오. 그리고 어떠한 변화가 일어나는지 관찰하십시오. 한 번 두 번에 물러가지 않으면 열 번, 백 번, 천 번이라도 하십시오. 단호하게 모르쇠로 일관한다면 반드시 물러가게 돼 있습니다. 특히 자신의 '이름'에 대해 "몰라!"라고 선언하는 것은 놀라울 만큼 효과가 큽니다. 내가 내 이름을 모른다면 근심·걱정·불안이 어디에 붙겠습니까?

　부정적인 생각·감정들에 대해 관심을 기울이고 그것들에 대해 생각하는 순간 우리는 그것들에 넘어가는 것입니다. 보이스피싱 전화가 걸려온다면 대화 자체를 나누지 않는 것이 최선입니다. 전화를 받고 말이 오고 가다 보면 넘어가기 쉽습니다. 그냥 무시해야 합니다. 잡념도 보이스피싱과 같습니다. 그냥 무시하는 것이 최선입니다. 부정적인 잡념들에 관심을 기울이고 그들과 대화를 나누는 순간 우리는 이미 그러한 부정적인 도발에 넘어가게 됩니다. 부정적인 생각·감정에 오염되게 됩니다. 그냥 무시하십시오! 이것이 최선의 답입니다.

　어떤 잡념도 '무관심'을 당해내지는 못합니다. "일(공부)이 정말 하기 싫어!"라는 마음이 일어나거든 "난 모르겠는 걸!" "난 내 이름도 모르겠는 걸!" 하고 단호히 선언하십시오. 그리고 진심으로 그렇다고 느껴보십시오. 몇 번이고 선언해서 실제로 그러한 마음이 사라지는 것을 확인해보십시오. 한 번이 어렵지 두 번, 세 번은 쉽습니다. "정말 지루해!"라는 생각이 일어나더라도, "난 모르겠는 걸!" "난 내 이름도 모르겠는 걸!" 하고 단호히 선언하고 그 지루해하는 마음이 어떻게 변화하는지 살펴보십시오.

일체의 부정적인 생각·감정은 우리의 '관심'을 먹고 자랍니다. 우리가 그것들에 무관심할 수만 있다면 그러한 생각·감정들은 우리의 마음에서 자리를 잡고 머물 수가 없습니다. "이 일(시험)을 망치면 어떻게 하지?"라는 부정적인 생각·감정이 우리의 마음을 어지럽힐 때 "난 모르겠는 걸!", "난 내 이름도 모르겠는 걸!"이라고 단호히 선언하십시오. 그리고 실제로 무관심으로 일관하십시오. 그러면 부정적인 마음의 소리는 흔적도 없이 사라지고 맙니다.

온갖 부정적인 마음의 소리들은, 나타날 때는 무서운 기세로 나타나 사라진 뒤에는 흔적조차 없는 사나운 먹구름과 같습니다. 그 기세에 겁먹지 말고 모른 척하십시오. 우리의 행복과 성공과 건강을 방해하는 어떠한 부정적인 잡음들도 "모른다!" 하나로 제압할 수 있습니다. 이것을 몰입에 잘 활용한다면 몰입 또한 아주 쉬워질 것입니다.

❸ 괜찮다! (감정을 쉽게 이완시킴)

"모른다!"가 마음에서 울려 퍼지는 일체의 부정적인 소리들에 대해 철저한 무관심으로 배제하는 방법이었다면, "괜찮다!"는 그러한 부정적인 소리들을 적극적으로 철저히 껴안아서 다시는 말이 나오지 않게 제압하는 방법입니다. 우리를 자극해오는 온갖 부정적인 생각과 감정들에 대해 적극적으로 "괜찮다!"라고 선언함으로써 지금 이 순간 자신이 가진 모든 것에 철저히 만족하는 방법입니다.

부정적인 생각·감정들이 도발해오면, 고민하지 말고 무조건 아무 이유 없이 "괜찮다!", "지금 이 순간이 최고다!", "정말 감사하다!"라고 선언할 수 있어야 합니다. 부정적인 생각·감정들에 대해 관심을 기울이고 그것들에 대해 생각하는 순간 우리는 그것들에 넘어가게 됩니다. 이유를 따지다보면 부정적인 생각·감정에 넘어가게 되어 있습니다. 따져보면 마음에 드는 일이 얼마나 되겠습니까?

그러니 따져보지 말고 그냥 "괜찮다!"라고 선언하고 깊은 만족감을 느껴야 합니다. 이유가 없습니다. 그렇게 하는 것이 우리에게 더 유리하기에 그리 하는 것입니다. 그래서 동양의 고전 『노자老子』에서 다음과 같이 말한 것입니다.

조건을 따지지 말고 곧장 만족해버릴 수 있다면 늘 만족할 수 있을 것이다.

사도 바울이 『데살로니가 전서』(5:16~18)에서 다음과 같이 말한 것도 같은 맥락입니다.

늘 기뻐하십시오. 끊임없이 기도하십시오.

모든 주어진 것에 감사하십시오!

지금 이 순간 자신이 가진 모든 것에 완전히 만족하고 감사하는 사람을 어떻게 잡념이 흔들어 놓을 수가 있겠습니까? "이 일은 정말 하기 싫은데…"라는 생각이 마음속에서 울려 퍼질 때 "괜찮아! 지금 이 일을 해서 난 너무 행복해!"라고 단호히 선언해보십시오. 그리고 진심으로 그렇다고 느껴보십시오.

과연 그 마음이 어떻게 변화할까요? 부정적인 방향으로 우리를 몰고 가던 각종 마음의 소리는 흔적도 남기지 않고 사라져 버릴 것입니다. "난 너무 못나지 않았나?"라는 생각이 들 때 "괜찮아! 나는 내가 지금 현재 가진 모든 것에 만족해!"라고 선언해보십시오. 그리고 부정적인 마음의 소리들이 어디로 갔는지 살펴보십시오. 반드시 마음이 변해있을 것입니다. 5분만 투자하십시오. 단 5분의 투자로 놀라운 체험을 하게 될 것입니다.

나약한 우리 마음속에서 울려 퍼지는 온갖 부정적인 생각·감정들을 무시하십시오. 단호히 제압하십시오. 여러분에게는 그들을 제압할 수 있는 힘이 이미 있습니다. 들이쉬고 내쉬는 호흡에 집중하여 에너지를 충전하며 호흡을 고르게 하십시오. 그리고 "모른다!", "괜찮다!"를 단호히 선언하여 좁아져가는 시야를 다시 넓혀서 일체의 부정적인 마음의 소리들이 머물지 못하게 하십시오. 이 4가지 기법들을 잘 활용하여 지금 자신이 하는 일에 충분히 몰입할 수만 있다면, 그 일의 성공은 보장된 것이나 마찬가지일 것입니다.

5
대상에 대한 몰입의 구체적 적용

이상의 '몰입 주제에 대한 암송'과 '4가지 몰입의 보조기법들'을 활용하여, 자신이 하는 일이나 공부에 몰입하는 요령을 좀 더 구체적인 상황을 놓고 살펴보겠습니다. 다음과 같은 요령을 숙지하여 각각의 다양한 사례에 두루 활용할 수 있어야 하겠습니다.

"지금부터 1시간 동안 독서를 하자!"라고 마음을 먹고 자리에 앉았다고 가정을 하겠습니다. 이때는 다른 잡념을 차단하고 몰입도를 높이기 위해 우선적으로 몰입의 대상에 대해 마음속으로 암송하는 기법을 활용해야 할 것입니다. "독서!" "독서!" 혹은 "책!" "책!"이라고 마음속으로 주문을 외우듯이 끊어짐이 없게 암송하며 독서를 하십시오. 최소 5분 동안 몰입의 대상을 암송하십시오. 그리고 마음에서 일어나는 변화를 관찰하십시오.

몰입 대상에 대한 암송은 관심이 다른 곳으로 향하는 것과 다른 잡념이 침범하는 것을 막기 위한 것이니, 실제로 몰입이 유도되기 전에는 암송을 멈춰서는 안 됩니다. 또 몰입이 잘 되어 암송을 멈췄더라도 몰입의 단계가 조금이라도 떨어지면 다시 암송을 하여 몰입도를 높여야 합니다.

어느 정도 일과 공부에 몰입이 유지되더라도 반드시 정신이 해이해지는 순간이 찾아오며 "책 읽는 것이 너무 지루해!," "인터넷을 켜 볼까?", "다른 책을 볼까?" 등등 몰입을 방해하는 마음의 소리들이 울려 퍼지는 것을 경험하게 됩니다. 이때가 몰입의 중요한 고비입니다. 이때만 잘 넘길 수 있다면 몰입의 달인이 되는 것도 어렵지 않을 것입니다.

몰입을 방해하는 마음의 소리들이 울려 퍼질 때는 우선적으로 "독서!" "책!"을 외치면서 낮아진 '대상'에 대한 몰입도를 끌어 올려야 합니다. 마음이 잡스러워질 때는 항상 호흡이 거칠어지며 시야가 극도로 좁아집니다. 그래서 성급하고 나중에 후회하게 될 부정적인 판단과 행동을 겁 없이 저지르게 됩니다.

따라서 보조기법으로 들이쉬고 내쉬는 호흡에 몰입함으로써 '고른 호흡'을 확보해야 하며, "모른다!"와 "괜찮다!"를 암송하여 '넓은 시야'를 확보해야 합니다. 그리하여 다시 원래 목표했던 독서를 꾸준히 진행할 수 있어야 합니다. 이것이 대상에 몰입하는 구체적인 요령입니다.

6
호흡에 몰입하는 요령

호흡은 '마음'과 '몸' 사이에 위치한 중간적 존재입니다. 호흡은 마음보다는 거친 존재이지만, 몸뚱이보다는 미세한 존재입니다. 그래서 몸뚱이보다 앞서서 마음의 영향을 받습니다. 그리고 그 영향을 몸뚱이에 고스란히 전해줍니다. 마음이 요동하면 제일 먼저 호흡이 거칠어집니다. 그리고 그러한 동요는 그대로 몸으로 전달됩니다.

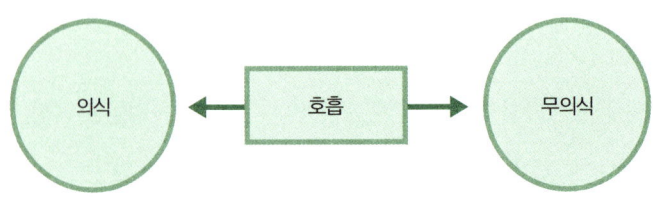

:: **호흡의 작용** ::

또한 호흡은 '의식'과 '무의식' 사이에 존재하는 중간적 존재입니다. 그래서 호흡은 의식과 무의식 양쪽에 모두 작용할 수 있습니다. 우리가 잠잘 때는 당연히 호흡을 의식적으로 할 수가 없습니다. 잠잘 때는 물론 우리가 의식하지 못하는 평상시에도 대부분은 무의식이 호흡을 관장합니다. 그런데 우리가 마음을 내어 조절하려고 들면 호흡의 길이나 굵기, 횟수 등을 조절할 수 있는 것도 분명한 사실입니다. 이것을 보면 호흡은 무의식과 의식 양쪽의 지배를 모두 받고 있는 것이 명확합니다.

이 원리를 활용하면 우리는 호흡을 통해 무의식을 의식적으로 조절할 수 있습니다. 이것은 놀라운 일입니다. 우리의 제어 밖에 있는 무의식을, 호흡을 통해 손쉽게 조절할 수 있으니 말입니다. 마음이 동요할 때 '심호흡'을 하는 것도 바로 이런 원리를 직감적으로 알고 활용하는 것입니다.

불편해진 무의식을 편안하게 할 수 있는 요령도, 호흡을 이용하는 것이 가장 손쉽고 편합니다. 무의식이 우리의 습관은 물론 우리의 몸 상태까지 조절한다는 점을 감안한다면, 우리는 호흡을 통해 우리의 건강에까지 직접적인 영향을 줄 수 있다는 결론에 도달하게 됩니다.

어떤 대상보다 몰입하기 좋은 주제이면서 항상 우리 몸과 마음에 활력을 불어넣어주는 것이 바로 '호흡'입니다. 이 호흡에 몰입하는 요령을 잘 알아두면 '몰입'은 물론 '건강'에도 아주 유용합니다. 호흡에 대한 몰입은 에너지를 맑게 하고 우리 마음을 투명하고 맑게 만들어주어 각종 스트레스를 풀어줄 뿐만 아니라, 우리 몸에 충분한 생명 에너지를 공급하여 각종 질병을 예방해주며 치료도 돕는 신묘한 힘을 지니고 있습니다.

호흡에 몰입하는 구체적인 요령은 다음과 같습니다. 먼저 고요한 방에 눈을 감고 단정히 앉습니다. 이때는 최대한 편안한 자세를 취하십시오. 허리도 너무 세우지 말고 편하게 앉으면 됩니다. 그리고 입은 다물고 코로만 숨을 쉬십시오. 입으로 숨을 쉬면 고요해지기 힘들며 에너지가 빠져나가 건강에도 좋지 않습니다. 코로 숨을 들이쉬고 내쉬는 것이 폐에도 좋고 마음의 평화에도 좋습니다. 눈은 감아도 좋고 살짝 떠도 좋습니다. 졸음이 오는 것 같으면 살짝 뜨고 하는 것이 몰입에 더욱 좋을 것입니다.

이러한 자세로 숨을 들이쉬고 내쉬면서 먼저 '시간'과 '공간'을 내려놓는 작업을 해야 합니다. 지금 내가 어디 있으며, 지금이 몇 시인지를 모두 잊어버려야 합니다. "몇 시인지 모르겠다!"라고 선언하고 "내가 어디 있는지 모르겠다!"라고 단호히 선언하십시오. 그러면 뇌가 판단을 정지하여 실제로도 시간과 공간에 대한 개념이 옅어질 것입니다. 시공을 내려놓고 자신이 지금 하는 일 즉 '호흡'만 바라보는 것이 몰입의 최고 요령입니다.

이때 자신의 손과 발, 몸의 위치 · 자세를 느껴보십시오. 바른 자세를 취하고 시간 · 공간을 무시하고 1차적으로 자신의 '몸뚱이'로 모든 관심을 모은 뒤, 서서히 자신의 들이쉬고 내쉬는 '호흡'으로 관심을 몰고 가십시오. 호흡을 들이쉴 때 '청정한 기운'이 들어오고, 내쉴 때

'탁한 기운'이 나감을 알아차리면서 호흡을 하십시오. 그런 느낌으로 호흡에 몰입하면 숨을 들이쉴 때마다 몸과 마음에 청정한 기운이 공급되는 것이 느껴질 것이며, 숨을 내쉴 때마다 몸과 마음의 탁한 기운이 빠져나가는 것이 느껴질 것입니다.

이때 되도록이면 들숨과 날숨의 길이나 굵기가 균등하도록 유도하십시오. 들숨이 길거나 날숨이 긴 것보다는 둘의 길이가 같은 것이 좋습니다. 그리고 길이뿐만 아니라 굵기에 있어서도 균등하게 고른 것이 좋습니다. 굵게 들어와서 가늘게 나간다거나, 가늘게 들어와서 굵게 나가는 것보다는, 가늘게 들어와서 가늘게 나가는 호흡이 몸과 마음에 좋습니다. 호흡의 균형은 몸과 마음의 균형을 유도합니다. 들숨과 날숨을 '고르게' 쉴 수 있을 때, 호흡도 평온해지며 몸과 마음도 평온해집니다. 따라서 항상 호흡이 '고르게' 들어오고 나감을 알아차려야 합니다.

그리고 호흡이 '끊어짐 없이' 들어오고 나가는지 살펴보십시오. 호흡이 고요하고 평온하게 들어오고 나가는 중에 툭툭 '끊기는 현상'이 있어서는 안 됩니다. 마음도 호흡과 함께 툭툭 끊기게 됩니다. 끊어짐 없이 물 흐르듯이 자연스럽게 들어오고 나가는 것이 바른 호흡입니다.

들이쉬고 내쉬는 호흡에 몰입하는 중에 몰입도가 약하다고 느껴진다면, '대상에 몰입하는 요령'을 잘 살려 몰입의 대상을 마음속으로 암송하십시오. 들이쉴 때는 마음속으로 "들이쉰다!"라고 암송하고, 내쉴 때는 "내쉰다!"라고 암송하십시오. 그러한 암송이 귀찮고 불편해질 정도로 몰입이 잘 되기 전에는 이러한 암송을 멈추면 안 됩니다. 몰입이 일정 궤도에 이르면 이러한 암송은 자연히 멈추게 될 것입니다.

만약 "지루하다!" "재미없다!"라는 생각이 나면서 시야가 좁아진다면, 즉각 "모르겠다!" "괜찮다!"라고 선언하여 좁아진 시야를 넓히십시오. 그러면서 몸이 편안해지고 건강해지며, 마음이 맑고 투명해지며 고요해지는 것을 느껴보십시오. 이것을 유도하는 방법은 아주 쉽습니다. 호흡을 하는 중에 호흡과 함께 몸 전체에 마음을 모으고서 "편안하다!" "건강하다!"라고 단단히 선언하십시오. 그리고 몸에서 일어나는 변화들을 느껴보면 됩니다. 실제로 변화가 일어날 것입니다.

마음에 있어서도 마찬가지입니다. 고요하고 끊어짐 없는 호흡을 들이쉬고 내쉬는 중에 호흡과 마음을 함께 의식하면서 "맑다!" "투명하다!" "광명하다!" "평안하다!"라고 단단히 선언하십시오. 그리고 마음에서 일어나는 변화들을 느껴보십시오. 미세하지만 분명한 변화가 느껴질 것입니다. 이렇게 호흡을 통해 몸과 마음을 조절할 줄 알아야 진정한 몸과 마음의 주인공이라 할 수 있습니다. 내 몸과 마음을 경영할 줄 아는 주인공만이 '인생'이라는 험난한 살림살이를 잘 경영할 수 있습니다.

단 5분만 투자하십시오! 바쁜 일상 중에도 5분 정도의 시간은 낼 수 있을 것입니다. 일단은 5분이면 충분합니다. 5분 동안 진심으로 자신의 '호흡'에 몰입해보십시오. 그리고 자신의 마음과 몸에서 일어나는 변화를 느껴보십시오. 5분이 10분이 되고 10분이 1시간이 됩니다. 어느덧 시간을 잊고 호흡에 몰입해있는 자신을 발견하게 될 것입니다. 시간을 잊고 호흡에 몰입하는 중에 마음과 몸이 매 순간 새롭게 충전되는 것을 느낄 수 있을 것입니다.

• 호흡에 몰입하는 요령 •

❶ 눈을 감고 단정히 앉는다.
❷ 입은 다물고 코로만 숨을 쉰다.
❸ '시간'을 잊어버린다.
❹ '장소'를 잊어버린다.
❺ 손과 발, 몸의 위치·자세를 느껴본다.
❻ 호흡의 '들이쉼·내쉼'을 알아차린다.
❼ 호흡을 들이쉴 때 '청정한 기운'이 들어오고
   내쉴 때 '탁한 기운'이 나감을 알아차린다.
❽ 호흡이 '고르게' 들어오고 나감을 알아차린다.
❾ 호흡이 '끊어짐 없이' 들어오고 나감을 알아차린다.
❿ 들이쉴 때는 마음속으로 "들이쉰다!"라고 생각하고
   내쉴 때는 "내쉰다!"라고 생각한다.
⓫ 몸이 '편안해짐'을 알아차린다.
⓬ 몸이 '건강해짐'을 알아차린다.
⓭ 마음이 '맑고 밝아짐'을 알아차린다.
⓮ 마음이 '고요하고 편안해짐'을 알아차린다.
⓯ 잡념이 나면 "모르겠다!" "괜찮다!"라고 선언한다.

7
나에게 몰입하기

　우리가 보고 듣고 말하고 행동하고, 울고 웃으며 감정을 느끼고, 이런 저런 개념을 가지고 생각하고 있는 것은 모두 '나'라는 주체가 있기에 가능한 일들입니다. 그러나 우리는 객체가 되는 오감과 감정과 생각만을 애지중지하지, 그 주체가 되는 '나'에 대해서는 관심조차 기울이는 일이 없습니다.

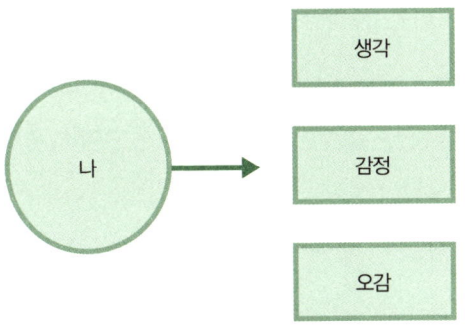

:: 오감·감정·생각의 주체인 '나' ::

우리는 일상에서 흔히 오감과 감정, 생각에 취하여 '나'를 놓치고 삽니다. 그러나 하루 종일 보고 듣고 말하고 행동하더라도 우리는 '오감'과 '행동' 그 자체가 아닙니다. 우리는 오감을 느끼고 행동을 하는 주체입니다. 하루 종일 울고 웃고 화내더라도 우리는 '감정'이 아닙니다. 우리는 감정을 느끼는 주체입니다. 하루 종일 이것이 옳은지 저것이 옳은지 고민하더라도 우리는 그러한 '생각'이 아닙니다. 우리는 생각을 하는 주체입니다.

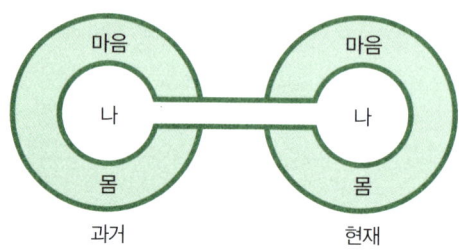

:: 일생을 통해 불변하는 '나' ::

이 '나'라는 존재감은 일생을 통해 불변하는 자리입니다. 평생을 통해 우리의 오감·감정·생각은 수없이 변화해갑니다. 과연 그 무엇이 10년 전의 나와 지금의 나의 동일성을 해명해줄 수 있을까요? 그것은 오직 '나'라는 존재감뿐입니다. 이것을 제외하고 일생을 통해 변화하지 않는 존재는 없습니다. 이 '나'라는 존재감에 몰입하십시오. 그러면 여러분은 평생을 통해 여러분을 지탱해왔던 최고의 보물을 만나게 될 것입니다.

이 '나'라는 존재감은 사실 앞에서 수도 없이 이야기해왔던 '슈퍼의식'에 다름 아닙니다. 모든 오감과 감정, 생각을 초월해 존재하는 '나'

라는 존재감이야 말로 다름 아닌 '슈퍼의식'이기 때문입니다. 우리가 슈퍼의식을 각성시키는 '몰입'을 행했을 때, 이 '나'라는 존재감이 가장 선명하고 생생하게 자신을 드러내는 것도, 슈퍼의식이 바로 '나'이기 때문입니다.

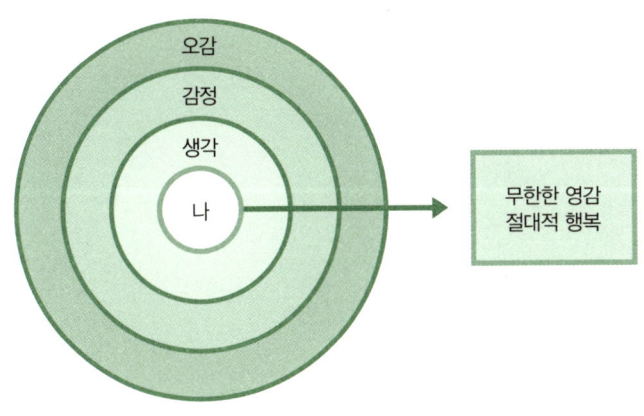

:: **무한한 영감과 행복의 자리 '나'** ::

'나'라는 자리는 '슈퍼의식'이니 만큼, 영원한 행복감과 무한한 창조성·영감을 지닌 자리입니다. '나'라는 존재감에 대해 관심을 기울이고 그것에 몰입하는 행위만큼 나의 삶(오감·감정·생각의 삶)에 활력을 주는 행위는 없습니다. 왜냐하면 오감·감정·생각의 주체가 바로 '나'이기 때문입니다. 주체가 힘을 얻게 되면 오감·감정·생각 또한 활력을 얻어 긍정적으로 생각하고 느끼고 행동하게 됩니다. 주체를 버려두고 객체들에 대해서만 집착해서는 답이 나오지 않습니다. 곧장 우리 삶의 주체에 몰입하십시오! 거기서 우리는 무한한 행복감과 창조력의 원천인 최고의 보물을 발견하게 될 것입니다.

8
나에게 몰입하는 요령

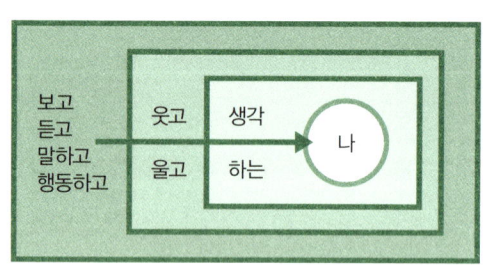

:: '나'에게 몰입하기 ::

　특정 '대상'에 몰입할 때는 1차적으로 대상을 암송하면 됩니다. 수학을 공부한다면 "수학" "수학", 보고서를 쓸 때는 "보고서" "보고서"라고 암송하면 되죠. 이것은 다른 생각이 침투하는 것을 차단하고 대상에 대한 생각만으로 마음을 가득 채우기 위한 것입니다. 그리고 몰입의 보조기법으로 들이쉬고 내쉬는 '호흡'에 대한 몰입과 "모른다!" "괜찮다!"의 암송을 활용했습니다.

이러한 방법들을 활용하여, 이번에는 각종 대상에 몰입하는 주체인 '나 자신'에게 몰입해보려고 합니다. '나'에게 몰입하는 방법에는 크게 두 가지가 있습니다. 첫째는 다른 대상에 대한 몰입을 먼저 유도한 다음, 몰입의 4단계에 도달했을 때 선명히 느껴지는 몰입의 주체인 '슈퍼의식'으로 몰입의 대상을 전환하는 방법입니다. 둘째는 애초부터 "나!" "나!"라고 암송하여 '나'에 대한 몰입을 단계별로 끌어올리는 방법입니다.

첫째 방법은 모든 몰입 대상에 두루 적용할 수 있으나, 가장 손쉽게 몰입 상태를 유도하는 몰입 주제인 "모른다!"를 활용하는 것이 효과가 좋습니다. 물론 각자 개인의 취향에 따라 몰입이 잘 되는 주제를 활용해도 좋습니다. "모른다!"를 예로 들면, 5분 단위로 몰입 시간을 정한 뒤, "모른다!"를 지속적으로 암송하여 몰입의 단계를 높여갑니다. 그리고 "모른다!"는 느낌만이 우리 내면을 감쌀 때, 선명히 느껴지는 우리 자신인 '나'로 관심을 돌려서 내면의 느낌에 몰입합니다. 그러면 "모른다!"에 대한 몰입에서 '나'에 대한 몰입으로의 전환이 일어납니다.

둘째 방법은 곧장 "나!"라고 지속적으로 암송하여 다른 잡념을 막고 슈퍼의식의 각성을 유도하는 방법입니다. 우리가 '대상'에 대한 몰입에서 활용했던 방법인, 몰입의 주제를 완전한 몰입에 이를 때까지 암송하는 방법을 활용하는 것입니다. 5분 단위로 몰입의 주제인 '나'를 지속적으로 암송합니다. "나!" "나!"라고 마음속으로 단호히 선언하는 것입니다. "나는 이렇게 생각한다." "나는 슬프다." "나는 이런 저런 삶을 살고 있다." 등등의 '나' 이외의 대상에 관심을 기울이지 말아야 합니다. 오직 주어가 되는 '나'에 대해서만 몰입해야 합니다.

눈을 감고 "나!" "나!"라고만 선언하며 '나'라는 존재감에만 모든 관심을 집중하면서 모든 걸 내려놓고 푹 쉬어보십시오. 오감도 내려놓고 감정도 내려놓고 생각도 내려놓아야 합니다. 모든 것을 내려놓고 '순수한 나'로서만 존재해보십시오. 5분만 투자하십시오. 5분 동안만 모든 것을 내려놓고 백지 상태의 '순수한 나'로서만 존재해보십시오. 여러분이 일을 하는 중에라도 잠깐씩 짬을 내서 활용한다면, 다시 생각·감정·오감에 접속을 했을 때 우리는 정말 활기차게 존재해있는 자신을 발견하게 될 것입니다. 생각과 감정, 오감이 모두 활기차게 충전되어 있을 것입니다.

꽃을 잘 키우고 싶으면 물과 비료를 '뿌리'에 주어야 합니다. 우리 존재의 뿌리는 바로 '나'라는 존재감입니다. 여기에 물과 비료를 뿌려주십시오. 우리가 마음에게 줄 수 있는 물과 비료는 다름 아닌 '관심'입니다. 우리의 주체이자 본질인 '나'에게 관심을 주십시오. '나'라는 존재감 즉 '슈퍼의식'이 삶의 전면에 드러날 때, 우리 삶은 자연스럽게 행복하고 성공적이며 건강한 삶으로 변화할 것입니다.

'나'라는 존재감 즉 '순수한 나'는 일생을 통해 변화하지 않습니다. 그 자리는 나이도 먹지 않습니다. 10년 전이나 10년 후나 늘 한결같은 존재감을 줄 뿐입니다. 변화는 생각·감정·오감의 영역에서만 일어납니다. '나'라는 존재감은 변화하지 않습니다. 우리가 잠을 자

::: '나'에 대한 몰입의 활용 :::

건, 꿈을 꾸건, 잠에서 깨건 늘 한결같은 존재감을 주는 자리이기도 합니다. 그러니 '나'에 대한 몰입이 익숙해지면 우리는 언제 어디서나 손쉽게 슈퍼의식의 각성 상태를 항상 유지할 수 있습니다. 평소에 '나'에 대한 몰입을 잘한다면 몰입의 달인이 될 수 있습니다.

유튜브(YouTube): 깨어나기 7분명상−존재에 몰입하기

9
게임을 통해 본 2가지 몰입

　게임을 통해서 이 두 가지 몰입법을 구분해보겠습니다. 우리가 게임을 할 때는, 게임 속 사이버 공간에서 자신의 '캐릭터'를 가지고 존재합니다. 사이버상의 '특정한 몸'을 가지고 있고, 사이버상의 '아이템'을 가지고 있습니다. 그리고 사이버 세계의 '공간'에서 각종의 플레이를 펼칩니다. 마치 그 몸이 내 자신의 몸이고, 그 세계가 마치 자신이 사는 세계인 양 동일시합니다. 이렇게 몰입하지 못해서는 게임이 재미가 없죠.

　영화 '매트릭스'를 보면 주인공 네오가 매트릭스 세계 안에 들어가 그 안의 '공간'과 그 안의 '몸'에 몰입해서 살아가는 것과 똑같습니다. 우리는 게임을 할 때 잠시나마 현실의 몸을 잊어버리고, 게임상의 몸을 진짜 우리 몸으로 여깁니다. 우리가 '우리 자신'이 아닌 '대상'에

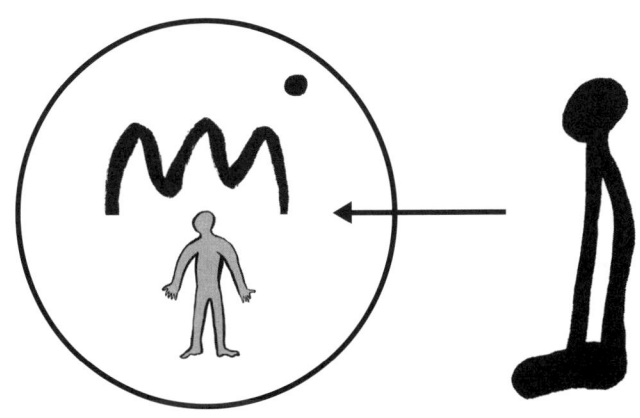

:: 게임상의 공간 · 몸에 몰입 ::

대한 몰입을 할 때의 사정이 바로 이렇습니다. '나 자신'을 잠시 잊고 잠시나마 '대상'과 완전히 하나가 되어, 대상이 내가 된 듯이 푹 빠져서 몰입합니다. 사이버상의 몸이 내 몸처럼 실감나게 느껴지고, 사이버상의 몸에 가해지는 충격이 마치 자신에게 가해지는 충격인 양 느껴지고, 사이버상의 산과 강이 실제 내 눈앞에 펼쳐진 산과 강처럼 느껴지는 경지, 이것이 '대상'에 대한 몰입의 경지입니다.

이렇게 대상과 하나가 될 때, 대상은 숨겨진 비밀과 정보를 우리에게 공개합니다. 진실로 대상과 하나가 된 사람만이 참된 정보를 얻을 수 있습니다. 이런 상태에서 게임을 하면 상황을 정확히 읽어내는 판단력과 놀라울 정도의 순발력이 생깁니다. 이것은 누구나 경험으로 아는 이야기일 것입니다. 이러한 것은 모두 '대상'에 대한 몰입에서 나오는 힘입니다.

그런데 재미난 사실은 매트릭스에서 네오가 탈출하더라도 여전히 네오는 존재한다는 것입니다. 현실보다 더 현실 같던 사이버 공간과 몸이 모두 사라지더라도, 현실의 네오는 여전히 존재합니다. 우리가 사이버 공간과 몸을 가지고 게임을 몰입해서 즐기다가 게임을 꺼도 게임하던 '나'는 여전히 존재하는 것과 동일합니다. 사이버 공간과 몸이 사라져도, 조금도 '나 자신'은 손상되지 않습니다.

:: 게임을 끄고 '나'에 몰입 ::

마찬가지로 '나'에 대한 몰입은 우리의 몸이나 우리가 사는 세상 자체도 하나의 사이버 몸이나 공간으로 여기고, 잠시 접속을 끊고 푹 쉬어보자는 것입니다. '나라는 존재감'이 아닌 것은 모두 '대상'이라고 본다면, 우리의 생각·감정·오감의 세계도 모두 '대상'이 됩니다. 하루 종일 수없이 바뀌는 이런저런 '생각'들도, 우리 '자신'에 비교하면 바깥 '대상'일 뿐이며 우리를 둘러싼 껍질입니다. 그리고 '감정'이나 '오감'들도 마찬가지입니다. 모두 우리 자신을 둘러싼 각각의 껍질들입니다.

'나' 이외의 모든 껍질들을 벗어놓고 푹 쉬는 것이 '나'에 대한 몰입입니다. 네오가 매트릭스의 몸과 접속을 끊고, 우리가 게임상의 몸과 접속을 끊듯이, 우리의 몸뚱이와 생각·감정에 대한 접속도 끊을 수 있습니다. 우리를 둘러싼 껍질인 '오감의 껍질', '감정의 껍질', '생각의 껍질'을 잠시 벗어놓고 '순수한 나'로서 존재할 수만 있다면, 슈퍼의식이 제공하는 무한한 행복감과 충만감 속에서 충분한 휴식을 취할 수 있을 것입니다.

방법은 간단합니다. 생각·감정·오감을 향하는 우리의 관심을 끊고 오직 '나라는 존재감'만을 느끼고 의식하면 됩니다. 나 이외의 대상에 향하는 관심에 대해서는 "모른다!"라고 단호히 외치십시오. 그리고 "나!" "나!"라고 단호히 선언하면서 모든 관심을 '나 자신'에게만 향하게 하십시오.

게임과 접속을 하지 않고 홀로 존재하더라도 우리 자신은 여전히 존재하듯이, 이런저런 생각과 울고 웃는 감정, 보고 듣고 느끼는 오감이 모두 사라지고 없더라도, '나'는 없어지지 않고 여전히 존재합니다. 오히려 더 생생하게 존재합니다! 부정적 에너지와의 접속이나 에너지의 불필요한 낭비가 전혀 없기 때문에 더욱 충만하고 긍정적인 모습으로 존재합니다. 단 5분이라도 좋습니다. 아주 잠깐이라도 이 상태를 체험해보십시오! 여러분은 새로 태어나는 기쁨을 맛보게 될 것입니다.

10
마음을 리셋하라

우리가 2가지 몰입법을 제대로 활용할 수만 있다면, 우리의 마음이 아무리 힘들어하고 우울해하더라도 곧장 리셋(reset)하여 '초기화'할 수 있습니다. 현대사회는 남녀노소를 가리지 않고 모든 사람들을 치열한 경쟁으로 내몹니다. 이러한 현대사회는 우리의 '마음'을 철저히 황폐화시킵니다. 이러한 현실에서 '마음리셋법'은 단순한 사치품이 아니라 필수품이라 할 수 있을 것입니다.

이제 우리는 마음의 보호 장비를 제대로 갖추지 않고서는, 자신의 마음을 추스르기 힘든 시대에 들어섰습니다. 우리 '마음'은 컴퓨터와 같아서 매일매일 사용하지 않을 수 없으나, '리셋'을 해가면서 사용하지 않으면 심각한 손상을 입게 됩니다. 그렇다고 걱정할 일은 아닙니다. 우리는 2가지 몰입법을 활용할 수 있으니까요. 몰입으로 마음을 리셋한다면, 우리는 매일매일 최상의 컨디션으로 하루를 살아갈 수 있습니다. 어떠한 상황에서도 고요하고 편안하며 또랑또랑한 마음상태를 유지하며 살아갈 수 있습니다.

  우리가 세상을 보고 듣고 느낄 수 있는 것도 '마음'이 있기 때문이며, 우리가 울고 웃고 이런저런 생각을 할 수 있는 것도 바로 '마음'이 있기 때문입니다. 이런 소중한 '마음'을 리셋한다는 것은, 사실 우리 삶 전체를 리셋한다는 것을 의미하며, 나아가 우리 삶 전체를 주체적으로 개조한다는 것을 의미합니다. 지금 당장 몰입을 통해 마음을 리셋하여 우리 삶을 개조합시다!

유튜브(YouTube): 몰라 괜찮아로 마음 다스리기

11
초간단 마음리셋법

컴퓨터나 인간이나 쓰면 쓸수록 속도가 느려지고 잡음이 껴서 답이 없어지며 시야가 좁아집니다. 마음을 수시로 리셋하여 초기화할 수 있어야 합니다!

❶

과거는 이미 사라져 존재하지 않고
미래는 아직 존재하지 않으며
오직 '지금 이 순간'만 존재한다는 것을 명심하고,
마음이 과거나 미래를 향하지 않도록
오직 지금 이 순간의 '호흡'에만 몰입합니다.

❷

'시간'을 잊어버리십시오.

"지금 몇 시인가?"를 마음속으로 묻고

"모른다!"라고 답하고, 진실로 모르는 일이라고

실감 나게 상상합니다.

❸

'장소'를 잊어버리십시오.

"지금 어디인가?"를 마음속으로 묻고

"모른다!"라고 답하고, 진실로 모르는 일이라고

실감 나게 상상합니다.

❹

'자신'을 잊어버리십시오.

"내 이름은 무엇인가?"를 마음속으로 묻고

"모른다!"라고 답하고, 진실로 모르는 일이라고

실감 나게 상상합니다.

❺

잡념이 일어나고 사라짐을 신경 쓰지 않고

오직 '모르는 마음'을 유지하는 것에 신경을 쓰십시오.

잡념을 없애려 하지 마십시오.

잡념에 관심을 주지 않는 것으로 충분합니다.

의식의 초점은 분명하되

잡념을 느끼지 못하게 되어

마음이 고요해지고 선명해지면,

비록 잠깐일지라도 마음이 '리셋'된 것입니다.

12
5분 몰입

잠시만 시간을 내십시오. 5분이면 충분합니다.
자신이 지금 숨을 들이쉬고 있는지, 내쉬고 있는지,
주의를 기울여보십시오.

잡념이 일어나면 "몰라!"라고 선언하십시오.
오직 지금 이 순간 자신의 숨결만 바라보세요.
우리 마음은 곧장 리셋될 것입니다.

스스로에게 "내 이름은 무엇인가?"라고 묻고,
"몰라!"라고 선언하며,
자신의 이름을 완전히 잊고
자신의 '존재감'에만 집중해보십시오.

고요하되 또렷한 이 존재감이야말로
우리의 본래 모습입니다.
모든 것을 잊고 이 자리에서 푹 쉬며
자신을 충전하십시오.

지금 힘들고 초조하고 불안하십니까?
조금도 걱정하지 마십시오.
우리에겐 흔들리는 마음이 있듯이,
늘 고요하여 흔들리지 않는 마음도 있습니다.
잠시 자신의 '이름'만 잊고 푹 쉬어 보십시오!
푹 쉬는 그 마음, 바로 그 자리가
바로 슈퍼의식의 자리입니다.

유튜브(YouTube): 윤홍식의 5분 명상

유튜브(YouTube): 윤홍식의 10분 명상

• 몰입의 달인 •
아르키메데스

서양의 수학자이자 물리학자인 아르키메데스(BC287~BC212)의 몰입에 관한 일화를 살펴보죠. 아르키메데스는 죽는 순간까지도 기하학 연구에 몰입하였는데, 로마군의 침입에도 불구하고 도형을 그리고 연구하던 중 자신을 죽이러 다가오던 로마병사도 몰라보고 "물러서라! 내 도형을 망치지 말라!"고 하였다고 합니다. 대단한 몰입이죠. 진정한 몰입은 이렇게 생사마저도 초월합니다. 자신이 살고 죽는 것보다 그 문제의 해결만이 내 마음에 꽉 들어차 있는 상태, 이 정도 몰입이면 해결하지 못할 문제가 없겠죠. 이러한 몰입력으로 지금 우리 인류에게 닥친 온갖 문제들도 창조적으로 지혜롭게 풀어갔으면 하는 바람입니다.

• 선비들에게 배우는 몰입 노하우 •
지금 하는 그 일에 몰입하라!

퇴계退溪 이황李滉(1501~1570)

'몰입'이란 다만 정신을 하나로 통일하는 것일 뿐이다.
일이 없을 때에는 마음을 맑고 편안하며 고요하게 하되
요동치지 않게 유지하는 것이며(나에 대한 몰입),
일이 있을 때에는 일에 따라 대응하고 변화하되
마음이 다른 데로 가지 않게 하는 것이다(대상에 대한 몰입).
이것이 "지금 하는 일에 집중하는 것이
바로 깨어있음이다."라는 것이다.

(『퇴계문집』)

불교의 몰입 9단계

불교에서는 '몰입' 즉 '일념집중'의 단계를 전통적으로 9단계로 논합니다. 이를 '구주심九住心'(9개의 집중하여 머무르는 마음)이라고 하죠. 구주심은 신라의 고승 원효元曉(617~686)도 강조했던 것이며, 14대 달라이 라마의 스승인 티장린포체가 이를 바탕으로 그린 탱화가 전해옵니다. 다음 그림은 티장린포체의 그림을 바탕으로 몰입의 9단계를 설명한 것입니다. 이러한 구주심의 9단계는 앞에서 말한 '몰입의 4단계'의 확장판입니다. 먼저 그림에 새겨진 번호의 순서대로 몰입의 각 단계를 설명하겠습니다.

❶ 1단계

소년이 손에 든 '밧줄'은 몰입 대상에 대한 견고한 마음챙김을 상징하며, '도끼'는 마음이 산란과 혼침에 빠지지 않도록 깨어서 알아차리는 것을 상징합니다. 소년은 이 두 가지 도구를 갖추고서 '코끼리'(마음)를 뒤쫓는데 코끼리가 어두운 색입니다. 이는 코끼리(마음)가 혼침에 빠져 흐리멍덩함을 말합니다. 마찬가지로 어두운 색의 '원숭이'는 산란한 마음의 작용을 상징합니다. 이 산란한 원숭이가 앞장을 서서 우리 마음을 시끄럽게 합니다. 이 상태는 대상에 몰입하고자 노력하나, 마음이 혼침하고 산란하여 몰입 시간이 짧은 단계를 설명

합니다. (몰입의 1단계)

❷ 2단계

어두운 코끼리(혼침한 마음)가 원숭이(산란)에게 인도되어 소년에게서 벗어나 있으니, 마음챙김과 알아차림의 지배를 온전히 받지는 않고 있습니다. 또한 모든 동물들이 소년보다 앞에 있습니다. 그러나 조금씩 밝아지고 있는 것으로 보아, 대상에 대한 몰입이 조금씩 힘을 얻고 있는 단계입니다. (몰입의 1단계)

❸ 3단계

이제 어두운 코끼리(혼침한 마음)는 얼굴까지 밝아졌으며, 원숭이(산란)도 얼굴까지 밝아졌습니다. 아직 몸통이 어둡기에 혼침과 산란에 빠지게 되나, 몰입이 유지되어 혼침과 산란에 빠지더라도 곧장 빠져나올 수 있는 힘을 얻은 단계를 설명합니다. 코끼리는 마음챙김의 밧줄에 묶여 있으며, 혼침과 산란에 대한 알아차림의 도끼가 작동하고 있습니다. 또한 코끼리와 원숭이, 토끼가 모두 소년을 바라보고 있기에 통제가 되고 있습니다. 그러나 여전히 동물들이 소년보다 앞에 있습니다.

'어두운 코끼리'가 대상을 놓칠 정도로 혼침에 빠지는 '거친 혼침'을 상징한다면, 새로 등장한 '토끼'는 대상을 놓치지는 않으나 혼침에 빠져 매몰되는 '미세한 혼침'을 상징합니다. 이 단계부터는 미세한 혼침도 주의하라는 것입니다. 반면 원숭이는 대상을 놓칠 정도로 잡념에 빠지는 '거친 산란'과, 대상을 놓치지는 않으나 잡념에 빠지

는 '미세한 산란'을 모두 상징합니다. (몰입의 2단계)

❹ 4단계

소년의 밧줄이 견고하여 코끼리를 놓치지 않고 통제하고 있고, 코끼리와 원숭이, 토끼가 모두 소년을 바라보고 있습니다. 그리고 각각의 동물들은 좀 더 밝아졌습니다. 통제가 더욱 강해지고 있어, 대상에 대한 몰입을 혼침과 산란이 크게 방해하지 못하는 단계입니다. 이 단계에서는 산란과 혼침 속에서도 몰입 대상을 놓치지 않을 수 있습니다. 그러나 아직도 동물들이 소년보다 앞에 있습니다. 확실히 통제되고 있지는 않다는 것입니다. (몰입의 2단계)

❺ 5단계

이제는 마음챙김과 알아차림으로 무장한 소년이 모든 동물들을 앞서게 되었습니다. 이제 대상에 대한 몰입이 안심할 수 있는 단계에 들어섰습니다. 몰입을 방해하는 요소들이 확실히 다스려지고 있습니다. 어두운 코끼리(혼침한 마음)와 원숭이(산란), 토끼(미세한 혼침)의 몸이 많이 밝아졌으며, 늘 앞장서던 산란한 원숭이가 맨 뒤로 갔습니다. 거친 산란과 거친 혼침은 사라졌다는 것을 상징합니다. 도끼로 코끼리 머리를 제압함은 특히 알아차림의 힘으로 거친 혼침을 다스렸다는 것입니다. 밧줄을 푼 것은 거친 산란·혼침을 다스려 대상을 놓치지 않는 단계가 되어, 마음챙김에서 여유를 얻은 것을 나타냅니다. (몰입의 2단계)

❻ 6단계

알아차림의 힘이 더욱 강해져서, 코끼리와 원숭이는 더욱더 밝아졌으며, 토끼(미세한 혼침)가 사라졌습니다. 거친 산란·혼침은 물론, 미세한 산란·혼침도 극복한 것입니다. 몰입 대상이 선명하고 잘 유지되어 혼침과 산란에 빠지지 않게 된 것입니다. 그러나 아직은 안심할 수 없는 단계이기에, 도끼와 밧줄을 들고 있습니다. (몰입의 2단계)

❼ 7단계

원숭이는 완전히 밝아져서 소년을 따르고 있으며, 코끼리도 매우 밝아졌으니 미세한 산란·혼침에서 벗어나서 여유로운 단계입니다. 소년은 마음챙김과 알아차림에서도 자유를 얻어서 빈손입니다. 그런데 원숭이(산란)가 아직 존재하고, 코끼리(마음)에게 아직 어둠이 남아있습니다. 이는 몰입을 방해하는 미세한 산란·혼침이 일어날 가능성이 아직 있다는 것입니다. 그러나 소년은 도끼와 밧줄이 없이도 그러한 어둠을 곧장 몰아낼 수 있는 힘이 있습니다. (몰입의 2단계)

❽ 8단계

이제 코끼리(마음)가 완전히 밝아졌으며, 원숭이(산란)가 사라졌습니다. 혼침과 산란에서 완전히 벗어났습니다. 사람은 코끼리를 자연스럽게 인도합니다. 이 단계는 혼침과 산란의 방해 없이, 대상에 대한 몰입이 끊어지지 않고 유지되는 단계입니다. 그러나 소년이 코끼리를 인도하는 모습은, 아직은 의도적인 노력이 필요하다는 것을 말합니다. (몰입의 3단계)

❾ 9단계

코끼리와 소년이 편하게 쉬는 것은, 어떠한 의도적 노력이 없이도 대상에 대한 몰입이 끊어짐 없이 유지된다는 것을 말합니다. (몰입의 4단계)

❿ 심신의 편안

구주심의 9단계에 도달했기에, 어떠한 의도가 없이도 소년은 코끼리를 자유자재로 인도합니다. 코끼리는 광명하니 마음이 밝게 깨어 있음을 나타내며, 소년은 코끼리 위에서 편안하게 쉬고 있으니 '마음의 편안'을 상징하며, 하늘을 나는 소년은 '몸의 편안'을 상징합니다. 몰입이 잘 이루어져 무한한 행복과 영감을 지닌 슈퍼의식이 각성되는 몰입의 4단계(구주심의 9단계)에 도달하니, 긍정적 호르몬이 샘솟고 신바람이 나서 몸과 마음이 모두 편안한 것을 나타냅니다.

⓫ 정혜쌍수定慧雙修

몰입의 4단계(구주심의 9단계)에 도달하여 슈퍼의식이 각성된 상태에서, 몰입사고법을 활용하여 '자명한 지혜'를 얻어서, 몰입(定)과 지혜(慧)가 원만해진 깨달음의 경지를 나타냅니다. 언제 어디서나 마음을 리셋시키는 몰입을 활용할 수 있고, 언제 어디서나 몰입을 통해 얻은 자명한 지혜로 현명한 판단을 할 수 있는 '정혜쌍수定慧雙修'(몰입과 지혜를 함께 닦음)의 단계입니다. 소년이 코끼리 위에 편하게 앉아 있는 것은 슈퍼의식이 각성된 '몰입'을 나타내며, 손에 광명한 '불의 검'을 들고 있는 것은 슈퍼의식의 작용인 '지혜'를 상징합니다.

이러한 구주심의 9단계는 본서에서 설명하는 '몰입의 4단계'의 확장판입니다. ① 구주심의 1단계·2단계는 대상에 정신을 집중하기 위해 노력하는 '몰입의 1단계'에 해당합니다. ② 구주심의 3단계~7단계는 대상에 대한 집중이 유지되나 간혹 끊어지는 '몰입의 2단계'에 해당합니다. ③ 구주심의 8단계는 인위적 노력으로 대상에 대한 집중이 끊어지지 않는 '몰입의 3단계'에 해당합니다. ④ 구주심의 9단계는 인위적 노력 없이도 대상에 대한 몰입이 끊어지지 않는 '몰입의 4단계'에 해당합니다.

유튜브(YouTube): 윤홍식의 구주심 강의

나의 몰입 이야기

• **몰입의 힘으로 프로젝트를 완성하다**
  김근영(43, 직장인)

　작년 회사 프로젝트를 진행하면서 두 분의 프리랜서와 계약을 했습니다. 저의 오랜 회사 경험에서 본다면 모든 것은 계약에 의해 움직이고 업무를 진행하게 되는데요. 어느 날 저는 어떠한 해결책도 낼 수 없는 상황을 접하게 되었습니다. 프리랜서 분들과 문제가 생기면서 스케줄은 계속 지연되고, 결과 또한 처음 의도한 대로 받지 못해 하루하루를 답답한 심정으로 보내게 된 것입니다.

　그리고 더욱더 힘들었던 것은, 그 당시 제 건강이 좋지 않아 이 일을 다시 계획하고 수정해가며 몇 개월간 다시 끌고 나갈 자신이 없다는 것이었습니다. 어떻게 해야 할까 많이 고민하다가 이 일을 어떻게든 잘 마무리하고 싶다는 마음으로 결론이 나왔고, 그렇게 하기 위해서는 최선의 방법이 필요했습니다. 그리고 저는 그 최선의 방법이 가능한 이 일에 최대한 집중하는 것이라는 결론을 내리게 되었습니다. 하지만 초반부터 일이 틀어지면서 시작된 터라 "다시 바로 잡으면서 일을 하면 된다."라고 마음을 먹었음에도 불구하고, 매 순간 올라오는 짜증과 분노 그리고 일이 빨리 마무리가 되지 않는 조급한 마음

때문에 도저히 집중할 수가 없었습니다.

그래서 저는 홍익학당에서 배운 "모른다!"를 조금 더 강력하게 사용해보기로 했습니다. 물론 선생님 책과 강의를 통해 가능성은 보았지만 실제 그것이 정말 효과가 있는지는 모르겠다는 마음으로 시작하게 되었습니다. 그리고 그 다음날부터 바로 일이 시작될 때마다 "모른다!"를 자주 사용해 보니 중간중간 올라오는 잡생각을 최대한 끊어낼 수 있었고, 일에 몰입할 수 있는 날들이 조금씩 늘어나게 되었습니다.

그러던 어느 날, 매일매일 스트레스와 싸우던 제가 일에 완전히 몰입해 잡생각 없이 일을 처리하는 모습을 발견하면서 깜짝 놀라게 되었습니다. "아! 그래, 이거구나!", "그래, 『5분, 몰입의 기술』에서 읽었던 몰입이라는 것이 이걸 말하는 거구나!"라는 느낌이 들더군요. 그러면서 "지금까지 그렇게 오랫동안 일을 하면서도 내게 진정한 몰입이란 없었구나."라는 생각에 잠시 반성하는 계기가 되었습니다.

그리고 뭐라고 해야 할까요? 일에 대해서 완전히 다른 느낌을 갖게 되었다고 해야 할까요? 저는 그때부터 6개월 동안 "모른다!"를 조금 더 적극적으로 활용하게 되었습니다. 물론 중간중간 힘든 일들이 몇 가지 더 생기기도 했었지만 그럴 때는 "괜찮다!"라는 말로 저를 달래가며, 일에 대해 지치지 않도록 스스로 격려하면 힘을 얻곤 했습니다. 그렇게 6개월이 흘렀고 어느 순간 문득 보니 일이 완성단계에 와 있더군요.

일이 마무리가 되던 날 갑자기 이런 생각이 들더군요. "와! 난 도대체 무슨 힘으로 이 일을 마무리할 수 있었던 말인가!" 순간 내가 건강이 좋지 않았다는 기억마저 잊어버리고 있었다는 것을 알게 되면서 "아! 이것이 정말 몰입의 힘이란 말인가?"라는 생각이 들더군요. 단순하게만 생각했던 "모른다!"와 '몰입의 힘'을 진정으로 알게 되는 소중한 시간들이었습니다.

• 몰입으로 감정을 다스려 가족 관계를 개선하다
홍미진(38, 회사원)

저는 다혈질적인 성격이 강한 사람입니다. 그러나 회사 생활을 몇 년 하고 나서는 그래봤자 저에게 좋은 일이 없어 차차 그런 상황이 줄어들었습니다. 그런데 결혼 후 배우자와 아이들에게 다시 다혈질적인 모습을 자주 보이게 되었습니다.

저의 이런 모습을 인지하자 "나의 이런 다혈질적인 모습을 아이들이 배울 텐데, 어쩌지…?"라는 걱정이 생겼고, 그후부터 마음공부를 시작했습니다. 다혈질적인 행동이 나오려고 할 때는 먼저 "모른다!" 하고, '호흡'만 생각합니다. 몇 분간 호흡만 인지하고 있으면 세상이 고요해지고 차분해집니다. 이때 "내가 뭐하고 있었지? 왜 그랬지?" 하고 "지금 어떻게 하는 게 가장 좋을까?"를 생각합니다.

며칠 전에도 멀쩡히 신랑은 신문을 보고 있고, 저는 설거지를 하는

데 아이들의 싸움 소리가 났습니다. 저는 속으로 "그래, 언제까지 애들 싸우는 걸 지켜보는지 두고 보자!" 하며 설거지를 계속했습니다. 끝내 막내가 "아이고 아야…." 하면서 우는 소리를 듣고 저는 "여보! 애들이 싸우는데 좀 말려야지 뭐하고 있어?!" 그랬더니 "아, 신문 읽는다고 못 들었어. 왜 화를 내고 그래?" 그러면서 아이들을 떼어 놓았습니다.

그 상황에서 저는 일단 제 성격을 알기에 더 이상 말을 하지 않고 밖으로 나왔습니다. 씩씩거리며 "혼자 어디 포장마차나 가서 술 한잔 할까?", "동네 언니를 불러 같이 먹을까?" 등등 별생각을 하다가 집 앞 벤치에 앉아 "모른다!" "들이쉬고 내쉬고…." 이렇게 얼마 동안 있으니 "이 상황에서 술 먹은들 뭐하겠냐, 애들이 좋아하는 치킨이나 사 들고 들어가자!" 이렇게 한 후 치킨 집에서 치킨 포장을 주문하고는, 기다리는 15분간 호흡하고 계산 후 집으로 들어갔습니다.

집 현관에 들어설 때 "짜잔! 화해의 치킨이 배달됐습니다." 하면서 환하게 웃고 들어가 신랑과 아이들에게 갑자기 나가서 미안하다고 하고, 애들에게는 둘이 너무 싸워서 엄마가 속이 상했다고 하고, 신랑에게도 먼저 부탁하지 못해서 미안하다고 했습니다. 그랬더니 아이들도 앞으론 싸우지 않겠다고 하고 신랑도 신경 못 써서 미안하다고 하더군요.

그래서 늦은 저녁 우리 가족은 치킨과 함께 기분 좋은 화해를 하고 잠을 잘 수 있었습니다. 저는 지금도 욱하는 것이 있긴 하지만, 이 '호흡법'으로 목소리를 높인다거나 손찌검을 한다거나 하는 것들을 많이 자제하고 대화로써 풀어나가는 방법을 익히고 있습니다.

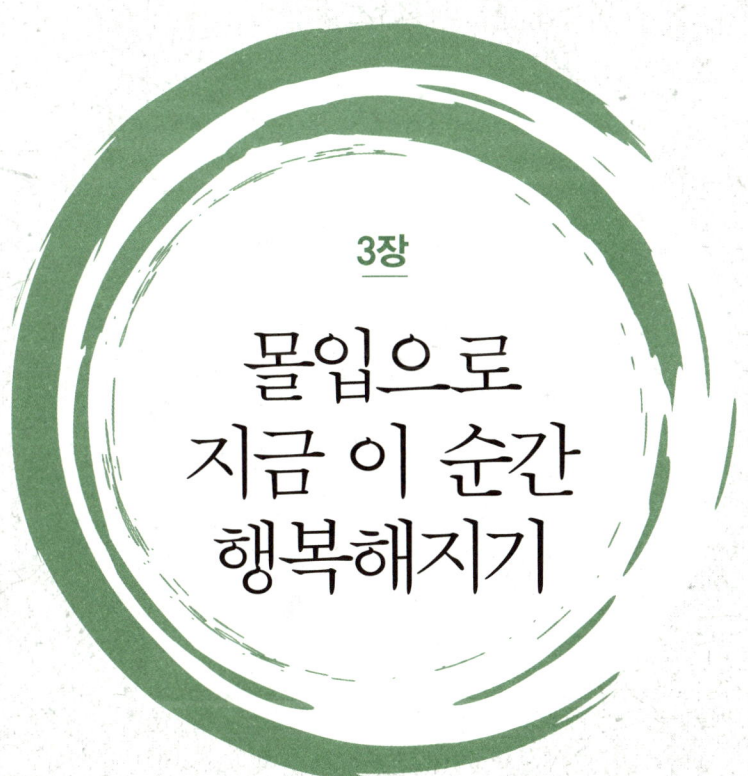

3장
몰입으로 지금 이 순간 행복해지기

여러분이 진정으로 행복해지기를 원한다면
지금 이 순간 행복해지는 비법을 찾아야만 합니다.
'지금 이 순간' 행복해질 수 없다면
우리는 영원히 행복해질 수 없습니다.

1
지금 이 순간 나는 왜 불행한가?

우리가 마음껏 행복해도 부족할 지금 이 순간을 불행한 감정·고통스럽고 우울한 감정에 허비하고 있는 이유는 크게 두 가지로 나누어 볼 수 있습니다. 하나는 자신이 원하는 것을 소유하지 못한 '욕구불만'이며, 또 다른 하나는 남과의 비교에서 오는 '상대적 박탈감'입니다.

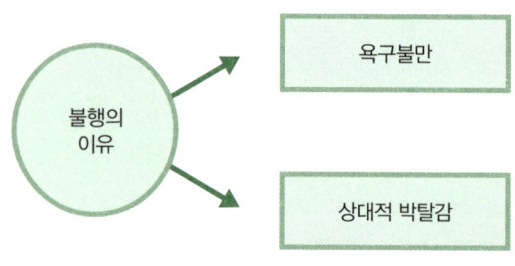

:: 불행의 이유 ::

모든 고통과 불행의 근본적 뿌리는 우리가 '원하는 것'과 우리가 '소유한 것'의 격차에 있습니다. 우리가 원하고 욕망하는 것을 갖고 있지 못하기 때문에, 불행하고 슬프고 우울한 것입니다. 원하는 것을 지금 당장 얻을 수만 있다면 미치도록 행복할 것인데, 그러한 소원을 이루지 못했다는 것이 우리를 죽도록 우울하고 불행하게 하는 것입니다.

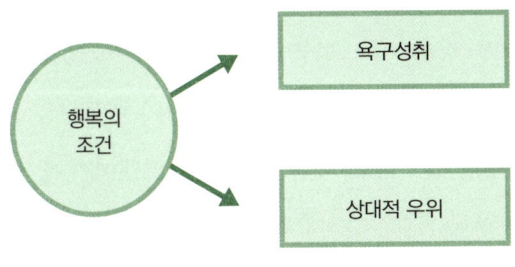

:: **행복의 조건** ::

또한 그토록 우리가 원하는 것을 남이 가졌다거나, 남이 나보다 조금이라도 더 나은 처지에 있다는 것 또한 말할 수 없는 고통을 유발합니다. "왜 나만 이토록 고통받는 것일까?" 하는 부정적인 상념이 우리를 떠나지 않게 됩니다. 욕망이 이루어지지 않고 남보다 비교우위를 점할 수 없을 때, 우리는 죽음을 생각할 정도로 절망감에 빠지며 고통스러워하고 불행해 합니다.

이러한 일반적인 '불행의 이유'에서 우리는 일반적인 '행복의 조건'도 뽑아볼 수가 있습니다. 우리는 자신이 원하는 것을 실제로 소유했을 때 즉 욕구를 성취했을 때 행복감을 느끼며, 남보다 상대적 우위를 점할 때 행복감을 느낍니다. 소득을 2배로 만들겠다든가, 올해 안에 집을 사겠다든가 하는 자신의 목표를 이루었을 때 행복합니다. 이 것을 이루지 못하는 한은 살아도 산 것이 아닙니다. 불행감이 떠나지 않죠. 또한 동료보다 월급을 더 많이 받을 때 행복해합니다. 내가 받는 것보다 남이 더 많이 받는다면 상대적으로 우울해질 것입니다. 우리는 욕구를 성취하거나 남보다 비교우위를 점할 때 행복감을 느낍니다.

이렇게 우리 누구나가 느끼는 일반적인 '행복의 조건'에는 큰 문제점이 있습니다. 남보다 조금이라도 더 잘나야 행복감을 느낀다고 하면, 우리는 항상 남보다 잘나야만 합니다. 그래야만 행복한 삶을 보장받을 수 있으니까요. 그러나 현실은 그렇지 못합니다. 세상천지에는 항상 우리보다 잘난 사람이 있습니다. 만약 이러한 상대적 비교우위에 집착하다 보면, 우리는 지금 이 순간은 물론 한평생을 상대적 박탈감에 시달릴 수밖에 없습니다. 소중한 인생을 잠깐의 행복감과 기나긴 상대적 박탈감으로 소모할 수는 없는 일 아니겠습니까?

다른 한 가지 행복의 조건에 대해서도 살펴보겠습니다. 목표를 이루었을 때만 행복하다면, 목표를 이루는 과정 내내 불행하고 불안할 것입니다. 또한 막상 목표를 이루었을 때 내가 원했던 행복감이 오는 것도 아닙니다. 목표를 이루었을 때 얻을 수 있을 것이라고 예상했던 행복감은 우리가 멋대로 상상했던 것 즉 '판타지'에 불과한 것입니다. 우리가 일상에서 늘 경험하였듯이, 실제로 이루어진 욕구는 항상 우리를 허무하게 합니다. 큰 기대를 안고 이룬 목표는 우리에게 예상했던 행복감을 보상해주지 않습니다. 오히려 큰 허탈감을 남기기 일

쏙입니다. 우리는 이 사실을 분명히 인지해야 합니다.

행복의 2가지 조건들은 우리로 하여금, 너무도 소중하며 다시 오지 않을 황금의 시간인 '지금 이 순간'을 소홀히 대하게 만듭니다. 오지 않을 판타지를 위해, 실현되지 않을 꿈을 위해 지금 이 순간을 쓸데없이 허비하지 마십시오. 여러분이 진정으로 행복해지기를 원한다면 지금 이 순간 행복해지는 비법을 찾아야만 합니다. '지금 이 순간' 행복해질 수 없다면 우리는 영원히 행복해질 수 없습니다. 지금 이 순간을 즐길 수 없다면 어느 순간 어느 때를 즐길 수 있겠습니까?

2
지금 이 순간 행복해지는 요령

　남보다 잘나야 행복하고 원하는 것을 이루어야만 행복하다면, 남보다 잘나지 못하고 욕구를 성취하지 못한 '지금 이 순간'은 불행하고 괴로워도 어쩔 수 없을 것입니다. 남보다 잘나게 되고 목표를 성취할 그 순간을 위해서, 온갖 불행과 괴로움을 모두 감수해야 할 것입니다. 그런데 지금 이 순간 이토록 불행한데 나중에는 행복해질 수 있을까요?

　그래서 '지금 이 순간' 행복해지는 요령을 익히자는 것입니다. 고기도 먹어본 사람이 그 맛을 안다고, 어떤 조건에도 불구하고 지금 이 순간 행복을 맛볼 수 있는 사람이라야 나중에도 진정한 행복을 맛볼 수 있을 것입니다. 그렇다면 지금 이 순간 행복해지는 요령은 무엇일까요? 언제 어디서나 무슨 일이 닥치건 행복감을 맛볼 수 있는 비법은 과연 무엇일까요?

　내가 원하는 것을 얻지 못해서 불행하든, 남과 비교해 뒤처져서 불행하든, 원인은 한 가지입니다. 바로 '결핍감' 때문에 우리가 괴롭습니다. 내가 원하는 것을 얻지 못했다는 결핍감, 내가 원하는 것을 가졌더라도 남이 더 가졌을 때 오는 결핍감, 이것이 모든 불행의 주범입니다. '결핍감'이 불행을 가져온다면, '충족감'은 행복을 가져올 것입니다. 우리가 목표를 이루려고 노력하고 남보다 앞서려고 노력하는 것은 모두 이 충족감을 얻기 위한 것입니다. 만약 우리가 어떠한 객관적 이유가 없더라도, 주관적인 노력을 통해 이 '충족감'을 얻어서 '결핍감'을 느끼지 못한다면, 우리는 곧장 행복해질 수 있을 것입니다.

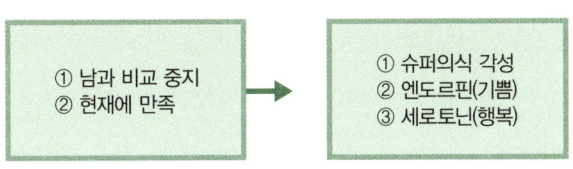

:: 지금 이 순간 행복해지기 ::

　남보다 뒤처지는 삶이 불행한 삶이라면, 절대로 남을 부러워하지 마십시오. 남을 의식하지 말고 자신만 보십시오. 남을 의식하지 않고 부러워하지 않는 순간, 즉각 불행해질 이유가 사라집니다. 의식·무의식으로 행하던 '남과 비교하는 습관'을 일절 끊으십시오. 그러면 지금 이 순간 곧장 한없는 '충족감'을 맛보면서 불행을 떠나 행복해질 수 있습니다.

목표를 이루지 못하는 삶이 불행한 삶이라면, 그동안 자신이 가지고 있는 것만을 바라보고 그것들에 만족해하십시오. 지금 자신이 가진 것들도 과거에는 간절히 원했던 것들이었을 것입니다. 지금 자신이 이룬 것에 만족을 못하는데, 나중에 갖게 될 것에 대해서 어떻게 만족을 하겠습니까? 분명히 그때도 또 만족을 못하고 새로운 것을 찾아 헤맬 것입니다. 그러니까 지금 이 순간 남을 의식하지 말고, 남을 부러워하지 말고, 내가 가진 것에 만족하는 연습을 하십시오. 한없는 '충족감'을 맛보십시오. 이것이 '지금 이 순간' 행복해지는 요령입니다.

우리가 이렇게만 할 수 있다면 자연스럽게 내면의 '슈퍼의식'이 각성됩니다. '신바람'이 납니다. 아무 이유 없이 즐거운 자리인 슈퍼의식이 각성되면, 뇌에서는 쾌락의 호르몬인 도파민이 나오며, 기쁨의 호르몬인 엔도르핀이 나오고, 행복의 호르몬인 세로토닌이 나옵니다.

특히 세로토닌은 도파민이나 엔도르핀과 달리 중독성이 없으면서, 과잉이 되는 일이 없이 우리 마음을 평온하게 하며 안락하게 만듭니다. 그래서 지금 이 순간 아무런 이유나 조건이 없는 절대적 행복감을 느낄 수 있습니다. 몸과 마음에 시원한 바람이 불어오고, 어떠한 부족감도 느끼지 못하는 절대적 충만감에 온몸이 휩싸일 것입니다.

우리는 누구나 이 방법을 손쉽게 활용하여, 온갖 고통과 좌절감으로부터 자신을 지킬 수 있습니다. 우리가 불행한 이유는 단지 이 요령을 삶에 활용하고 있지 않기 때문입니다. 우리는 매 순간을 행복하게 살 수 있는데도 불구하고, 오히려 우리를 불행하게 만드는 습관에만 중독되어 있습니다. 우리를 우울하게 만들고 불행하게 만들고 절망하게 만드는 그런 부정적인 습관들에 중독되어 있습니다.

그래서 자꾸 불행 속으로 자신을 내몹니다. 지금 이 순간부터라도 '긍정적인 습관'을 몸에 익혀야 합니다. 지금 이 순간 자신이 가진 것에 만족하는 습관, 남과 비교하지 않는 습관을 의식적으로 익혀야 합니다. 그래야만 우리는 언제나 늘 행복하게 살 수 있습니다.

곧장 행복감을 느끼는 구체적 요령은 간단합니다. 우리가 좌절하고 절망하고 불행하다고 느낄 때는 반드시 호흡이 거칠어집니다. 호흡은 우리의 생명인데, 생명력이 꺼져가는 것입니다. 무엇보다 먼저 생명력을 충전해야 합니다. 마음에 부정적인 생각이 일어날 때는 그러한 생각에 빠지지 말고, 반사적으로 자신의 호흡에 관심을 돌리십시오. "내가 지금 숨을 들이쉬고 있나?", "내가 지금 숨을 내쉬고 있나?" 하고 마음을 호흡으로 돌리십시오.

우리가 자신의 호흡에 몰입한다면 생명력은 곧장 충전될 것입니다. 자신의 호흡에 몰입하십시오. 마음속으로 "들이쉰다!" "내쉰다!"를 암송하여 잡념을 차단하면서, 들어오고 나가는 자신의 숨결에 온 정신을 집중하십시오. 최소한 5분만 투자하십시오. 그리하여 거칠어진 호흡을 편안하고 고르게 만드십시오. 그러면 우리의 마음은 평온해지며 생명력은 활기차게 충전될 것입니다.

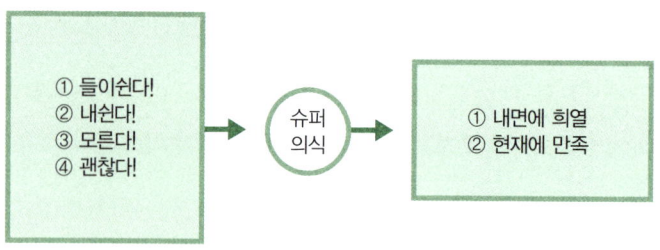

:: 지금 이 순간 행복해지는 요령 ::

이렇게 호흡을 바라보면서, "남이 나보다 더 가졌잖아!", "나는 아직 목표를 이루지 못했잖아!", "내가 원하는 것은 결코 얻을 수 없을 거야!"라는 생각이 일어날 때마다 "모른다!"라고 단호히 선언하여 거부하거나 "괜찮다!"라고 선언하여 적극적으로 껴안아 버리십시오. 다시는 그런 부정적인 생각들이 우리 마음을 흔들어놓지 못하게 무시하십시오. 그런 생각들에 접속하는 순간 우리 마음은 불행해지고 절망에 빠지게 됩니다.

부정적인 생각이 우리를 공격해올 때마다 "모른다!" "괜찮다!"로 요격하십시오. 5분만 몰입하여 부정적인 생각들을 무시해보십시오. 아무리 우리 마음을 무섭게 내몰더라도 단호하게 모르쇠로 일관해보십시오. 신기하게도 부정적인 판단이 중지되는 순간부터 그러한 생각들은 약해집니다. 무섭던 기세가 흔적도 없이 사라집니다. 부정적인 생각이 사라져 청정해지고 맑아진 우리 마음에는 '절대적 행복감'의 자리인 '슈퍼의식'이 훤히 드러나 내면에서 희열이 터져 나오고, 지금 이 순간 자신이 가진 모든 것에 만족하게 됩니다.

이 요령만 습득할 수 있다면 우리는 언제 어디서나, 죽을 때까지 한평생 행복하게 살 수 있는 것입니다. 이것은 너무나 당연한 이야기입니다. 그런데 아무리 좋은 약도 옆에 두고 복용하지 않으면 우리 몸에 좋은 영향을 줄 수 없습니다. 언제 어디서나 이 약을 복용하십시오. 최소한 부정적인 생각이 우리를 공격해오는 그 순간만큼은 반드시 이 약을 복용하시기 바랍니다. 그러면 우리 인생에 어떠한 고통스러운 상황이 닥쳐오더라도 항상 우리의 평안과 행복감을 지킬 수 있습니다. 우리는 매일매일 행복하게 살 수 있습니다.

유튜브(YouTube): 삶의 가장 어려운 순간에서-참나로 존재하며 살아가기

3
행복의 비결

"자신이 즐기는 일을 하는 것이 행복한 것이 아니요, 자신이 지금 하는 일을 즐기는 것이 행복한 것이다."라는 옛말이 있습니다. 이 말에 참된 행복의 비결이 고스란히 담겨있습니다. 물론 좋아하는 일을 할 때의 행복감은 엄청납니다. 그런데 좋아하는 일을 할 때에만 행복하다면 그 외의 시간에는 불행할 수밖에 없겠죠. 과연 평생 중에 좋아하며 즐기는 일을 하는 시간이 얼마나 되겠습니까? 만약 자신이 하는 일 모두를 좋아할 수만 있다면, 우리는 매일매일 늘 행복할 것입니다.

자신이 하는 모든 일을 즐기면서 하는 것, 이것은 모든 일을 '몰입'해서 하는 것을 말합니다. 몰입하지 않고 어떻게 진심으로 매사를 즐길 수 있겠습니까? 신바람이 나서 그 일을 즐기면서 하는 것이 몰입인데, 좋아하는 일에만 몰입해서는 늘 행복할 수 없습니다. 내가 하루에 접하는 모든 일에 몰입할 수 있는 '몰입력'을 길러야 하겠습니다.

우리가 하는 모든 일상의 일들을 즐기면서 할 수 있다면, 우리는 언제나 행복하게 살 수 있습니다. 모든 일을 즐겁게 몰입해서 하십시오. 숨을 쉴 때도 몰입해서 즐겁게 쉬고, TV를 볼 때도 몰입해서 보아야 합니다. 잠을 잘 때도 몰입해서 자야 합니다. 우리가 해야 할 일이면 그 일이 어떤 일이든지 무조건 즐기면서 몰입해서 하십시오. 매 순간 자신이 하는 그 일에 몰입을 하는 것이 바로 '행복의 비결'입니다.

무슨 일에 몰입하려고 할 때 가장 방해가 되는 것이, 자꾸 결과와 미래에 집착하는 것입니다. "실패하면 큰일인데…." 하는 생각이 우리 마음을 흔들어놓습니다. 이러한 부담감이 지금 이 순간에 집중하고 몰입할 수 없게 방해합니다. 미래가 현재를 갉아먹는 것입니다. 지금 이 순간 자신이 하는 일을 진심으로 즐겨야 합니다. 그래야 미래도 빛날 수 있습니다. 절대로 미래에 집착하여 현재를 망치는 일이 있어서는 안 될 것입니다.

무조건 지금 이 순간만을 생각하고, 현재 우리 눈앞에 펼쳐진 일의 과정만을 즐기십시오. 미래에 대한 걱정을 하지 말라는 것이 아닙니다. 미래에 대한 설계가 필요할 때는, 몰입하여 미래를 걱정하고 설계하십시오. 미래에 대한 걱정, 과거에 대한 반성도 지금 이 순간의 소중한 일로서 처리하면 됩니다. 몰입하여 걱정하고 몰입하여 반성하자는 것입니다. 지금 하는 일에 몰입을 하지 못한 채로, 걱정과 반성에 휘둘리지는 말자는 것입니다. 일을 해야 하는 순간에는 아무 잡념 없이 눈앞의 일만을 즐기십시오. 이것이 좋은 결과를 내는 최고의 지름길입니다. 현재의 과정을 즐기면서 몰입하여 한다면, 미래의 결과는 당연히 최고가 될 것입니다.

4
고통과 쾌락을 반복하는 마음

　인간이 항상 불행에 빠져드는 데는 그럴만한 이유가 있습니다. 그것은 우리의 마음이 그렇게 만들어져 있기 때문입니다. 기본적으로 우리 마음은 항상 고통과 쾌락을 반복하도록 프로그래밍 되어 있습니다. 인간인 이상 이런 기본적인 구조는 동일합니다. 이것은 우리 마음을 들여다보면 쉽게 드러나는 사실입니다. 인간은 누구나가 '욕망하는 동물'입니다. 무엇인가를 추구하는 '욕망'이 없다면 누가 이 세상을 살아갈 수 있겠습니까? 세상을 사는 원동력이 바로 '욕망'입니다.

　'욕망'을 나타내는 한자인 '慾(욕망할 욕)'자를 분석해보면 욕망의 본질을 잘 알 수 있습니다. '谷'은 '계곡 곡'자이며, '欠'은 '하품 흠'자이며, '心'은 '마음 심'자입니다. 欠자는 입을 크게 벌려 구덩이가 파인 것을 나타낸 한자입니다. 그래서 欠자는 '구덩이'를 의미합니다.

따라서 慾자를 풀어보면 '마음에 계곡·골짜기처럼 구덩이가 파인 것'입니다. 욕망이란 뭔가 큰 결핍감을 느끼고 그걸 채우려고 하는 마음을 말하는 것입니다.

마음에 골짜기가 파이면 강력한 결핍감이 일어나, 그것을 메워야 한다는 강력한 충동에 내몰리게 됩니다. 내 마음에 메워야 할 큰 골짜기가 생겼는데 어떻게 무시할 수 있겠습니까? 강렬한 결핍감이 일단 마음에 인지되면, 그러한 골짜기를 메워야 한다는 생각이 온 마음을 지배하게 됩니다. "돈이 필요하다!" "집이 필요하다!" "옷이 필요하다!" 등등 각종 결핍감에 내몰린 상태의 우리 마음이 바로 '욕망'입니다.

우리는 욕망이 채워지지 않고 있는 상태를 '고통'이라고 하며 욕망이 채워진 상태를 '쾌락'이라고 합니다. 이 고통과 쾌락 사이에서 왔다 갔다 반복하는 것이 바로 우리 마음의 구조입니다. 결핍감의 충족

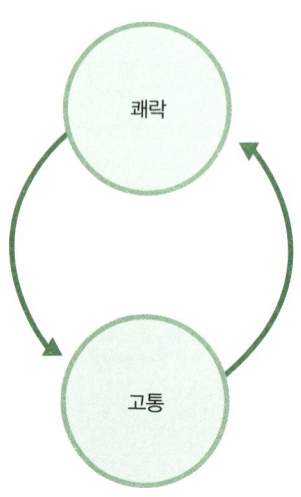

:: 고통·쾌락이 반복되는 마음 ::

은 또 다른 결핍감을 낳고 그것은 또한 결핍감의 충족으로 우리를 내몰게 됩니다. 욕망의 충족으로 얻는 쾌락은 일시적이고 조건적인 쾌락이며 절대적인 쾌락이나 만족감이 아니기 때문에, 욕망이 채워진 그 순간 찾아와서 잠시 머물다 사라지고 맙니다.

우리는 한 가지 욕망의 만족에 오래 머물지 못하게 만들어져 있습니다. 또 다른 결핍감에 시달리게 됩니다. 이때 우리의 쾌락이나 고통은 항상 실제보다 과장됩니다. 고통도 과장되고 행복도 과장됩니다. 실제로 우리가 고통을 직접 대면해보면 그렇게 고통스럽지 않을 수도 있는데, 두려움과 공포감으로 우리는 고통을 과대하게 생각합니다. 그래서 실제로 그 고통보다는 두려움 때문에 죽기도 합니다.

쾌락도 마찬가지입니다. 실제 집이 줄 수 있는 쾌락, 돈이 줄 수 있는 쾌락, 화려한 명품이 줄 수 있는 쾌락은 우리가 생각하는 것만큼 크지 않습니다. 그럼에도 불구하고 우리는 욕망의 충족에서 오는 쾌락에 대해 실제 이상으로 판타지를 가지고 상상합니다. "이것만 충족되면 나는 지상 최고의 행복한 사람이 될 거야!", "이것만 이루어지면 나는 영원히 행복할 거야!" 등등의 과장된 상상을 합니다. 당연히 그것은 판타지입니다. 누구나 잘 알듯이 실상은 그렇지 않습니다. 막상 하나의 욕망이 충족되면 우리는 허무감에 빠지게 됩니다. 그렇게 갖고 싶던 어떤 물건도 갖고 나면, 마치 오래전부터 자신의 것이었던 양 신선한 맛이 없습니다. 사정이 이러하니 또 다른 자극을 찾아 방황합니다.

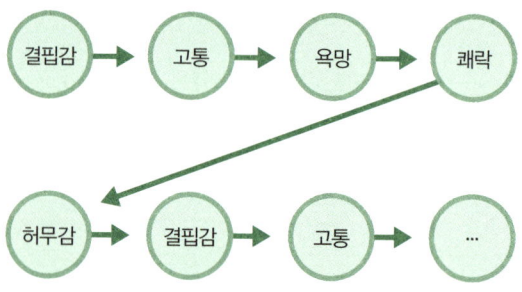

:: **고통과 쾌락의 수레바퀴** ::

　결핍감은 우리에게 심각한 고통을 주고 욕망으로 우리를 내몹니다. 빨리 이 결핍감을 메워야 한다는, 이성을 잃을 정도의 강력한 충동에 휩싸이게 됩니다. 우리는 이토록 강렬한 욕망을 충족했을 때 짜릿한 쾌락을 느낍니다. 그러나 우리가 예상했던 정도의 쾌락도 아니고 오래 가지도 않기에 허무감에 빠져들고 맙니다. 그래서 다시 또 다른 것에 대해서 결핍감을 느끼게 되고, 또 다른 것을 욕망하게 됩니다.

　무한히 반복되는 고통과 쾌락의 수레바퀴는 우리에게 항상 고통을 줍니다. 욕망이 충족되지 않아서 고통스럽고, 쾌락이 너무도 짧고 허무하여 고통스럽습니다. 이러한 고통의 무한 반복을 벗어날 수 없다면 우리는 영원히 불행감에서 빠져나올 수 없습니다. 이러한 고통의 반복을 벗어나기 위해서는, 과장된 고통과 과장된 쾌락 사이에서 시계추처럼 반복적으로 오고 가는 우리의 현실을 똑똑히 직시하고, 이러한 수레바퀴에서 벗어나 진정한 행복을 누릴 수 있는 비법을 찾아야만 합니다.

5
고통과 쾌락의 반복에서 벗어나기

　우리가 행복해지고 불행으로부터 자유로워지기 위해서는 무한히 반복되는 고통과 쾌락의 수레바퀴에서 빠져나올 수 있어야 합니다. 물론 이것이 일체의 모든 욕망을 근절해야 한다는 것을 말하는 것은 아닙니다. '욕망'은 세상을 움직이는 원동력입니다. 모든 욕망을 근절할 수도 없는 것이고 또한 그럴 필요도 없습니다. 그러나 우리는 욕망과 그에 따른 고통과 쾌락의 수레바퀴를 우리의 통제 하에 둘 수 있어야 합니다.

　우리의 삶은 한정되어 있습니다. 우리는 우리에게 허용된 이 제한된 시간을 가장 알차고 행복하게 보내야 합니다. 따라서 우리는 우리에게 최선의 결과를 낳는 긍정적인 욕망을 추구하는 데 소중한 시간을 써야 합니다. 또한 우리 삶을 황폐하게 만드는 부정적인 욕망은 단호히 뿌리부터 잘라내야 합니다. 최소한 부정적인 욕망이 우리 마음을 멋대로 점령하여, 우리를 좌지우지하는 일은 막을 수 있어야 합니다.

욕망을 긍정적인 방향으로 유도하고, 욕망에 끌려 이성을 잃어버리지 않기 위해서는, 욕망이 가져오는 판타지를 좇아 고통과 쾌락 사이를 오가는 우리네 마음을 진정시킬 수 있어야 합니다. 우리가 원한다면 언제든지 고통과 쾌락이 반복되는 마음을 단호히 끊을 수 있어야 합니다. 욕망이 가져오는 고통과 쾌락의 수레바퀴에서 자유로울 수 있어야 합니다. 또한 고통과 쾌락의 반복을 초월하여 '지금 이 순간' 존재하는, 슈퍼의식의 무조건적이고 절대적인 행복감을 맛볼 수 있어야 합니다.

고통과 쾌락 사이를 오가는 마음을 근절하는 구체적인 요령을 살펴보겠습니다. "나는 가방이 필요해!"라는 한 생각이 우리 마음에 일어났다고 가정해보겠습니다. 이것은 '결핍감'입니다. 마음에 큰 골짜기나 구덩이가 파인 것입니다. 이러한 생각들은 "나를 돋보이게 할 가방이 없어서 너무 괴로워!", "남보다 좀 더 좋은 가방이 없어서 인생이 불행해!"라는 고통으로 발전해가면서 마음을 심란하게 합니다. 이때 마음의 골짜기·구덩이가 점점 커져갑니다.

부정적인 호르몬이 샘솟게 됩니다. 이럴 때 '호흡'이 거칠어지고 '시야'가 좁아집니다. 이것은 불행하고 우울한 상태의 특징입니다. 마음이 거칠어지면 호흡이 거칠어집니다. 또한 가방이 없다는 사실

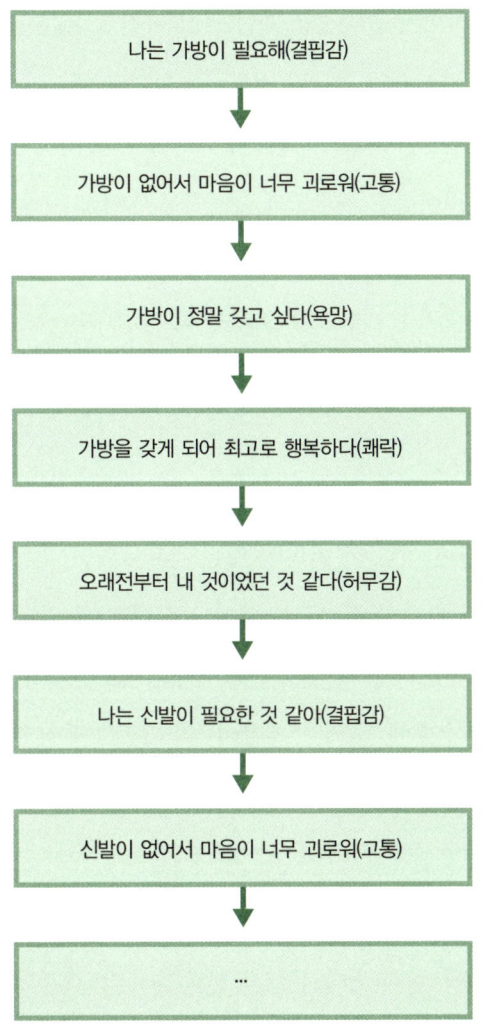

:: 고통과 쾌락 사이에서 돌고 도는 우리 마음 ::

에만 과도하게 집착하다보니 시야가 극도로 좁아집니다. 자나 깨나 이어지는 가방에 대한 집착이 우리 마음을 좁아지게 만든 것입니다. 시야가 점점 좁아지다 보면 가방 하나 없는 게 우리 인생을 좌지우지 하는 단계에 이르기도 합니다.

이 정도로 시야가 좁아졌을 때는 곧장 거친 호흡을 고르게 하고 좁아진 시야를 넓혀줘야 합니다. 일단 "들이쉰다!"와 "내쉰다!"를 활용하여 거친 호흡을 고르고 고요하게 만드십시오. 강렬한 욕망이 우리 마음 전체를 지배하지 못하도록 들이쉬고 내쉬는 자신의 '호흡'에 몰입하십시오. 5분만 투자하십시오. 호흡이 편안해질 것입니다. 이때 미소를 짓고 즐거운 마음으로 호흡을 해야 한다는 것도 잊지 마십시오. 긍정적 호르몬이 샘솟게 될 것입니다.

호흡을 고요하게 하면서 살펴보십시오. 지금 가방을 사는 것이 옳은지, 얼마 전에 새로 산 가방이 있는 것은 아닌지를 잘 따져보십시오. 만약 가방에 대한 결핍감이 때와 상황에 맞지 않는다는 '확신'이 든다면 단호히 그러한 욕망을 뿌리 뽑으십시오. "가방이 필요해!"라고 욕망이 속삭일 때 "몰라!" "괜찮아!"라고 단호히 선언하십시오. 그리고 지금 그러한 생각은 자명하지 않다고 스스로에게 몰입하여 확언하십시오.

가방이 필요하다는 말이 사라질 때까지, 우리 마음에서 그런 생각이 사라질 때까지 반복하십시오. 천하의 어떤 강력한 욕망도 "몰라!" "괜찮아!"라는 '판단중지'를 당해낼 수는 없습니다. 우리가 진심으로 그러한 결핍감에 무관심해질 수만 있다면, 강력하게 우리를 내몰던 가방에 대한 결핍감은 흔적도 없이 사라지고 맙니다. 진심으로 무관심하게 대하지 않고 솔깃해서 끌려가니까 우리가 결핍감과 동화되는 겁니다.

이 단계에서 막지 못한다면 점점 고통과 쾌락의 수레바퀴에서 탈출하는 일이 힘들어집니다. 되도록 시작단계, 결핍감이 작은 단계에서 그러한 욕망의 뿌리를 뽑아야 합니다. 결핍감이 고통으로 발전하다 보면 "정말 갖고 싶다!", "무슨 짓을 해서라도 갖고 싶다!"라는 이성을 잃을 정도의 욕망이 우리 마음을 지배하게 됩니다. 이때도 마찬가지입니다. 들이쉬고 내쉬는 '호흡'과 "몰라!" "괜찮아!"를 활용하여 어떻게든 막아야 합니다. 때와 상황에 맞지 않는 욕망들이 우리 인생을 마음대로 휘저어 놓는 것을 방치하지 마십시오.

이러한 상황을 그냥 방치하면 우리는 어떤 수단을 동원해서든 욕망을 충족시키고 말 것입니다. 실제로 가방을 어떻게 해서든 수중에 넣고 말 것입니다. 그리고 "가방을 갖게 되서 너무 행복해!"라고 말할 것입니다. 물론 잠깐에 불과하겠지만 짜릿한 쾌락을 느낄 겁니다. 그런데 최소한 이때부터라도 정신을 차리고 우리 마음을 다스릴 수 있어야 합니다. '호흡'과 '판단중지'를 활용하여 지금 자신이 가진 가방에 만족해야 합니다. 그렇지 않다면 허무감에 빠져드는 것을 막을 길이 없어집니다. 또 다른 고통과 쾌락의 수레바퀴 속으로 뛰어들게 됩니다.

막상 사놓고 보니 가방은 오래전부터 내 것이었던 것 같고 신선함이 없습니다. 그리고 가방을 사버림으로써 왠지 김이 빠져버린 일상에 새로운 자극이 필요합니다. '신상품'에 자연스럽게 눈이 갑니다. 그래서 우리는 새로운 대상을 찾기 시작합니다. "그러고 보니 신발이 필요한 것 같아!"라는 새로운 결핍감이 우리를 인도합니다. 우리는 이것이 무엇을 의미하는지 알지만, 이미 하나의 자극은 효용을 다하여 사라졌고 새로운 자극이 필요하기에, 새로운 고통·쾌락의 수레바퀴의 진행에 암묵적으로 동의합니다.

우리는 누구나 이러한 고통·쾌락의 수레바퀴 속에서 삽니다. 그러나 우리가 원한다면 언제든지 그러한 수레바퀴에서 빠져나올 수 있어야 합니다. 빠져나올 방법이 없어 고통스럽게 끌려 다니는 것과, 자신이 주인공이 되어 그러한 수레바퀴를 굴리는 것과는 하늘과 땅처럼 차이가 있습니다. 빠져나오는 방법은 아주 간단합니다. 결핍감의 고통으로 인해 거칠어진 호흡을 고요하게 하고 좁아진 시야를 다시 넓혀주면 됩니다.

들이쉬고 내쉬는 '호흡'에 몰입하고, "모른다!"와 "괜찮다!"를 활용하여 '지금 이 순간'에 몰입하여, 슈퍼의식을 각성시켜 무조건적이고 절대적인 행복감을 불러내면 됩니다. 이 방법을 통해서 우리는 언제 어디서나 영원한 행복감, 무한한 행복감, 무제한적인 행복감을 느낄 수가 있습니다. 고통과 쾌락의 수레바퀴에서 한걸음 벗어나게 됩니다. 모든 고통과 쾌락은 꼬리에 꼬리를 무는 '결핍감' 때문인 만큼, 결핍감을 곧장 내려놓는 '판단중지'를 통해 지금 이 순간 '무한한 행복감'을 맛볼 수 있는 것입니다.

6
현재에 머무르지 못하는 마음

지금 이 순간 즉 '현재'에 머무르지 못하는 마음 또한 우리를 불행 속으로 내모는 마음의 특징 중 하나입니다. 우리는 흔히 현재를 무시하며 삽니다. 우리 마음은 항상 이미 지나가버린 '과거'나 아직 오지 않은 '미래'에 가 있습니다. 그런데 재미있는 것은 우리 인생 중에서 가장 선명하고 살아있고 소중한 시간은 '지금 현재'밖에 없다는 사실입니다.

여러분의 이해를 돕기 위해, 과거·현재·미래의 특성을 그림으로 표현해보겠습니다. 수평선과 회전하는 원통이 서로 접촉했을 때만 환한 불이 들어온다고 가정하고 그 불이 들어오는 접촉점을 '현재'라고 가정해보겠습니다.

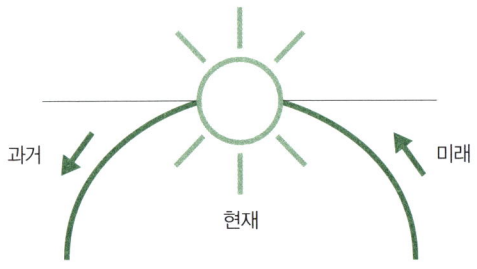

:: 가장 선명하고 생생한 현재 ::

　수평선과 한 순간의 접촉을 끝내고 회전한 원통의 부분을 '과거'라고 보면 될 것이며, 아직 불이 들어오는 접촉점에 도달하지 않은 원통의 부분을 '미래'라고 보면 될 것입니다. 환한 불은 수평선과 원형이 만날 때만 들어오므로 과거도 미래도 어둡기는 매한가지입니다. 원통이 끊임없이 도는 중에 오직 한 점만 환히 빛나니 그것은 바로 '현재'입니다.

　그런데 현재를 이루고 있던 원통의 한 점은 곧장 과거의 어둠 속으로 사라지고 맙니다. 현재였던 순간은 곧장 과거로 흘러가고 미래는 성큼 다가옵니다. 앞의 그림처럼 우리가 실제 현실에서 느끼는 과거·현재·미래 또한 마찬가지입니다. 가장 생생하고 선명한 순간은 오직 한 찰나의 '현재'뿐이며, 그 현재는 '과거'의 희미한 기억 속으로 사라지고 맙니다. 아직 오지 않은 '미래'는 어둠과 불확실함 속에서 환하게 빛나기 위해 대기하고 있습니다.

　이런 쉼 없는 흐름 속에서 오직 '현재'만이 생생하고 선명합니다. 그런데 우리는 이토록 소중한 '지금 이 순간'을 어디에다 쓰고 있습니까? 우리는 흔히 "그때 잘했어야 하는데…." "그때 그렇게 하는 것이 아니었는데…."라고 하면서, 과거에 대한 기억이나 후회와 집착에 소중한 현재를 소모하고 있습니다. 아니면 "정말 실패하면 큰일 나는데…." "도대체 내 미래는 어떻게 될 것인가?"라고 하면서, 미래에 대한 기대와 불안과 두려움으로 현재를 좀먹고 있습니다.

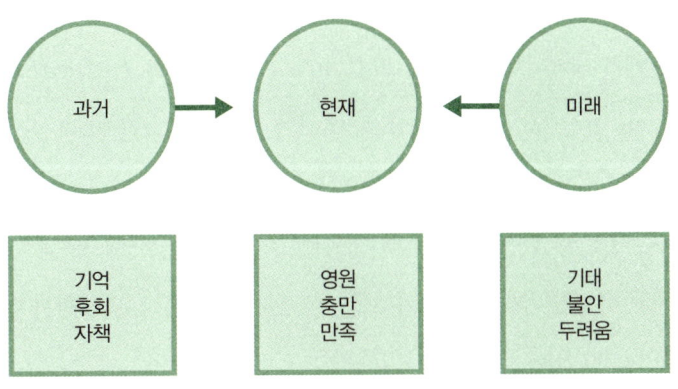

:: 현재에 집중하는 삶 ::

너무도 소중하고 생생한 '지금 이 순간'을 놓치고 과거·미래에 정신이 팔려 있는 것입니다. 만약 현재에 충실하게 공부했다면 반드시 합격할 수험생이, 공부를 소홀히 했던 과거의 기억에 현재를 소모하고, 미래에 닥칠 시험의 결과에 대한 불안에 현재를 소모하느라 시험에 떨어진다면 얼마나 허망한 일이겠습니까? 그런데 이런 어이없는 일이 우리 일상에서 매일 반복되고 있습니다. 과거나 미래에 정신이 팔려 지금 이 순간에 충실하지 못하여, 찬란한 미래를 내던지는 일이 있어서는 결코 안 될 것입니다.

과거는 원인이고 현재는 결과입니다. 또한 현재는 미래라는 결과

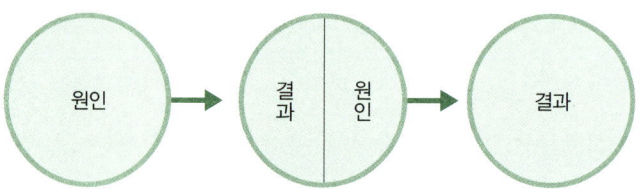

:: 과거 · 현재 · 미래의 인과관계 ::

의 원인이 됩니다. 만약 우리가 현재를 충실하게만 산다면 과거는 좋은 결과를 낳은 좋은 원인이 되고, 미래는 좋은 결과를 맺게 될 것입니다. 이 말이 무슨 말이냐 하면, 우리가 '지금 이 순간'만 충실히 산다면 과거도 미래도 모두 빛나게 만들 수 있다는 것입니다. 불행했던 과거도 빛나게 만들 수 있으며, 불안한 미래도 아름답게 만들 수 있습니다. 이 모든 것은 우리가 지금 이 순간을 얼마나 몰입해서 살아가느냐에 달려 있습니다.

7
지금 이 순간에
몰입하는 마음

만약 고통·쾌락에서 벗어나고, 과거·미래에 대한 집착에서 벗어나서, '지금 이 순간' 절대적이고, 조건 없는 행복감을 느낄 수만 있다면, 우리는 매일 행복하게 살 수 있을 것입니다. 행복한 삶을 위해서는 고통과 쾌락 사이에서 정신을 잃고 방황하는 일이 없어야 합니다. 그리고 이미 지나간 과거와 아직 오지 않은 미래에 대해 걱정하느라,

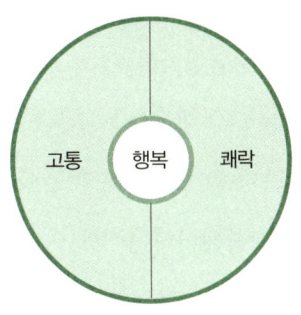

:: **무한한 영감과 행복의 자리 '나'** ::

참으로 소중한 현재를 놓치는 실수도 없어야 합니다.

고통이 일어나건 쾌락이 일어나건, 우리는 들이쉬고 내쉬는 '호흡'에 집중하며 "모른다!" "괜찮다!"의 판단중지를 활용하여 지금 이 순간에 만족할 수 있어야 합니다. 고통스러운 상황에서는 고통 속에서 만족감을 얻고 즐거운 상황에서는 즐거움 속에서 만족감을 얻을 수 있어야 합니다. 지금 이 순간에 진심으로 만족하고, 내가 살아있다는 것, 내가 이만큼 산다는 것에 대해 진심으로 만족할 수 있어야 합니다. 그럴 때 우리 마음에서 슈퍼의식이 발동하여 절대적 행복감과 무조건적인 충만감을 우리에게 선물해줍니다.

지금 이 순간에 몰입할 수만 있다면 슈퍼의식이 발동하여, 상황에 휩쓸리지 않는 참다운 행복감이 넘쳐나게 됩니다. 그러면 허황된 쾌락을 추구하면서 현재를 희생하지도 않게 될 것입니다. 또한 지나간 일, 아직 오지 않은 일을 걱정하지도 않고, 오직 현재를 충실히 살아가게 될 것입니다. 지금 이 순간에 몰입할 수 있는 정신력만 있으면 어떤 일이 닥치든 잘 헤쳐나갈 수 있습니다.

힘든 상황이 닥쳐오든 평탄한 상황이 닥쳐오든, 지금 이 순간에 절대적으로 만족하는 평온함과 행복감을 획득하는 것을 '안분지족安分知足'이라고 합니다. 안분지족이란 내 분수에, 내가 현재 가진 것을 편안하게 여기고 즐기고 만족해한다는 것입니다. 우리가 현재에 만족하는 법만 터득한다면 매 순간 안분지족을 이룰 수 있습니다. 어떤 힘든 난관이 닥치더라도 말입니다.

유교의 성자 공자는 『논어』에서 다음과 같이 말했습니다.

거친 밥에 물 마시고 팔베개를 하고 누웠어도 그 속에 '즐거움'이 있도다.

현명하다, 안회여. 한 그릇의 밥과 한 표주박의 물을 마시며 누추한 거리에 사는 것을 일반 사람은 도저히 감당하지 못하는데, 안회는 그 '즐거움'을 고치려 하지 않는구나. 현명하다, 안회여!

거친 밥에 물 마시고 팔베개를 하는 상황이나, 한 그릇 밥과 한 표주박의 물을 마시며 누추한 거리에 사는 것은, 사람이면 누구나 피하고 싶은 상황일 것입니다. 이런 고통스러운 상황에도 즐거울 것이 있을까요? 저 상황은 일반인의 입장에서 볼 때, 분명히 욕망이 채워지지 않는 고통의 상황입니다. 그런데 그러한 상황에서도 공자나 안자는 즐거움이 있다고 노래합니다.

도대체 어떤 즐거움이 있겠습니까? 그것은 분명 욕망의 충족에서 오는 쾌락은 아닐 것입니다. 욕망이 채워지지 않는 상황임이 분명하니까요. 욕망이 채워지건 채워지지 않건 항상 함께하는 '즐거움'이란 슈퍼의식 즉 신바람이 주는 절대적 행복감·무한한 충만감밖에는 없습니다. 공자나 안자는 아무리 힘든 상황에서도 엔도르핀과 세로토닌이 넘치는 신바람이 나는 삶을 살다 갔던 것입니다.

많이 가지면 많이 가진 대로 적게 가지면 적게 가진 대로, 지금 이 순간 만족하십시오. 잘났든 못났든 내가 지금 가진 모든 것에 만족하십시오. 지금 이 순간에 머물지 못하도록 내모는 모든 부정적인 상념들에 대해 단호히 "나는 너를 모른다!"라고 외치십시오. 5분이고 10분이고 그네들이 사라질 때까지 외치십시오. 반드시 변화가 있을 것입니다. 슈퍼의식이 발동하여 현재에 만족하고 머물 수 있는 강력한 힘이 생길 것입니다.

지금 이 순간에 만족하라는 것이 진보하지 말고 항상 제자리만 지키라는 말이 아닙니다. 항상 나아가되 매 순간에 만족하면서 나아가자는 말입니다. 매 순간 전진하되 그 순간순간을 즐기면서 전진하자는 것입니다. 지금도 만족하고 나중에도 만족할 수 있어야 항상 행복한 삶입니다.

만약 지금 불행하다면 나중에도 불행할 것입니다. 행복을 뒤로 미루지 마십시오. 어떤 조건이 성취된 뒤에 행복하리라고 자신을 제약하지 마십시오. 그냥 지금 이 순간 만족하십시오. 지금 여기서 자신이 가진 모든 것에 만족할 수 없다면 영원히 만족이라는 것은 없을 것입니다.

몰입을 통해 각성된 슈퍼의식으로 살아가는 삶은 매 순간 놀랍고 경이로운 삶이 됩니다. 아무리 지루하고 사소한 일이라 할지라도 그것에 우리가 애정과 관심을 주고 몰입하는 순간 신바람이 납니다. 이렇듯 몰입은 우리의 모든 삶을 명료하고 생생하게 살 수 있게 해주며, 삶의 매 순간마다 신바람을 느낄 수 있게 해줍니다. 그것이 아무리 사소한 것이라고 할지라도 말입니다.

행복을 기다리지 마십시오. 지금 이 순간 우리 마음만 새롭게 할 수 있다면 행복은 곧장 우리 것이 되니까요. 인생은 고통과 쾌락의 반복일지라도, 슈퍼의식과 함께하는 사람은 항상 '평정심'을 유지할 수 있습니다. 고통 속에서도 슈퍼의식과 함께하기에 좌절하지 않으며, 쾌락 속에서도 슈퍼의식과 함께하기에 자신이 가진 것에 깊이 만족할 수 있는 것입니다.

진정으로 행복한 삶은 몰입하는 삶이며, 참으로 불행한 삶은 몰입하지 못하는 삶입니다. 몰입을 미루지 마십시오! 행복을 미루지 마십시오! 지금 자신이 하는 바로 그 일에 곧장 몰입하시기 바랍니다. 몰입은 우리에게 '진정한 행복', '진정한 살아있음'이라는 큰 선물을 줄 것입니다.

8
몰입의 심리적 효능

우리가 들이쉬고 내쉬는 호흡만을 집중해서 바라보거나, 마음속에 일어나는 일체의 부정적인 잡념들에 대해 "모른다!"라고 단호히 배제하거나, 지금 이 순간 내가 가진 모든 것들에 대해 "괜찮다!" "만족한다!"라고 적극적으로 껴안을 때, 우리의 내면에서는 슈퍼의식이 발현되어 신바람이 나고 엄청난 황홀감에 휩싸이게 될 것입니다. 또한 절대적인 행복감과 무한한 충만감이 샘솟게 될 것입니다.

그래서 누구도 부럽지 않고 무엇도 부족하지 않은 절대적 행복감으로 지금 이 순간을 즐길 수 있게 될 것입니다. 이때의 만족감은 어떤 외부적 조건에 의한 것이 아니며, 어떤 욕망이 성취되어서 생겨난 것이 아니기 때문에, 절대적이고 무조건적입니다. 그리고 어떠한 쾌락의 대가도 요구하지 않습니다. 오히려 이러한 행복감은 우리의 마음과 몸에 큰 선물을 줍니다. 마음에는 절대적인 기쁨과 평안을 선물해주고, 몸에는 넘치는 에너지와 활력을 선물해줍니다.

　마음은 고요한 평안 속에서 기쁨에 넘치게 되는데, 아무 이유가 없는 내적 희열이 샘솟듯 올라옵니다. 이때의 기쁨과 즐거움에는 무의식적 긴장과 갈등이 전혀 없습니다. 겉은 즐거운 것 같은데 내면은 찜찜하고 답답한 그런 이중적인 모습이 전혀 없습니다. 속부터 겉까지 모두 한 덩어리가 되어 즐겁습니다. 이때는 우리를 우울하고 불행한 방향으로 몰고 가는 것을 주된 임무로 삼는 온갖 부정적인 생각들이 모두 차단되어 있기 때문에, 진심으로 행복하고 평안할 수 있습니다.

　마음만 이렇게 평안하고 기쁜 것은 아닙니다. 이때는 몸과 마음이 모두 이완되고 편안해집니다. 뇌에서 체내 마약이라 불리는 기쁨을 주는 호르몬인 '엔도르핀', 행복을 주는 호르몬인 '세로토닌' 등을 분비하여 면역력을 높여주기 때문에, 몸을 더없이 건강하게 만들어줍니다. 지금 이 순간에 만족하는 몰입만 이루어진다면, 우리의 몸과 마음은 일체의 부정적인 생각이나 감정, 병균의 침입으로부터 안전하게 보호를 받습니다.

　우리 마음이 부정적 생각과 감정으로 오염되어 방황하고 불행감에 허덕일 때는, 정말 어떠한 희망도 보이지 않게 됩니다. 부정적인 상념에 오염되면 의식은 부정적이 되고 무의식에는 부정적인 오염물들만 저장됩니다. 그러나 부정적인 생각이나 감정이 아무리 우리의 의식과 무의식 모두를 점령하더라도 절대로 점령을 못하는 자리가 있

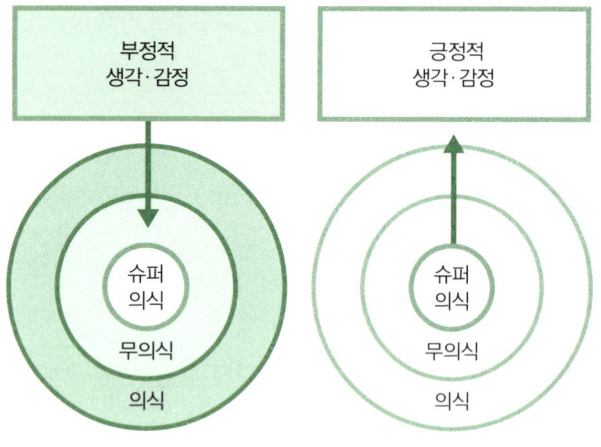

:: 슈퍼의식 각성의 심리적 효능 ::

습니다. 그것은 바로 '절대적인 긍정' 그 자체인 '슈퍼의식'입니다.

　순수한 '나라는 존재감'인 '슈퍼의식'은 행복하고 고요하며 긍정적인 자리입니다. 순수한 존재감인 슈퍼의식은 나이를 먹을 수도 없으며, 슈퍼의식은 그 존재 자체가 불행해질 수 없고 부정적으로 변할 수가 없는 자리입니다. 물이 불이 될 수 없고, 불이 물이 될 수 없듯이, 슈퍼의식은 부정적인 존재가 될 수 없습니다. 그래서 우리 마음이 아무리 부정적인 상념에 오염되어도 슈퍼의식만은 여전히 긍정적인 상태로 남아 있습니다. 다만 우리가 워낙 부정적인 상태에 있다 보니 그러한 긍정적인 슈퍼의식을 의식하지 못할 뿐입니다. 먹구름에 뒤덮여 캄캄해지면 그 너머에 태양이 환히 빛난다는 생각을 하기 어려운 것과 마찬가지입니다.

　그러니까 안심하셔도 됩니다. 우리가 아무리 불행하고 우울한 생각만 나서 죽고 싶을 지경에 이른다고 하더라도, 우리 내면에는 태양처럼 광명하며 따사로운 슈퍼의식이 여전히 빛나고 있으니까요. 이러한 진리만 안다면 우리가 필요 이상으로 절망할 필요가 없다는 것을 확신하게 될 것입니다. 이 슈퍼의식의 불씨 즉 '나라는 존재감'이 살아있는 한, 우리는 어떤 난관에서도 얼마든지 다시 재기할 수 있습니다. 다시 행복과 긍정의 힘을 되찾을 수 있습니다.

먹구름 사이로 태양이 다시 드러나면 일체의 어둠이 씻은 듯이 사라지듯이, 부정적인 상념 사이로 빛나는 슈퍼의식만 다시 회복하면 온갖 부정적인 생각과 감정들은 씻은 듯이 사라지고 말 것입니다. 삶의 무게가 우리를 힘들고 지치게 한다면, 그냥 모든 것을 내려놓고 최대한 편안한 상태를 유지하면서 슈퍼의식만 다시 밝혀내십시오. 나라는 순수한 존재감이 훤히 드러나게 하십시오. 슈퍼의식을 각성시키는 방법들은 간단합니다. 정신을 하나의 주제에 모으고, 거친 호흡을 고요하게 다스리고, 좁아진 시야를 다시 넓히기만 하면 됩니다.

특정 대상에 몰입하지 않더라도, '나라는 존재감' 즉 '슈퍼의식' 자체에 몰입하십시오. 아니면 '호흡'에 몰입해도 좋습니다. "몰라!" "괜찮아!"를 암송하면서 일체의 판단을 멈추고 들어오고 나가는 '호흡'만을 바라보십시오. 아니면 일체의 이런저런 판단을 멈추고 자신의 숨결만을 의식하면서 "나!" "나!" 하고 자신만을 바라보십시오. 모든 것을 내려놓고, 자신에 대한 이런저런 모든 평가를 내려놓고, 순수하게 100% 자신으로서만 존재해보십시오. 어떤 대학을 나오고 어떤 회사에 다니고 연봉이 얼마인 '나'를 바라보지 말고, 그냥 '나'라고 밖에 표현할 수 없는 그러한 '나라는 존재감'으로만 존재해보십시오.

그것이 진짜 자신의 본질이자 슈퍼의식이니까요.

'나'의 본질에 해당하는 자리가 바로 의식과 무의식을 초월한 '슈퍼의식'의 자리이기 때문에, 몰입만 잘 이루어지면 이 자리가 각성되어 무의식·의식을 투명하게 정화시키는 절대적인 긍정의 광명한 빛을 발출합니다. 그래서 슈퍼의식만 각성하면, 특별한 다른 노력(긍정적인 생각이나 감정을 만들고자 인위적으로 시도하는 모든 노력)이 없이도 저절로 의식이 긍정적으로 변화하고 무의식이 긍정적으로 변화합니다. 우리가 의지만 있다면 지금 당장 실험해볼 수 있는 아주 간단한 방법입니다.

9
우울한 감정을 극복하기

지금 이 순간 곧장 행복의 감정을 이끌어내는 몰입을 활용하여, 우리를 불행하게 만들고 절망에 빠지게 만드는 '우울한 감정'을 극복하는 방법을 살펴보겠습니다. 우울한 감정은 우리 앞에서 모든 희망이 사라질 때까지 우리를 내몹니다. 그래서 이러한 감정에 접속하면 부정적인 생각과 감정이 우리의 마음속에서 끊어지지 않고 계속됩니다. 한번 세력을 얻은 우울한 감정은 우리의 마음속을 태풍처럼 흔들어버립니다. 우리는 거대한 태풍처럼 우리를 내모는 우울한 감정 앞에서 참으로 무력할 뿐입니다.

이렇게 우울한 감정에 빠질 때 우리의 '호흡'은 평정 상태를 잃어버리게 됩니다. 호흡은 우리의 통제를 벗어나게 되고 거칠어지며 심하게 요동합니다. 그리고 이와 동시에 우리의 '시야'는 극도로 좁아집니다. 크게 보고 넓게 보면 별것이 아닐 수도 있는 문제에 과도하게 집착하며 시야가 좁아지는 것입니다. 그래서 시야가 조금만 넓었으면 하지 않을 짓을 겁 없이 저지르게 됩니다. 시야가 너무 좁아서 당장 그 상황을 모면하기 위해 엉뚱한 짓·황당한 짓을 저지르는 것입니다. 그리고 그러한 행위들을 쉽게 합리화하고 정당화합니다. 시야가 좁아졌기 때문에 이런 터무니없는 일들이 우리에게 일어나는 것입니다.

우리는 이러한 우울한 감정과 오랫동안 접속해서는 안 됩니다. 잠시 잠깐이야 큰 상관이 없겠지만, 최대한 신속하게 빠져 나올 수 있어야 합니다. 그리고 우울한 감정에게 우리 마음의 주도권을 넘겨주어서는 안 됩니다. 항상 생각과 감정의 주도권은 우리에게 있어야 합니다. 한 나라가 그 나라의 주권을 침략국에 넘기면 노예생활을 감수해야 하듯이, 우리 마음의 주도권이 우울한 감정에 넘어가 버리면 우리는 노예 상태에 빠지고 맙니다.

그러면 이제부터는 우울한 감정을 극복하는 구체적인 요령을 살펴보겠습니다. 물론 우울한 감정에 애초에 접속하지 않는 것이 최선의 예방책일 것입니다. 그러나 그러한 감정에 노출되지 않는 진공 상태와 같은 삶이란 상상할 수도 없습니다. 그것은 마치 세균과 바이러스가 조금도 없는 세상에 살기를 희망하는 것처럼 부질없는 소리일 뿐입니다. 그러나 누구나 세균과 바이러스에 노출되지만, 모두가 질병에 걸리는 것은 아니라는 사실을 명심하십시오.

아무리 우울한 감정에 접촉하더라도 모든 사람이 다 '우울증'에 빠지는 것은 아닙니다. 누구나 스스로 그러한 우울한 감정에서 빠져나올 수 있는 방어력·치유력을 가지고 있습니다. 물론 신체에 장애를 동반한 경우에는 마음의 처방과는 별도로 신체의 균형을 잡아줄 처방이 필요할 것입니다. 그러나 일반적으로 봤을 때, 우리에게는 우울한 감정이 어떠한 부정적인 영향도 미치지 못하게 막을 수 있는 '힘'이 있습니다.

우울한 감정에 접속했을 때, 우리 마음에 우울한 감정이 일어났을 때, 초기 대응이 가장 중요합니다. 이 시기를 놓쳐버리면 그만큼 우울한 감정이 세력을 얻게 되어 진압이 힘들어지니까요. 우울한 감정의 대응에는 반드시 다음의 원칙을 명심해야 합니다. 그것은 "절대로 우울한 감정 자체와 싸우지 말라!"는 것입니다. 우울한 감정을 제압하기 위해 그러한 감정들과 실랑이를 벌여서는 안 됩니다. 이러한 행위는 오히려 우울한 감정의 세력만 더욱 키워놓기 쉽습니다.

일체의 우울한 감정, 그리고 그에 동반되는 부정적인 상념들과 실랑이를 벌이지 말고, 오직 자신의 거칠어진 호흡을 편안하게 만드는 것에만 몰입하십시오. "우울한 감정에 빠지면 큰일이 나는데…", "우울한 감정에 빠지면 빠져나오기 힘든데…" 하는 생각들은, 오히려 우울한 감정과의 접속을 더욱 공고히 하기 쉽습니다. 또한 이러한 실랑이들은 스트레스를 더욱 가중시키고 불행감을 더욱 커지게 합니다. 긍정적으로 살고 싶은데 부정적으로 살아가는 자신을 보는 것만큼 큰 스트레스가 어디 있겠습니까? 스트레스는 절대로 문제 해결에 도움이 되지 않습니다.

   그냥 내가 우울한 감정에 접속했다는 사실, 내가 부정적인 상념에 빠져있다는 사실, 스트레스를 받고 있다는 사실 자체를 내려놓으십시오. 그냥 잊어버리십시오. 그것이 최상의 해결책입니다. 오히려 우리의 관심을 우울한 감정 자체가 아닌, 우울한 감정에 의해 유발된 거칠어진 호흡과 좁아진 시야에 두십시오. 오직 "호흡을 편안하게 만들겠다!", "판단중지를 통해 좁아진 시야를 넓히겠다!"는 것만 생각하십시오.

   방법은 간단합니다. "들이쉰다!"라고 마음속으로 단호히 선언하여 잡념을 차단하면서, 숨이 들어오는 과정에서 느껴지는 모든 느낌을 빈틈없이 느끼고 관찰하십시오. "내쉰다!"라고 마음속으로 선언하면서, 숨이 나가는 과정에서 느껴지는 모든 느낌을 빈틈없이 느끼고 관찰하십시오. 오직 '호흡'만 바라보십시오! 그러면서 "편안하다!" "행복하다!"라고 마음속으로 단호히 선언하십시오. 이렇게 5분 정도만 몰입하고 나면 조금 전에 우울해했다는 사실도 잊어버리게 됩니다. 그리고 무엇 때문에 우울해했는지조차 모두 망각하게 됩니다.

   이렇게 마음이 진정이 되면, 반드시 과연 그런 우울한 감정에 젖어들게 한 생각들이 자명한 생각들이었는지 몰입 상태에서 검토해보십시오. 몰입 상태가 깨지게 되면 다시 감정에 휘둘릴 수 있으니, 반드시 슈퍼의식이 각성된 상태에서 검토해보십시오. "그러한 우울한 감정이 일어난 원인은 무엇인가?", "과연 우울한 감정을 불러일으킨 생각들은 자명한가?", "우울한 감정에 끌려갔으면 어떤 일이 벌어졌겠는가?", "그러한 결과는 과연 나와 남에게 도움이 되는가?", "우울한 감정에 빠지지 않으려면 구체적으로 어떤 조치를 취해야 하는가?"

이런 검토를 통해 가장 자명한 결론을 확정하고, 진심으로 깊이 수용하십시오. '몰입'은 진통제일 뿐입니다. 진정한 치료제는 '자명한 생각'입니다. 그러나 주의할 것은 반드시 치료는 진통제를 투여한 뒤, 몰입이 잘 이루어진 뒤에 해야 한다는 것입니다. 몰입으로 우울한 감정만 진정시킬 뿐 생각이 정리되어 있지 않으면, 언제라도 다시 우울한 감정은 몰아칠 것입니다. 입장 정리가 빠를수록 우울한 감정에 대한 처리도 빨라질 것입니다.

혹시라도 우울한 감정이 다시 찾아오면 "모른다!"라고 단호히 무시하십시오. 우리가 불행해지고 행복해지는 것은 모두 '마음먹기'에 달린 것입니다. 아무리 불행한 일도 우리가 마음속으로 허용하기 전에는 우리에게 어떠한 영향도 미치지 못합니다. 우리가 우울한 것은 우울한 감정을 마음속으로 허용해서 그러한 것입니다. 우울한 감정과 관계 맺기를 딱 잘라 거절해보십시오. '무관심'만큼 무서운 게 없습니다. 우리가 철저히 무관심으로 일관할 수만 있다면 우울한 감정·부정적인 상념들은 스스로 말라죽게 될 것입니다.

우리가 '고른 호흡'과 '판단중지'로 우울한 감정을 잊어버리고 편안한 상태에서 존재하게 되면, 점점 우리 내면의 '슈퍼의식'이 다시 밝혀지게 됩니다. 슈퍼의식에서 샘솟는 절대적 행복감과 평안함은 우울한 감정을 극복하는 데 핵심이 됩니다. 우울한 감정이 잠시 머물렀던 부정적인 흔적들까지 말끔하게 지워줄 것입니다.

우울한 감정의 극복이 단지 의식 차원에서만 이루어져서는 완전한 극복이 되지 못합니다. 언제 우울한 감정의 불씨가 다시 살아날지 모릅니다. 그러나 의식과 무의식을 모두 지배하는 슈퍼의식의 행복감은 의식은 물론 무의식상에서도 우울한 감정의 흔적을 말끔히 지워줍니다. 또 슈퍼의식은 마음만이 아니라 몸까지 지배하는 자리입니다. 그래서 슈퍼의식이 드러나 내면의 절대적이며 무조건적인 행복감이 우리를 휘감을 때는, 뇌에서 온몸으로 기쁨의 호르몬인 엔도르핀과 행복의 호르몬인 세로토닌 등을 분비하여 우리의 몸과 마음을 모두 황홀하게 만들어줍니다. 더 이상 우울한 감정을 두려워하지 않아도 되는 최고의 행복감으로 우리를 인도해주는 것입니다.

유튜브(YouTube): 윤홍식의 철학힐링-우울증 극복

10
죄책감을 극복하기

힌두교에는 "과거에 죄인이 아니었던 성자는 없다!"라는 말이 전해옵니다. 성자와 같은 뛰어난 인격자도, 흉악한 악업을 저질렀던 과거가 있었으리라는 말입니다. 다만 성자는 자신의 과거를 뉘우치고 선업을 지은 결과 성자가 되었다는 것입니다. 이 말은 참으로 시사하는 바가 큽니다. 과거 자신이 저지른 치유할 수 없을 것 같은 잘못도, 우리는 깨끗이 극복할 수 있다는 희망의 메시지이니까요.

자신이 저지른 과거의 잘못에서 자유롭지 못해서는 우리의 삶이 망가지고 맙니다. '죄책감'은 과거의 잘못을 반성하게 하고, 더 나은 미래를 열기 위해 필요한 감정입니다. 하지만 이미 긍정적으로 작용하지 못하는 죄책감은 독일 뿐입니다. 적절한 반성이 있었다면, 이제 그 이상의 죄책감에 대해서는 거부할 수 있어야 합니다. 방법은 간단합니다. 죄책감 자체를 내려놓고 새로운 삶을 받아들이는 것입니다.

죄책감이 스멀스멀 일어날 때마다, "모른다!"라고 선언하십시오. 오직 모를 뿐입니다! 어떤 생각이 일어나도 "모른다!"라고 하십시오. 과거에 자신이 한 행위에 대한 기억과 자책은 모두 흘려버리십시오. 모든 것을 잊고 무조건 "모른다!"라고 하십시오. 오직 '지금 이 순간' 만을 알아차리게 될 것입니다.

"모른다!"를 선언하다보면, 우리 마음은 자연스럽게 리셋됩니다. 뇌에서는 행복 호르몬을 뿜어내서 우리의 심신을 기쁘게 해줍니다. 더 이상 우리는 과거의 죄책감에 주눅 들지 않게 됩니다. 중요한 것은 지금 이 순간 해야 할 일에 최선을 다하는 것입니다. 죄책감이 일어날 때마다 자신의 마음을 리셋하십시오.

이렇게 마음이 진정이 되면, 반드시 그런 죄책감에 젖어들게 한 생각들이 과연 자명한 생각들이었는지 몰입 상태에서 검토해보십시오. 몰입 상태가 깨지게 되면 다시 감정에 휘둘릴 수 있으니, 반드시 슈퍼의식이 각성된 상태에서 검토해보십시오. "그러한 죄책감이 일어난 원인은 무엇인가?", "과연 그러한 죄책감을 느끼는 것이 자명한가?", "죄책감에 끌려갔으면 어떤 일이 벌어졌겠는가?", "그러한 결과는 과연 나와 남에게 도움이 되는가?", "죄책감을 느끼지 않으려면 구체적으로 어떤 조치를 취해야 하는가?"

이런 몰입사고를 통해 내린 '자명한 결론'이야말로 진정한 치료제가 되어 우리 마음을 정화시켜 줄 것입니다. 이렇게 내린 자명한 결론을 늘 품고 있다가, 또다시 위기가 닥칠 때 정신적 버팀목으로 활용하시기 바랍니다. '몰입'은 진통제요, '몰입사고'는 치료제입니다.

11
트라우마를 극복하기

충격적인 사건을 겪은 경우에, 그 기억이 뇌리에 각인되어 우리를 힘들게 하는 것을 '정신적 외상' 즉 '트라우마'라고 합니다. 트라우마는 지속적으로 그 충격적인 기억을 생생히 떠올리게 하여 우리를 힘들게 합니다. 그러나 희망은 있습니다. 붓다는 『법구경』에서 모든 고통을 버리고 청정함에 도달할 수 있다고 하였습니다.

과거의 '트라우마' 때문에 잠을 못 이루고 계십니까? 또 똑같은 상황이 펼쳐질까 불안하십니까? 하루에도 몇 번씩 그때의 상황이 눈앞에 생생하게 펼쳐지십니까? 그때의 상황에 제대로 대처하지 못한 자신을 자책하고 계십니까? 이러한 '아픈 기억'은 결코 우리의 미래를 밝게 해주지 않습니다. 그런 기억들이 떠오르는 즉시 "모른다!"라고 선언해야 합니다. 붓다는 비탄은 비탄을 낳을 뿐이라고 하였습니다.

'아픈 기억'이 떠오를 때마다 무조건 "모른다!" "괜찮다!"라고 선언해야 합니다. 우리 마음은 자연스럽게 리셋됩니다. 초기화된 마음에는 어떠한 부정적인 '생각'이나 '기억'도 발을 붙이지 못합니다. 걱정이 없다고 판단한 뇌는 행복 호르몬을 뿜어내서 우리의 심신을 기쁘게 해줍니다.

이렇게 마음이 리셋되어 너무나 평온하고 고요할 때, 트라우마를 향해 "괜찮아!"라고 어루만져주며 환한 미소를 지어주십시오. 더 이상 걱정하지 말라고 하십시오. 지금 이 순간의 '행복감'으로 과거의 트라우마를 정화시키십시오. 과거의 트라우마가 더 이상 위협적인 존재가 아니라는 것을, 마음속 깊이 받아들이십시오.

이렇게 마음이 진정이 되면, 반드시 그런 트라우마에 시달리도록 내몬 생각들이 과연 자명한 생각들이었는지 몰입 상태에서 검토해보십시오. 몰입 상태가 깨지게 되면 다시 감정에 휘둘릴 수 있으니, 반드시 슈퍼의식이 각성된 상태에서 검토해보십시오. 『법구경』에서 "명상이 없으면 지혜가 없고, 지혜 없이 명상 또한 닦을 수 없다."라고 가르친 것이 바로 이것입니다.

"그러한 트라우마가 일어난 원인은 무엇인가?", "과연 그러한 트라우마에 시달리는 것이 자명한가?", "트라우마에 시달렸으면 어떤 일이 벌어졌겠는가?", "그러한 결과는 과연 나와 남에게 도움이 되는가?", "트라우마에 빠지지 않으려면 구체적으로 어떤 조치를 취해야 하는가?" 이런 몰입사고를 통해 내린 '자명한 결론'이야말로 진정한 치료제가 되어 우리 마음을 정화시켜 줄 것입니다. 이렇게 내린 자명한 결론을 늘 품고 있다가, 또다시 위기가 닥칠 때 정신적 버팀목으로 활용하시기 바랍니다. '몰입'은 진통제요, '몰입사고'는 치료제입니다.

유튜브(YouTube): 윤홍식의 즉문즉설-과거의 상처를 극복하는 법

12
불안감을 극복하기

가족이나 친구를 갑자기 잃게 될까봐 불안할 때가 있습니다. 지금 내게 소중한 것들을 잃어버릴 것 같아 불안할 때가 있습니다. 막연한 미래가 겁이 나서 불안할 때가 있습니다. 또는 특별한 이유가 없이 불안감이 밀려와서 생활을 하기 힘들 수도 있습니다. 이때도 역시 '마음리셋법'을 활용하여 우리 마음을 진정시킬 수 있습니다. 『노자』에서 "조건을 따지지 말고 곧장 만족해버릴 수 있다면 늘 만족할 수 있을 것이다."라고 한 것처럼 말입니다.

불안감이 밀려올 때는 먼저 자신의 '호흡'만을 바라보며 '불안감'을 무시해야 합니다. 불안감에 관심을 주면 점점 더 불안감은 커지게 됩니다. 일단 '불안감'에서 자신의 들이쉬고 내쉬는 '호흡'으로 관심을 돌려보세요. 절대로 불안감에 끌려가서는 안 됩니다.

자신의 '이름'이 무엇인지 스스로에게 물어보세요. 그리고 "모른다!"라고 선언하세요. 자신의 이름도 모르는데 불안감을 느낄 틈이 없겠죠. 또 "괜찮다!"라고 선언하세요. "지금 이 순간이 최고로 행복하다!"라고 선언하세요. '불안감'에 빠져드는 것을 막아줄 것입니다.

마음이 어느 정도 고요하고 평온해지거든, 무조건 "감사합니다!"라고 선언해보세요. 5분 정도 '감사하다는 느낌'을 상상하며 "감사하다!"라고 선언하세요. '불안감'이 우리를 찾아오더라도 무조건 "감사합니다!"라고 선언하세요. 그러다 보면 진심으로 감사한 마음이 들 것입니다. 나에게 주어진 가족과 친구 그 모든 것에 감사하게 될 것입니다. 심지어 살아있다는 것 자체에도 감사한 마음이 들 것입니다.

이때 불안감은 사라지게 될 것입니다. 마음이 불안감을 충분히 빠져나왔을 때, '불안감의 원인'에 대해 생각하십시오. 몰입 상태가 깨지게 되면 다시 감정에 휘둘릴 수 있으니, 반드시 슈퍼의식이 각성된 상태에서 검토해보십시오. "그러한 불안감이 일어난 원인은 무엇인가?", "과연 그런 불안감에 빠져드는 것이 자명한가?", "불안감에 시달렸으면 어떤 일이 벌어졌겠는가?", "그러한 결과는 과연 나와 남에게 도움이 되는가?", "불안감에 빠지지 않으려면 구체적으로 어떤 조치를 취해야 하는가?"

이런 몰입사고를 통해 내린 '자명한 결론'이야말로 진정한 치료제가 되어 우리 마음을 정화시켜 줄 것입니다. 이렇게 내린 자명한 결론을 늘 품고 있다가, 또다시 위기가 닥칠 때 정신적 버팀목으로 활용하시기 바랍니다. '몰입'은 진통제요, '몰입사고'는 치료제입니다.

13
외로움을 극복하기

　아무도 자신을 이해해주는 이가 없어 외로우십니까? 우리는 남과 함께 있어도 외롭기 마련입니다. 실존주의 철학자들이 말하듯이, '외로움'은 인간이면 피할 수 없는 실존이죠. 병이 들어 아파도 나 홀로 아프며, 죽음을 맞이해도 나 홀로 맞이하는 것이 현실이지 않습니까? 이 고독감은 인간이면 피할 수 없는 아픔임에 틀림이 없습니다.

　그러나 우리의 깊은 내면은 본래부터 '고독감'을 느끼지 않습니다. 참으로 신기한 일입니다. 이것은 지금 당장 체험할 수 있습니다. 태풍의 눈이 고요하듯이, 우리의 내면은 늘 지금 이 순간에 깊이 만족해하고 있습니다. 지금 당장 마음을 리셋해보십시오. 우리 내면의 무한한 충족감이 느껴질 것입니다.

자신을 괴롭히는 '외로움'이 내면에서 올라오면, 곧장 "모른다!"라고 선언하십시오. 무엇보다 자신의 '이름'을 "모른다!"라고 선언해보십시오. 자신의 이름마저 잊어버린 채 존재하는데, 어떻게 고독감이 우리를 괴롭힐 수 있겠습니까?

'외로움'이 떠오르면 무조건 "모른다!"라고 하십시오. 어떠한 외로움도 '무관심'을 이겨내지는 못합니다. 이렇게 5분만 고요히 존재하면, 우리의 마음은 깨끗하게 리셋될 것입니다. 무한한 '충족감'과 '행복감'만 가득하게 될 것입니다.

이렇게 마음이 초기화된 상태에서는, 모든 인류가 '하나'로 느껴지실 것입니다. 그 자리에는 '남'이 존재할 수 없습니다. 온 우주가 나와 둘이 아닌 초월적 마음의 상태에 도달하게 됩니다. 더 이상 '외로운 나'는 존재하지 않습니다. '외로움'이 우리의 마음에서 피어날 때마다, 이렇게 마음을 초기화하십시오. 초기화된 마음에는 외로움이 존재하지 않습니다. 무한한 충만감이 우리를 행복하게 할 것입니다.

이렇게 마음이 진정이 되면, 반드시 그런 외로움에 시달리도록 내몬 생각들이 과연 자명한 생각들이었는지 몰입 상태에서 검토해보십시오. 몰입 상태가 깨지게 되면 다시 감정에 휘둘릴 수 있으니, 반드시 슈퍼의식이 각성된 상태에서 검토해보십시오. "그러한 외로움이 일어난 원인은 무엇인가?", "과연 그러한 외로움에 시달리는 것이 자명한가?", "외로움에 시달렸으면 어떤 일이 벌어졌겠는가?" "그러한 결과는 과연 나와 남에게 도움이 되는가?", "외로움을 느끼지 않으려면 구체적으로 어떤 조치를 취해야 하는가?"

이런 몰입사고를 통해 내린 '자명한 결론'이야말로 진정한 치료제가 되어 우리 마음을 정화시켜 줄 것입니다. 이렇게 내린 자명한 결론을 늘 품고 있다가, 또다시 위기가 닥칠 때 정신적 버팀목으로 활용하시기 바랍니다. '몰입'은 진통제요, '몰입사고'는 치료제입니다.

14
이별의 아픔을 극복하기

　살다보면 우리는 가장 친했던 가족·친구와 '영원한 이별'을 하게 됩니다. 두 번 다시 볼 수 없다는 슬픔, 어떤 말로 이 아픔을 설명할 수 있을까요? 오로지 '시간'만이 답이지만 그것도 완전히 치유는 안 됩니다. 과연 우리는 이런 이별의 아픔에 대해 어떻게 대처해야 하는 것일까요?

　붓다는 『숫타니파타』에서 이런 사별의 슬픔에 대해 "슬픔에 빠져 있으면 괴로움만 커질 뿐이다."라며, "그는 우리의 힘이 미칠 수 없는 곳으로 갔다고 생각하고 슬픔을 거두어야 한다. 집에 붙은 불을 재빨리 끄듯, 슬픔이 일어나는 것을 재빨리 꺼야 한다."라고 하였습니다. 자신의 마음을 리셋하여 슬픔에서 벗어날 수 있는 힘을 키워야 하겠습니다.

마음에 감당할 수 없는 이별의 슬픔이 일어납니까? 그를(그녀를) 다시 볼 수 없다는 슬픔이 우리의 몸과 마음을 압도하려 합니까? 조금이라도 마음이 자신의 '슬픈 처지'를 곱씹게 내버려두지 마십시오. 무조건 "모른다!"를 선언하십시오. 무조건 마음을 리셋하십시오.

　일체를 "모른다!"라고 선언할 수 있다면, 우리의 마음은 절로 리셋될 것입니다. 뇌에서는 세로토닌과 엔돌핀 등 긍정적 호르몬이 나올 것이며, 심신은 편안해지고 이완될 것입니다.

　자, 이 상태에서 "감사합니다!"를 선언하십시오. 무조건입니다. 감사할 일이 없더라도 무조건 "감사합니다!"라고 선언하십시오. 내면에서 깊은 충족감이 솟구치게 될 것입니다. 내면에서 깊은 충족감이 솟구치게 되면, 온 우주가 모두 '나'와 둘이 아니게 됩니다. 더 이상 '이별의 아픔'이 우리 마음을 침범할 수 없게 됩니다. 이때 헤어진 가족·친구의 이름을 불러보십시오. 그와 나는 '하나'로 통하게 될 것입니다. 이러한 슈퍼의식이 각성된 상태에서 진심으로 "사랑한다!"라고 말하십시오. 이별의 아픔이 치유될 것입니다.

　이렇게 마음이 진정이 되면, 반드시 그런 이별의 아픔에 빠지도록 내몬 생각들이 과연 자명한 생각들이었는지 몰입 상태에서 검토해보십시오. 몰입 상태가 깨지게 되면 다시 감정에 휘둘릴 수 있으니, 반드시 슈퍼의식이 각성된 상태에서 검토해보십시오. "그러한 이별의 아픔이 일어난 원인은 무엇인가?", "과연 그러한 이별의 아픔에 시달리는 것이 자명한가?", "이별의 아픔에 시달렸으면 어떤 일이 벌어졌겠는가?", "그러한 결과는 과연 나와 남에게 도움이 되는가?", "이별의 아픔을 느끼지 않으려면 구체적으로 어떤 조치를 취해야 하는가?"

 이런 몰입사고를 통해 내린 '자명한 결론'이야말로 진정한 치료제가 되어 우리 마음을 정화시켜 줄 것입니다. 이렇게 내린 자명한 결론을 늘 품고 있다가, 또다시 위기가 닥칠 때 정신적 버팀목으로 활용하시기 바랍니다. '몰입'은 진통제요, '몰입사고'는 치료제입니다.

15
소외감을 극복하기

    자신의 삶이 의미가 없는 것 같습니까? 세상에서 소외되어 외로우십니까? 인간은 본래 사회적 동물이기에, 남들에게 쓸모 있는 사람이 되지 못하면 자신의 삶이 무의미하게 느껴집니다. 자신이 남에게 뭔가 도움이 될 때, 말할 수 없이 행복해지는 것도 바로 이런 이유 때문입니다. 남에게 쓸모 있는 사람이 되십시오. 이것이 자신의 의미를 찾는 비결입니다. 여기 손쉽게 실천할 수 있는 방법이 있습니다. 나와 남, 인류 모두의 행복을 빌어주는 것입니다.

    '자애심'을 통해 '나와 남'은 물론 '모든 인류'의 행복을 빌어주는 것은, 돈을 들이지 않고 할 수 있는 가장 손쉬운 봉사입니다. 먼저 자신의 '호흡'을 바라보며 집중하십시오. "들이쉬고 내쉬고!" "들이쉬고 내쉬고!" 들어오고 나가는 호흡에 집중하다 보면, 과거와 미래를 잊고 오직 '지금 이 순간'에 집중하게 됩니다.

잡념이 떠오르면 무조건 "모른다!"라고 하십시오. 어떠한 잡념이 일어나든 "모른다!"라고 선언하세요. 어떠한 잡념도 '무관심'을 이겨내지는 못합니다. 이렇게 5분만 고요히 존재하면, 우리의 마음은 깨끗하게 리셋될 것입니다. 한없는 '행복감'만이 존재할 것입니다.

이렇게 마음이 초기화된 상태에서는, '나와 남', '인류'가 모두 '하나'로 느껴지실 것입니다. 결코 '둘'로 가르지 못합니다. 그러니 이 상태에서 "우리 모두는 하나다!"라고 선언하고, 실제로 하나로 통함을 느껴보십시오. 더 이상 '고립되고 소외된 나'는 존재하지 않습니다. 그 상태에서 "나는 행복하다!"라고 선언하십시오. 그러면서 한없는 행복감을 온몸으로 느껴보십시오. '나와 남', '모든 인류'가 지금 이 순간 한없이 행복함을 느껴보십시오.

이렇게 마음이 진정이 되면, 반드시 그런 소외감에 시달리도록 내몬 생각들이 과연 자명한 생각들이었는지 몰입 상태에서 검토해보십시오. 몰입 상태가 깨지게 되면 다시 감정에 휘둘릴 수 있으니, 반드시 슈퍼의식이 각성된 상태에서 검토해보십시오. "그러한 소외감이 일어난 원인은 무엇인가?", "과연 그러한 소외감에 시달리는 것이 자명한가?", "소외감에 시달렸으면 어떤 일이 벌어졌겠는가?", "그러한 결과는 과연 나와 남에게 도움이 되는가?", "소외감을 느끼지 않으려면 구체적으로 어떤 조치를 취해야 하는가?"

이런 몰입사고를 통해 내린 '자명한 결론'이야말로 진정한 치료제가 되어 우리 마음을 정화시켜 줄 것입니다. 이렇게 내린 자명한 결론을 늘 품고 있다가, 또다시 위기가 닥칠 때 정신적 버팀목으로 활용하시기 바랍니다. '몰입'은 진통제요, '몰입사고'는 치료제입니다.

16
답이 없는 고민 하지 않기

 일상에서 우리를 힘들게 하는 것이 바로 '답이 없는 고민'입니다. 우리가 하루 종일 하는 생각의 90% 이상은 바로 매일매일 반복되는 답이 없는 고민들입니다. 우리는 이러한 꼬리에 꼬리를 무는 고민에 심각하게 중독되어 있어서, 오히려 이런 고민이 없는 상태가 상상이 안 될 정도입니다. 사실 인간의 뇌가 잡념을 부르는 구조를 지니고 있기 때문에 어느 정도의 고민은 피할 수 없습니다. 그러나 우리에게는 답이 없는 고민을 내려놓고 편안하게 존재할 수 있는 능력이 있습니다. 이러한 능력을 활용하지 않고 있을 뿐입니다.

 '답이 없는 고민'에는 두 가지 의미가 담겨 있습니다. 하나는 정보의 부족이나 통제력의 부재로 지금 이 시점에서 도저히 답을 얻을 수 없는 고민을 말하며, 하나는 충분히 답을 얻을 수 있으나 마음이 부정적인 상태에 있기 때문에 답을 얻지 못하는 고민을 말합니다. 서양의 철인 에픽테토스(50?~130?)는 『엥케이리디온』에서 다음과 같이 말합니다.

> 이 비밀을 알면 그대는 '행복'을 이룰 수 있다. 세상에는 우리의 의지대로 통제할 수 있는 것이 있으며, 우리의 의지대로 통제할 수 없는 것이 있다.

우리가 현 시점에서 통제할 수 없는 '답이 없는 고민'은 빨리 잊어버리는 게 최선입니다. 그냥 "모른다!"는 무관심과 "괜찮다!"는 적극적 포용으로 판단을 멈춰버리는 것이 최선입니다. 스트레스만 주며 부정적인 영향만 남기는 답이 없는 고민일랑 곧장 잊어버리십시오.

우리가 조심해서 다루어야 할 것은 답을 충분히 얻을 수 있는데도 불구하고 답을 얻지 못하는 고민입니다. 끊임없이 고민을 하고 있는데 답을 얻지 못하면, 애초에 답이 나오지 않을 고민이었다고 착각하기 쉽습니다. 그러나 답이 없는 고민 중 일부는 우리가 마음자세만 고쳐먹고 진지하게 몰입하여 고민하면 답을 충분히 얻을 수 있는 것들입니다. 문제는 그러한 고민에 대하는 우리의 '마음자세'입니다.

아무리 사소한 행위라고 할지라도, 우리가 몰입해서 그 행위를 하느냐 몰입하지 않고 그 행위를 하느냐에 따라, 결과는 하늘과 땅 차이가 나게 마련입니다. 아무리 사소한 것들이라 할지라도 우리가 몰입 상태에서 그것들을 대하면 빛이 나기 시작합니다. 우리 마음이 하나로 모아져 있고 고요함을 유지하고 있다면, 어떠한 문제를 상대하든지 창조적인 영감과 해결책을 얻을 수 있습니다. 답을 얻고 못 얻고는 우리 마음이 몰입 상태냐 그렇지 못하느냐에 달려있는 것입니다.

여기 그릇에 담긴 물이 있다고 상상해보십시오. 하나는 고요한 상태의 물이며 하나는 요동하는 상태의 물이라고 가정하겠습니다. 이때 이 물에 비친 사물의 영상을 관찰해본다면 각각 어떤 차이가 있겠습니까? 분명 고요한 상태의 물에는 사물이 선명히 비칠 것이며, 요동하는 상태의 물에는 사물의 모습이 어지럽게 비칠 것입니다. 마음도 이 물과 동일합니다. 고요하여 평정심을 얻은 마음에는 사물이 선명하게 보일 것이나, 요동하여 흔들리는 마음에는 사물이 어지럽게 보일 것입니다.

요동하는 상태의 마음으로 아무리 사물을 선명히 보려 한들 안 될 소리입니다. 사물을 선명히 보는 것에 앞서 먼저 마음부터 다스려야 할 것입니다. '관찰의 대상'을 정확히 관찰하기 위해서는 '관찰자의 조건'부터 제대로 갖추어야 할 것입니다. 요동하는 물로 아무리 사물을 비춰보려고 해도 불가능하듯이, 흔들리는 마음으로 끊임없이 고민한다고 답이 나오지 않습니다. 몰입하여 고민하지 않아서 답이 나오지 않는 것입니다.

좌절과 절망, 비탄에 빠진 마음으로 고민을 해보았자 부정적인 대답밖에 들을 수 없을 것입니다. 시야가 이미 콩알만 한데 어떻게 긍정적인 답안·창조적인 답안이 나오겠습니까? 긍정적인 답안·창조적인 답안을 얻기를 원한다면 몰입으로 이완된 상태에서 고민해야 합니다. 마음의 내면을 고요하게 하고 초연하게 만들어야 넓은 시야를 가지고 고민의 답을 찾을 수 있습니다.

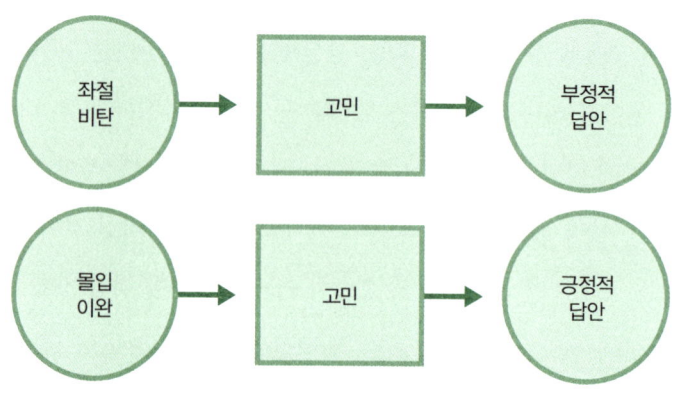

:: **고민의 긍정적 해결** ::

 마음이 고민을 해결할 수 있는 상태가 아니라고 느껴진다면, 먼저 들이쉬고 내쉬는 '호흡'에 몰입하고, "모른다!" "괜찮다!"를 통해 마음을 말끔하게 청소한 다음, 마음이 충분히 고요하고 이완되었을 때 고민의 해결을 시도하십시오. 몰입으로 인해 긍정적으로 변한 마음에는 자연히 긍정적인 답안이 따라올 것입니다. 이것이 제대로 고민하는 방법입니다. 고민을 마음껏 하십시오. 고민에 주눅들 필요는 없습니다. 다만 몰입하여 고민을 하십시오! 그래서 인생의 기로에서 항상 창조적이고 올바른 선택을 하십시오.

17
진심으로 용서하기

'분노'만큼 나에게도 해롭고 남에게도 해로운 물건이 없습니다. "분노를 품고 있는 것은 남에게 불덩어리를 던지려고 손에 들고 있는 것과 같다."라는 옛말도 바로 이점을 지적한 말입니다. 남을 향한 분노는 남을 해치기에 앞서 먼저 나 자신을 해칩니다. 우리가 특히 분노를 빨리 털어버려야 하는 이유도 바로 여기에 있습니다.

분노를 품고 있는 것만으로도 우리의 몸과 마음은 이미 청산가리와 같은 독극물에 오염되고 상처입고 있는 것입니다. 타인을 향한 분노가 마음속에 감지된다면 방치하지 말고 즉각 독극물 처리에 준하는 엄중한 조치를 해야 하겠습니다. 그 분노가 자라서 나를 해치고 남을 해치고 우리 모두의 삶을 해치기 전에 말입니다.

분노가 일어날 때마다 즉각 거칠어진 '호흡'을 회복하고 '판단중지'를 통해 넓은 시야를 확보할 수 있어야 합니다. 분노 자체와 싸우려 하지 마십시오! 오히려 상처만 입게 될 것입니다. 분노 자체에 관심을 주지 말고, 분노를 다스릴 수 있는 '몰입 상태'를 만드는 것에 집중해야 합니다. 그러다보면 자연스럽게 분노를 내려놓을 수 있습니다.

'분노'는 마음의 손님일 뿐입니다. 분노가 일어나고 사라지는 것은 사실 마음에서 일어나는 지극히 자연스러운 현상일 뿐입니다. 문제는 오고 가는 분노에 집착하고 그것을 키우는 일입니다. 그래서 '분노=나'의 상태를 벗어나지 못하고, 분노의 화신이 되어 생각하고 말하고 행동하는 것입니다. 따라서 분노가 우리 마음을 방문했을 때는, 항상 몰입 상태를 유지하면서 분노와 자신을 동일시하지 말아야 합니다.

상대방에 대한 분노를 곱씹으면서 자신을 망치는 행위를 즉각 중단해야 합니다. 먼 훗날 돌아보아 자신이 참으로 훌륭한 판단을 내렸노라고 회고할 수 있는 그런 판단을 내리고 실천해야 합니다. 절대로 이성을 잃은 상태, 감정에 잠식당하여 '나 자신'을 잃어버린 상태에서, 분노를 곱씹거나 표출해서는 안 됩니다. 무조건 '몰입 상태'를 만들어야 합니다. 일단 평정심을 되찾고 나서 생각하고 말하고 행동해야 합니다.

또한 분노가 발생했을 때 즉각 처리하는 것만큼, 평상시에 분노에 대한 강한 자정능력을 길러놓는 것도 중요합니다. 그러기 위해서는 혹시라도 누군가를 향한 분노의 불씨가 나도 모르는 중에 자라고 있지는 않은지 항상 체크할 수 있어야 합니다. 불씨가 더 커지기 전에 제거할 수만 있다면 이보다 더 복된 일은 없을 것입니다.

평상시에 몰입을 통한 '무조건 용서하기'를 자주 익혀서, 분노의 불씨를 말끔히 제거하는 자정능력을 향상시켜야 합니다. '무조건 용서하기'의 방법은 다음과 같습니다. 먼저 자신의 들숨과 날숨에 대한 집중과 "모른다!" "괜찮다!"의 암송을 통해 몰입 상태를 유도하십시오. 슈퍼의식을 불러내십시오. 의식과 무의식의 주재자인 슈퍼의식이 등장해야 의식·무의식상에 잠복해 있는 분노의 불씨를 손쉽게 말끔히 제거할 수 있습니다.

슈퍼의식이 드러나 몸과 마음이 이완되고 편안해지는 몰입 상태가 어느 정도 이루어지면 자신의 마음을 가만히 관찰해보십시오. 평소에 자신을 잘 들여다보지 않고 살아온 우리에게는, 이러한 '자아의 분석'이 인생의 사건들을 해결하는 데 많은 도움이 됩니다. 많은 사건들의 힌트가 이미 우리 마음속에 존재하는데도, 알아차리지 못하는 경우가 허다하니 말입니다. 우리 마음속에 누군가를 향한 '분노의 불씨'가 있는지 냉정히 살펴보십시오. 요동하는 마음에는 잘 드러나지 않던 것도, 고요하고 이완된 마음에는 선명하게 잘 포착됩니다.

이때 타인을 향한 분노가 잠복해있는 것이 발견된다면, 일단 그 분노가 '누구'를 향한 것인지와 '무엇'에 대한 것인지를 살펴보십시오. 그러한 분노를 계속 가지는 것이 현명한 일인지 지금 이 순간 내려놓고 가는 것이 현명한 일인지 판단해보십시오. 분노의 표출이 상대방이나 나 자신에게 도움이 되는 것인지 잘 헤아려보십시오. 또한 그 분노가 이미 나 자신에게 어떤 부정적인 영향을 주는지도 잘 따져보십시오.

만약 그러한 분노가 정당하다고 판단되면 기회를 봐서 상대방과 나 자신에게 최대한 도움이 되는 적절한 방식으로 표현하면 됩니다. 이때도 몰입을 이용해 최대한 공정하게 접근하면 됩니다. 그런데 그러한 분노가 상대방은 물론 나 자신에게도 지극히 해가 된다는 분명한 판단이 선다면, 즉각 분노라는 독극물의 제거 작업에 들어가십시오. 나 자신에게 가해지는 분노의 피해로부터 빨리 빠져나오십시오.

일단 몰입 상태를 최대한 유지하면서 분노에 대해 "모른다!"라고 단호히 선언하십시오. 실제로 그러한 마음이 완전히 사라질 때까지 계속 암송하십시오. 그리고 상대방의 얼굴을 떠올리며 "용서한다!"를 암송하십시오. 이때는 환하게 미소 지으며, 진심으로 용서해야 합니다. 조건을 붙여서는 안 됩니다. 무조건 용서하면 무조건 건강해집니다. 몸과 마음에 가해지던 독극물이 중단되니 당연히 건강해질 수밖에 없습니다.

그냥 내려놓으십시오. 그래야 내가 살 수 있습니다. 복수의 화신이 되어 나 자신을 불태우는 어리석은 짓을 하지 마십시오. 내 마음의 주인공은 '나 자신'입니다. 내가 마음먹기에 따라 모든 상황은 얼마든지 달라질 수 있습니다. 분노에 대한 무조건적 용서라는 지금 이 순간의 올바른 선택으로 인해, 나와 상대방의 미래가 모두 밝아졌음을 진심으로 느껴보시기 바랍니다.

• 몰입의 달인 •

뉴턴

만유인력과 미적분을 발명한 과학자 뉴턴(1642~1727)의
몰입에 관한 일화도 유명하죠. 어느 날 뉴턴이 한 가지 주제에
몰입해있으면서 배가 고파 계란을 삶으려고 했다고 합니다.
그러다가 자신이 계란과 함께 들고 있던 시계를 계란으로
오인하고 삶아버렸다고 합니다. 또 어느 날은 뉴턴이
손님을 초대해놓고 연구실에 포도주를 가지러 갔다가,
손님을 초대했다는 사실을 잊어버리고 문제에 몰입하기도
했다고 합니다. 문제를 푸는 것에 완전히 몰입해서 주변 사물이나
사람의 왕래까지도 인식하지 못하는 경지에 들어간 것입니다.
물론 항상 이러한 상태에 있을 필요는 없겠죠.
그러나 우리가 정말 풀어야 하는 문제에 대해서는
이러한 굉장한 몰입력을 발휘할 필요가 있을 것입니다.

• 선비들에게 배우는 몰입 노하우 •

2가지 몰입을 활용하여 늘 깨어있어라

화담花潭서경덕徐敬德(1489~1546)

몰입(敬)이란 '정신을 하나로 모아서
다른 생각이 일어나지 않게 함'을 말합니다.

하나의 물건을 접하여서는 그 접하는 물건에
온전히 집중하여 머무르고,
하나의 사건에 대응할 때는 그 대응하는 사건에
온전히 집중하여 머물러서,
다른 물건과 사건이 끼어들 틈이 조금도 없어야
마음이 능히 하나로 집중될 수 있습니다(대상에 대한 몰입).

그리고 접하는 일이 지나가고 사물이 사라진 뒤에는,
다시 마음을 거두어들여서 맑게 함이
마땅히 밝은 거울이 텅 빈듯해야 합니다(나에 대한 몰입).

(『화담문집』)

유튜브(YouTube): 화담 서경덕-고요함에도
집착해서는 안된다

몰입하는 선비의 하루일과

퇴계 이황의 『성학십도 聖學十圖』를 참조

❶ 잠을 깨다
아침에 일어나면 정신이 분산되고 산만해지기 쉬우니
어제 얻은 정보와 오늘 연구해야 할 것들에 대해
찬찬히 몰입하여 사색하며 하루를 연다.

❷ 일어나다
'나'에 몰입함으로써
마음을 태양처럼 밝게 만들고, 연구할 자세를 잡는다.
마음은 항상 몰입의 경지에 있어야 하니
텅 비고, 밝고, 고요하며, 한결같아야 한다.

❸ 책을 읽다
책을 읽을 때는 정신을 딴 곳에 두고 건성으로 보지 말고
지금 읽는 그 단락에 정신을 온전히 몰입하여 봐야 한다.
정색을 하고서 신속하고 정확하게 이해하고 기억하며
실전에서 바로 활용할 수 있는지 응용력을 점검해본다.

❹ 일을 처리하다

해야 할 일이 있을 때는

그 일이 무엇이든지 몰입해서 해야 하니,

그때그때 해결해야 할 '대상'에 온전히 몰입해야 한다.

몰입의 대상에는 제한이 없다.

내가 마음을 내서 하는 모든 일은 몰입의 대상이다.

어떤 일이 주어지든 늘 나의 몰입력을

점검하고 다지는 계기로 삼는다.

그리고 그 일이 끝나면 즉각 '나'에 대한 몰입을 통해서

그 주제를 완전히 놓아버리고 본래의 모습으로 돌아와서

언제든 새로운 과목을 공부해 나갈 수 있는

최고의 컨디션을 만든다.

❺ 낮에 근면하다

연구를 하건 일을 하건 휴식을 취하건,

항상 그 일에 몰입하여 내 마음을 밝게 만들어

그 일에 임해야 한다.

쉴 때도 몰입력을 충전하면서 쉬어야 한다.

❻ 밤에 잠들다

잠을 잘 때도 그날의 번뇌나 고민,

다음 날의 번뇌나 고민으로 뒤척이는 일이 없도록

'호흡'이나 '몸' 혹은 '나'에 몰입하여 잠을 청한다.

그래야 숙면을 취할 수 있다.

유튜브(YouTube): 윤홍식의 고전콘서트-숙흥야매잠

남에게 받은 상처에서 벗어나는 비결

우리는 누구나 과거 남에게 부당한 대우를 받아 상처를 입었던 기억이 있을 것입니다. 그러한 상처들이 어제의 일처럼 생생하게 떠올라 우리를 괴롭히기도 합니다. 또한 우리의 앞길을 방해하는 심각한 장애물이 되기도 합니다. 자, 우리는 어떤 방법으로 이러한 과거의 아픈 상처에서 벗어날 수 있을까요?

남에게 부당한 대우를 받았던 아픈 기억으로 현재가 심각한 위기에 처했을 때는, 먼저 "모른다!"와 "괜찮다!"를 선언하십시오. 집착하고 있는 모든 기억을 내려놓고 잠시라도 '나라는 존재감'에 집중하십시오. 그렇게 해서 마음이 진정되고 평화로워지는지 꼭 확인하십시오.

이렇게 마음이 진정되면, 남에게 받았던 상처의 기억을 어떻게 다루는 것이 자명한지 검토해야 합니다. 되도록 공정하고 평온한 마음으로 분석해야 좋은 결론을 얻을 수 있습니다.

일단 그 일은 이미 지나간 일입니다. 그러니 이미 일어났고 지나간 일이란 것을 먼저 받아들이십시오. 이미 지나간 기억으로 더는 상처 받는 일이 없어야 할 것입니다.

이제, 왜 그런 일이 일어났는지 분석하십시오. 그 일은 어떤 원인으로 일어난 일입니까? 서로 어떤 마음을 가졌기에 일어난 일입니까? 상대방은 무엇을 원하였고 무엇을 두려워하였습니까? 나는 어떤 마음이었습니까? 상대방의 처지도 충분히 이해해보십시오. 그리고 자신의 처지도 따뜻한 눈으로 이해해보십시오.

충분한 검토가 끝나면 제3자의 입장이 되어, 서로 어떤 점을 잘못했고 어떤 점을 잘했는지, 양심에 비추어 자명하게 따져보십시오. 또한 그 일로 인해 나의 인생은 어떤 영향을 받았는지 생각해보십시오. 긍정적인 영향은 무엇이었으며 부정적인 영향은 무엇이었는지 냉정하게 생각해보십시오. 이상의 검토를 통해 나온 자명한 결론을 흔쾌히 받아들이십시오. 솔직히 인정하십시오.

이제 이상의 결론을 바탕으로, 지금 현재 과거의 아픔을 바로잡는 데 필요한 방법이 있는지 찾아보십시오. 나와 상대방 모두를 위하여 최선의 방법이 있는지 찾아보십시오. 그리고 지금이라도 현실에서 바로잡을 방법이 있다면, 자명한 결론에 근거하여 곧장 실천에 옮기십시오. 그리고 더 이상 과거에 끌려 다니지 마십시오.

만약 현실에서 바로잡을 방법이 없다면 다음과 같이 하십시오. 상대방이 잘못한 부분이 있었다면, 마음으로 상상하며 준엄하게 상대방이 무엇을 잘못했는지 꾸짖어 바로잡도록 하십시오. 그리고 흔쾌히 상대방의 발전을 빌어주십시오. 만약 내가 잘못한 부분이 있었다면, 마음으로 상상하며 그 사람에게 무엇을 잘못했는지 분명히 사과하고 바로잡으십시오. 상대방에게 진심으로 용서를 구하십시오.

그리고 다시 "모른다!"와 "괜찮다!"를 선언하여 묵은 마음을 털어내고 맑고 고요한 마음을 잘 지키십시오. 비탄은 비탄을 낳고 좌절은 좌절을 낳을 뿐입니다. 부정적인 감정에서는 지혜와 사랑이 나오지 않습니다.

어떤 이유로도 우리 마음이 부정적으로 물드는 것을 허용하지 마십시오. 과거의 좋지 않은 기억에 매몰되어 있는 것은 도움이 되지 않습니다. 과거의 기억도 지금의 일처럼 대하고 양심에 맞게 바로잡으십시오. 현실에서 바로잡을 수단이 없다면 마음속에서라도 정확히 바로잡으십시오. 그리고 다시는 그것들에 매몰되지 마십시오.

나의 몰입 이야기

• 몰입으로 우울증을 극복하다
이완희(가명, 45, 주부)

삶에 대한 열정도 성취감도 느끼지 못하고, 기쁨은 순간이며 매사가 공허와 결핍감으로만 느껴지는 일상을 살았습니다. 간간이 창조적인 측면의 희열도 잠깐 불타올랐다가, 곧장 좌절의 나락으로 추락하며 고통스러운 감정으로 곤두박질쳤습니다. 마치 롤러코스터를 타는 것과 같은 악순환의 나날들로 인해, 기약 없는 약물·인지 치료로 6년 묵은 만성우울증 환자였습니다.

그러다가 책의 제목을 보고, 단순히 아이의 학업 집중에 도움이 되겠다 싶어 구입한 『5분, 몰입의 기술』로 뜻하지 않게 고질적 만성우울증을 기적같이 떨치게 되었습니다. 우울한 감정에 매몰되어, '감정'과 '나'를 동일시한 것이 모두 내 감정적 문제의 뿌리였다는 사실과, 생각들이 모두 반복되는 답 없는 고민이라는 사실을 알아차리게 되었습니다.

내 우울증의 정체를 제대로 직면하게 되었고, 과거와 현재, 실재와 환상, 나와 타인, 내면세계와 외부현실, 의식과 무의식의 모든 영역을 총체적으로 점검하는 '몰입의 장'을 열 수 있게 되었습니다. 나 자신과 생에 대해 폭넓은 이해와 함께, 매 순간 어떠한 감정도 나의 온전한 선택이라는 사실을 명확히 알게 되었습니다. 이 사실을 명확히 환기한 이후, 우울감과 자괴감을 선택할 이유와 명분을 잃었습니다.

기존에 출간된 다른 몰입 관련 서적을 도서관에서 읽어봤지만, 쉽사리 실생활에 적용·활용할 수 있는 방법과 제시가 너무 부족하였기에, 더욱 차별화가 되는 『5분, 몰입의 기술』 책 자체에 몰입할 수 있었습니다. 책을 삼킬 듯 읽는 동안에 책 제목과 겉표지의 허술하고 빈약해 보이는 디자인과 주옥같은 내용이 도무지 매치가 되지 않아 "푸힛~" 하고 웃었던 감동과 감사의 그날이 다시 떠올라, 여유로운 미소가 절로 나오네요.

불과 수개월 전까지만 해도 지레짐작으로 남편과 아이 들볶기, 남과의 비교로 경쟁심 부추기기, 남 탓하기, 무대뽀로 이심전심 적용하기, 분노하기 등등으로 선무당 작두타기 하듯 119출동까지 하는 불쇼·칼쇼도 과감히 연출하는 통 큰 아내, 엄마였습니다. 그리고 이것으로도 부족해서 근심과 걱정으로 미래의 타임머신을, 슬픔과 후회를 안고 과거의 타임머신을 즐겨 타는 명수였습니다.

『5분, 몰입의 기술』을 활용하여 내 삶의 주인공이 되어 우울한 감정에 힘을 실어주지 않는 선택, '고른 호흡'과 '판단중지'로 편안한 상태의 존재감과 지복감으로 '지금·여기·나'로 오롯이 머무를 수 있음에 행복합니다.

• 몰입과 양심성찰로 이뤄낸 기적
서인호(가명, 21, 군인)

저는 중3 때부터 우울증을 심하게 앓았습니다. 우울증의 계기가 된 것은 '사회공포증'이었습니다. 중2 때까지 매우 밝고 씩씩하며 교우 관계가 좋았었는데, 사춘기 때 친구들과의 갈등을 몇 번 겪고 난 뒤로 점점 사람 대하기가 두려워져 당시 교우 관계가 많이 축소되고 안 좋아졌습니다. 학교 친구들과 어울리지 못하고 불편해지니 하루하루가 너무 답답하고 지옥 같았습니다. 마치 왕따 같았던 저의 상황이 부끄러워서 아무한테도 털어놓지도 못했고요.

시간이 지나도 이 상황을 어떻게 극복해야 할지 모르겠더군요. 점점 소심해지고 조용해져서 고등학교 때는 반에 친구가 하나도 없이 지내던 때도 있었습니다. 마음의 병이 치유되지 않은 채 오래 되니 좌절감이 쌓이고 쌓여 심한 우울증이 오더군요. 너무 심해져서 하루 종일 우울한 감정이 잠시도 없어지지 않고 계속되기도 했습니다. 이대로 계속 살 수는 없다는 생각에 이것저것 치료법을 찾아보다 홍익학당을 알게 되었습니다.

학당에서 제시하는 방법은 심리치료의 약물요법과 인지행동치료와 같더군요. '깨어있음'은 약물요법과, '양심성찰'은 인지행동치료와 비슷합니다. 명상으로 천연 약물인 세로토닌과 같은 호르몬을 나오게 하고, 타고난 옳고 그름을 판단하는 직관력을 통해 내 마음과 행동을 객관적으로 분석해보는 것이죠. 남이 해주는 것과 스스로 하는 것의 차이일 뿐이더군요.

 일어나는 생각들 하나하나에서 자명한 느낌이 드는지 찜찜한 느낌이 드는지를 따져보기 시작하니, 저는 굉장히 이상한 생각들을 많이 하고 살았더군요. 아마도 부정적인 마음상태로 너무 오래 지내다 보니 시야가 극도로 좁아져서 터무니없는 것들을 믿고 살았던 것 같습니다. 전 그때까지 제 눈빛이 너무 이상해서 제가 다른 사람을 쳐다보면 그 사람이 불편해할 것이라고 굳게 믿고 있었고, 남들 앞에서 말이나 행동에 조금이라도 실수를 하는 것이 공포감이 들 정도로 수치스러운 일이라고 여겼습니다. 그리고 과거와 달리 소심하게 변한 제 모습도 너무 추하고 부끄러워 보였습니다.

 생각이 바뀌면 감정이, 감정이 바뀌면 행동이, 행동이 바뀌면 운명이 바뀐다는데, 이런 생각이 머릿속에서 자꾸 돌아가니 제가 그렇게 행동할 수밖에 없던 거구나 싶더군요. '양심성찰'로 이 생각들만 틀렸다는 것을 확신하게 되면 자연히 생각에서 감정, 행동 순으로 변화가 있을 것이라 생각했습니다.

 생각만큼 변화가 빨리 오지는 않았습니다. 공부의 개념을 잡고 "모른다!" 명상에 익숙해지는 데에도 시간이 오래 걸렸습니다. 그리고 항상 머리가 우울한 생각과 감정으로 마비되어 있어서, 양심성찰이 잘 안 되었습니다. 너무 막막하고 어렵게 느껴졌습니다. 빨리 고치고 싶은데 잘 되지 않으니 초조하고 짜증도 많이 났습니다. 그러나 조금씩 "모른다!" 하는 힘이 커져가며 마음을 덜 시끄럽게 만들어가자 가끔씩 자명한 아이디어가 떠오르기 시작했습니다.

내 눈빛이 이상하다고 생각한 것, 이것이 자명하지는 않다는 느낌이 들긴 했습니다. 그런데 뭐가 올바른 판단인지는 또 바로 떠오르질 않더군요. 빨리 답을 내야겠다고 생각하니 머릿속이 더 어지러워질 뿐이었습니다. 몇 번 해보다 잘 안 돼서 포기하고 다시 우울한 생각과 감정 속에 빠져서 한참을 지내고, 또 너무 괴로워서 명상하고, 또 조금 살 만해지면 다시 한 번 분석을 시도해보기를 몇 번을 반복했는지 모릅니다. 아무래도 오랜 우울증을 겪은지라 보통사람보다도 마음을 고요히 하고 양심성찰을 하기가 몇 배로 힘이 들더군요.

그러던 어느 날 명상 중에 문득 이런 생각이 떠오르더군요. "가족들과 있을 때는 내 시선이 부담스럽지 않을까 하는 생각조차 잘 안 하잖아? 이건 그냥 내가 남들을 대하기가 무서워서 일어난 생각 같은데." 그리고 이 생각이 옳다는 확신이 들더군요. 드디어 찜찜한 생각을 자명하게 바꾼 것입니다. 하지만 이것만으로는 아직 남들과 눈 맞추기가 힘들다는 문제가 해결되진 않더군요.

하지만 "모른다!" 실력이 조금씩 늘수록 자명한 아이디어가 쌓이고, 그래서 번뇌가 줄고 그러면 더 "모른다!"가 잘 되고, 그러면 또 자명한 것이 조금 늘고, 이런 과정을 몇 년간 거치다 보니 현재는 놀라울 만큼 좋아졌습니다. 우울한 감정이 며칠이고 계속되는 증상은 자취를 감추었고, 남들과 눈 마주치는 것과 남 앞에서 실수하는 것을 극도로 두려워하는 것이 사라졌고, 또 소심한 자신의 모습을 싫어하지도 않게 되었습니다.

처음에 친구들과의 트러블이 있었을 때, 반 친구들 대하기가 왠지 두려웠던 그때, 곧장 마음을 고요히 하고 양심성찰을 해 주었더라면 공포증이나 그로 인한 우울증이 생기지도 않았을 것입니다. 트러블이 있었던 친구와 나 중에 누가 잘못했고, 누가 남의 배려를 안 하고 피해를 줬는가를 잘 따져서 자명한 방향으로 문제를 풀었다면요.

그리고 친구들과의 관계에서 두려움을 느끼는 자신이 굉장히 이상하고 추해 보였습니다. 그래서 그런 생각이 일어날 때마다 억지로 그것을 하지 않으려고 생각과 싸웠었습니다. 그러다 보니 그것은 점점 더 강화되고 습관화되어, 조금이라도 친구와 있을 때 그런 생각이 일어나면, 그렇게 느끼고 있다는 것을 남들에게 들킬까봐 두렵고 불안해지는 것이었습니다. 그런데 지금은 "그게 뭐 어때서?"라고 생각합니다. 사람이 그럴 수도 있지요. 그것이 추하거나 나쁘진 않은 것입니다. 그냥 좀 두려움이 생길 수도 있지 하고 넘어갔으면 전혀 문제되지 않았을지도 모릅니다.

이렇게 생각이 점차 바뀌자 오랜 시간에 걸쳐 인간관계도 다시 정상에 가깝게 회복되었습니다. 절대로 이 번뇌에서 벗어날 수 없다고 생각한 적도 많았는데, 정말 스스로도 믿기 힘든 변화입니다.

4장
천재들의 비밀 몰입사고법

우리가 몰입을 통해 '슈퍼의식'만 각성시킬 수 있다면,
우리 내면에서 놀라운 일이 벌어집니다. 모르던 것이 알아지고,
잊어버렸던 것이 생각나고, 불가능하던 것이 가능해집니다.
꼭 필요한 순간에 최선의 아이디어가 샘솟기도 합니다.

1
천재들의 사고법, 몰입사고법

우리가 '천재'라고 부르는 사람들이 일반 사람들과 다른 점은 '영감'을 자유롭게 활용할 수 있다는 것입니다. 그런데 '영감'이란 앞에서 살펴보았듯이 '슈퍼의식'의 작용일 뿐입니다. 영감을 통하여 나의 한계를 넘어서 모르는 것을 알아낼 수 있고, 안 되는 것을 되게 할 수 있는 자리가 바로 슈퍼의식입니다. 그리고 이것을 자유자재로 발휘하는 사람을 천재라고 합니다.

그런데 슈퍼의식이 없는 사람은 없습니다. 모든 사람의 마음속에는 '나라는 존재감'인 슈퍼의식이 자리하고 있습니다. 슈퍼의식이 없다면 의식과 무의식은 물론 우리의 몸까지 작동을 멈추고 말 것입니다. 슈퍼의식의 작용을 통해 우리는 매일매일 생각하고 말하고 행동하고 몸을 움직이며 살아갈 수 있습니다. 자신의 내면에 존재하는 이 슈퍼의식만 활성화시킬 수 있다면, 누구나 천재의 지혜와 재능을 발휘할 수 있는 것입니다.

슈퍼의식의 각성법은 바로 '몰입'입니다. 그러므로 천재들은 다른 말로 '몰입의 달인'이라고 부를 수 있습니다. 또한 이러한 몰입을 우리가 자유롭게 활용할 수만 있다면, 우리도 천재들의 전유물로 여겨졌던 영감을 활용한 '창조적 사고'를 할 수 있습니다. 우리 앞에 닥친 문제들을 창조적으로 해결하고 싶다면 우선 몰입하십시오. 몰입으로 슈퍼의식을 각성시키십시오! 그리고 슈퍼의식의 후원을 받으며 문제의 창조적인 해결책을 생각하고 또 생각하십시오. 이렇게 몰입을 활용하여 집중적으로 생각을 하는 것을 '몰입사고법'이라고 부릅니다.

'몰입사고법'이야말로 인간이 할 수 있는 최고의 정보 활용법입니다. 동시에 역사상 존재했던 모든 천재들의 사고방법이었습니다. 도대체 몰입하지 않고 우리가 무엇을 정확히 알 수 있겠습니까? 우리는 집중하지 않고서는 절대로 원하는 정보를 정확히 알아낼 수도 없고, 또한 효과적으로 활용할 수도 없습니다.

이것은 누구나 아는 상식적인 이야기입니다. 이런 상식적인 원리를 효과적으로 활용하여 생각하고, 공부하고, 연구한다면 우리는 효과적으로 새로운 아이디어를 낼 수도 있고, 놀랍도록 새로운 창조적인 답안을 얻을 수도 있을 것입니다. 방법은 아주 간단합니다. 답을 얻고자 하는 그 문제에 먼저 마음을 다하여 '몰입'하고, 그 다음 우리가 얻고자 하는 답을 자명하게 '생각'하면 됩니다.

우리는 먼저 몰입하고자 하는 대상에 효과적으로 몰입할 수 있어야 합니다. 우리는 '몰입'을 통해서 대상에 집중하고, 대상만을 바라보고, 대상에만 관심을 가지면서, 대상에서 효과적으로 정보를 꺼낼 수 있는 마음상태를 만들 수 있습니다. 송나라의 철학자 주희朱熹는 『주자어류朱子語類』에서 다음과 같이 말합니다.

> 학문을 할 때에는 우선 한 곳에 마음을 모아야 한다. 한 가지를 이해할 때에는 우선 이 한 가지만 이해할 뿐이다. 걸어갈 때는 오직 걸어가는 데 마음을 두며, 앉을 때는 오직 앉는 데 마음을 둔다.

이러한 몰입사고법이야말로 조선 선비들이 모범으로 삼았던 학문의 방법이었습니다. 대상에 대한 몰입은 대상을 반복적으로 암송하는 행위를 통해 유도될 수 있습니다. '몰입'이란 바로 '집중'을 말합니다. 그리고 그 집중은 즐겁고 신이 나며 환하고 밝은 집중입니다. 이러한 '집중'을 통해 집중하려는 대상 외의 다른 대상을 향하는 잡념은 모두 제거될 수 있습니다.

대상에 대한 지속적인 암송 외에, 마음속으로 잡념들에 대해 "나는 너를 모른다!"라는 단호한 선언을 반복함으로써 잡념을 차단할 수도 있습니다. 잡념의 먹이인 관심을 차단하여 잡념을 고사시킴으로써 잡념을 효과적으로 차단할 수 있습니다. '대상에 대한 암송'과 '판단 중지'를 통해 잡념을 완벽히 차단한 '몰입'은 '슈퍼의식의 각성'을 불러옵니다. 슈퍼의식이 각성될 때 뇌에서 '도파민'이 분비되는데, 도파민이 분비되면 뇌는 신바람이 나서 영감과 창조성이 번뜩이게 됩니다.

또 슈퍼의식은 학습과 창조적인 사고에 최적의 뇌파인 알파파(α-wave)와 세타파(θ-wave)를 활성화시켜서, 우리 뇌의 '사고력'과 '기억력'을 극대화시킵니다. 그래서 까마득히 잊어버렸으나 지금 이 순간 꼭 떠올려야 하는 정보를 최적의 타이밍에 생각나게 해주며, 한 번도 생각해본 적이 없는 놀라운 아이디어를 문득 떠올릴 수 있게 해줍니다. 이런 신비한 능력은 오직 슈퍼의식에 의해 가능합니다. 슈퍼의식에 의해 활성화된 무의식은 우리 내부에서 남모르게 작용하여, 의식이 창조적인 답안과 까마득히 잊고 있던 기억을 떠올릴 수 있도록 도와줍니다.

이렇게 집중된 마음으로 오직 대상만을 바라보고 생각할 수 있을 때, 우리는 '창조적인 생각'을 할 수 있는 최적의 조건을 확보할 수 있습니다. 만약 이러한 상태가 아니라면 생각에 앞서 '몰입'에 더욱 힘써야 합니다. 긍정적인 답안을 끌어낼 수 있는 상태가 아닐 때는 아무리 생각을 해도 답이 나오지 않습니다. 오히려 스트레스만 가중될 뿐입니다. 생각을 하기에 앞서 생각이 최적의 결실을 맺을 수 있는 최적의 조건, 즉 사고력과 기억력이 극치에 이르는 '몰입 상태'를 유도하십시오.

몰입사고법은 몰입 상태에서 정보를 정확히 입력하고, 빠르게 검색하고, 창조적으로 조합하고, 효과적으로 출력하는 사고의 기술입니다. 이러한 정보의 입력 · 검색 · 조합 · 출력은 오직 '몰입 상태'에서 이루어져야 합니다. 이것이 몰입사고법의 핵심입니다. 천재들의 능력인 영감을 자유자재로 활용하고 싶다면, 자유자재로 몰입 상태에 들어갈 수 있어야 합니다. 생각이 몰입 상태에서 이루어지느냐가 몰입사고법의 관건인 것입니다.

몰입 상태를 만들고 생각을 시작했다고 하더라도, 생각이 지속되는 과정에서 대상에 매몰되거나 스트레스 상태에 빠질 수가 있습니다. 흐리멍덩한 무의식 상태에 빠지거나, 답이 빨리 얻어지지 않는다고 초조해질 수 있다는 말입니다. 과정을 즐겨야 하는데 결과에 대해 집착하게 되니까 스트레스가 생깁니다. 이러한 집착과 스트레스는 몰입 상태를 깨버리고 맙니다. 출발은 좋았는데 몰입사고가 진행되는 과정에서 몰입 상태가 깨져버린 것입니다. 몰입 상태가 깨진 생각은 더 이상 몰입사고가 아닙니다.

:: 몰입해서 생각하기 ::

몰입 상태에서 벗어나버린 매몰된 상태·긴장된 상태에서는 아무리 연구해도 원하는 답, 창조적인 답이 나오기 힘듭니다. 더 이상 '몰입사고'라고 부를 수 없는 상태에 빠져버리고 맙니다. 이러한 상태에 빠지면 주저할 것 없이 무조건 다시 '몰입 상태'를 만드십시오. 혹시 '대상에 대한 몰입'이 힘들 정도로 정신상태가 흔들렸다면, 들이쉬고 내쉬는 '호흡'과 '판단중지'를 활용하여 정신을 다시 하나로 모이게 만드십시오.

그래서 정신력을 충전한 뒤에, 다시 '대상'을 향해 몰입하십시오. 오직 대상만 생각하고 대상만 마음속으로 암송하십시오. 그래서 대상만을 생각하고 대상만을 느끼는 '몰입 상태'를 만드십시오. 이렇게 몰입이 이루어지면, 뇌가 다시 활성화되면서 기억력과 사고력이 살아납니다. 이렇게 몰입 상태가 다시 조성되었을 때, 생각하고 또 생각하여 창조적이고 긍정적인 답안을 찾아내십시오. 이것이 몰입사고법의 핵심입니다.

유튜브(YouTube): 윤홍식의 대학생을 위한 몰입 학습법

2
몰입을 통한 뇌의 기능 향상

'뇌파'(Brainwave)란 뇌에 나타나는 전기적인 신호입니다. 즉 우리 정신 자체는 아니지만, 정신의 작용이 뇌에 남긴 흔적입니다. 우리는 이 뇌파의 분석을 통해 내면의 정신상태가 어떠한지를 측정할 수 있습니다. 평상시 우리가 일상생활을 영위할 때 주로 나타나는 뇌파는 '베타파'(β-wave)입니다. 이 뇌파는 거친 의식, 안정을 모르고 이리저리 요동하는 의식, 산란하고 분산된 의식을 나타냅니다.

우리가 평상시 공부를 하고 연구를 해도 좋은 답을 잘 얻지 못하는 이유가 바로 여기에 있습니다. 몰입되지 않은 마음, 분산되고 산란한 마음에는 어떠한 좋은 답도 떠오르지 않습니다. 오직 고요하고 집중된 마음에 좋은 답이 선명히 떠오릅니다. 공부를 하거나 어떤 문제에 대해 집중적으로 연구하기 전에는 반드시 '몰입'을 통해 보다 고요하고 영감을 끌어내는 뇌파를 활성화시킬 수 있어야 하겠습니다.

베타파보다 훨씬 고요하며 편안하고 집중된 뇌파가 바로 '알파파'(α-wave)입니다. 알파파가 활성화된 뇌는, 최적의 조건에서 공부를 하고 생각을 진행할 수 있습니다. 이때는 어느 정도 몰입 상태에 들어가서 슈퍼의식을 맛보고 활용할 수 있는 단계이기 때문에, 몸과 마음이 편안하고 쾌적하여 집중적인 생각을 하기에 최적입니다. 알파파가 지속되는 한 이러한 상태를 유지하면서 자유롭게 공부하고 연구할 수 있습니다. 이 단계에서 몰입이 더욱 가속화되면 '세타파'(θ-wave)가 나타나기 시작합니다. 세타파는 신비의 뇌파로 슈퍼의식의 영감이 극도로 발휘되는 뇌파 단계입니다. 이 단계에서 우리는 놀라운 영감과 창조적인 답안을 얻을 수 있습니다.

베타파 (β-wave 14~30Hz)	평상시
알파파 (α-wave 8~14Hz)	이완·몰입
세타파 (θ-wave 4~8Hz)	꿈
델타파 (δ-wave 0.5~4Hz)	수면

:: 뇌파의 구분 ::

평상시의 베타파를 넘어서 몰입과 영감·창조력의 뇌파인 알파파·세타파를 자유롭게 활용하려면, 몰입의 달인이 되면 됩니다. 우리가 언제 어디서든지 자유롭게 몰입할 수 있다면, 언제 어디서든 뇌파를 자유롭게 조절할 수 있습니다. 몰입으로 우리 내면의 슈퍼의식이 드러나면 알파파와 세타파 상태는 자연스럽게 나타납니다. 자연스럽게 몸과 마음이 편안해지고, 자연스럽게 영감과 창조적 아이디어가 샘솟습니다.

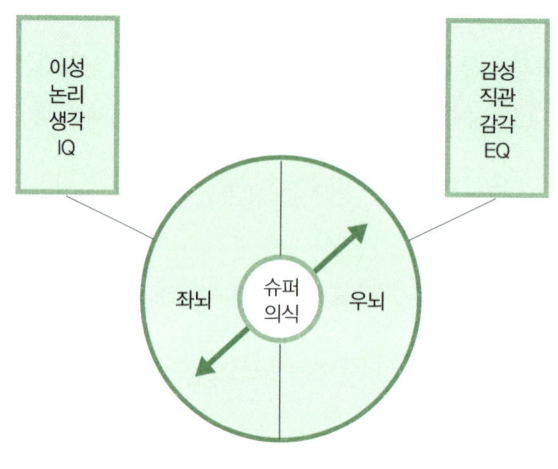

:: 좌뇌와 우뇌의 기능 ::

이렇게 몰입으로 뇌파를 고요하게 할 수 있다면, 우리의 뇌 전체를 활성화시킬 수 있습니다. 우리의 뇌는 '좌뇌'와 '우뇌'가 서로 다른 기능을 하고 있습니다. 좌뇌는 주로 우리의 '이성'을 담당하는데, 이성이란 우리가 사물을 대할 때 '개념'을 정립하고 개념들 간의 관계를 논리적으로 따지고 추리하는 것을 말합니다. 이에 반해 우뇌는 '감성'을 담당하는 자리입니다. 그래서 개념으로 따지기 이전의 원초적인 좋고 싫음, 대상에 대한 직관적인 느낌이나 이미지, 타인과 사물에 대한 감정 등을 주로 다룹니다.

슈퍼의식은 좌뇌와 우뇌를 초월하는 자리입니다. 앞에서 살펴보았듯이 슈퍼의식은 의식과 무의식을 모두 초월하여 양쪽에 두루 긍정적인 영향을 주는 자리입니다. 마찬가지로 슈퍼의식은 좌뇌와 우뇌 양쪽에 두루 긍정적인 영향을 줍니다. 그래서 이성을 맡은 좌뇌와 밀접한 연관이 있는 'IQ'(Intelligence quotient, 지능지수), 감성을 맡은 우뇌와 밀접한 연관이 있는 'EQ'(Emotional quotient, 감성지수)에 모두 긍정적인 영향을 줄 수 있습니다. 반면 좌뇌와 우뇌를 초월한 양심과 직관의 영역인 슈퍼의식은 'SQ'(Spiritual quotient, 영성지수)와 관련되어 있습니다. 영성지능이 잘 계발되면 이성과 감성이 조화를 이룰 수 있습니다.

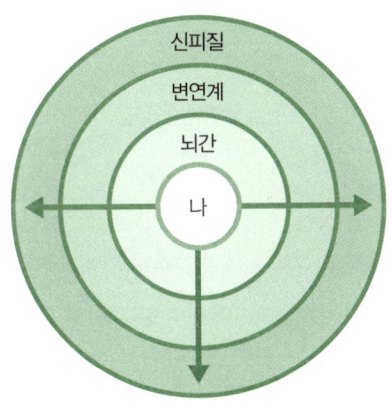

:: 뇌의 3부분을 활성화시키는 슈퍼의식 ::

좌뇌·우뇌를 떠나서 뇌의 전체적인 모습을 가지고 살펴보면, 뇌는 크게 ① 대뇌 신피질 ② 대뇌 변연계 ③ 뇌간으로 이루어져 있습니다. 이 중 '대뇌 신피질'은 전두엽을 중심으로 '이성'의 영역을 담당하며, '대뇌 변연계'는 '감성'의 영역을 담당하며, '뇌간'은 생명의 유지와 육체의 조절을 담당합니다.

이 중 변연계는 우리 몸의 항상성을 유지하는 '시상하부'와 감정을 관할하는 '편도체', 단기기억을 관할하는 '해마'로 나뉩니다. 또한 변연계와 뇌간은 '구피질'이라고 불립니다. 슈퍼의식은 이러한 영역을 두루 관장하는 자리입니다. 따라서 몰입을 통해 슈퍼의식이 우리 내면에서 밝게 빛나게 되면, 의식·무의식에 두루 긍정적인 영향을 미쳐 뇌의 3부분을 모두 활성화시키며, 뇌의 신피질과 구피질이 서로 조화를 이루게 합니다. 그래서 의식과 무의식은 서로 협조하게 되며, 이성과 감성은 서로 조화를 이루고, 육체의 생명활동도 조화롭게 이루어집니다. 뇌는 건강해지고 활성화됩니다.

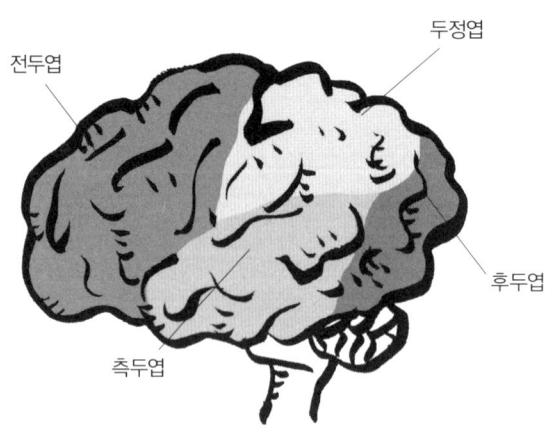

:: **대뇌 신피질 각 부분** ::

이 중 '대뇌 신피질'을 각 부분에 따라 그 기능을 구분해본다면, 생각이나 계획 그리고 창조력과 이성에 의한 통제 등을 담당하는 '전두엽'과 청각이나 청지각 그리고 장기기억에 관여하는 '측두엽', 시각적 영상에 대한 시지각을 담당하는 '후두엽', 시지각과 체감각에서 들어온 정보를 통합하여 공간적·입체적으로 사고하는 '두정엽' 등으로 나누어 볼 수 있습니다. 보고 듣고 생각하고 이해하고 기억하는 모든 영역을 두루 관장하는 뇌의 각 부분들은 모두 슈퍼의식의 지배를 받습니다. 그러니 고요하되 또랑또랑 선명한 슈퍼의식이 각성되면, 각 부분들은 극도로 활성화될 것입니다.

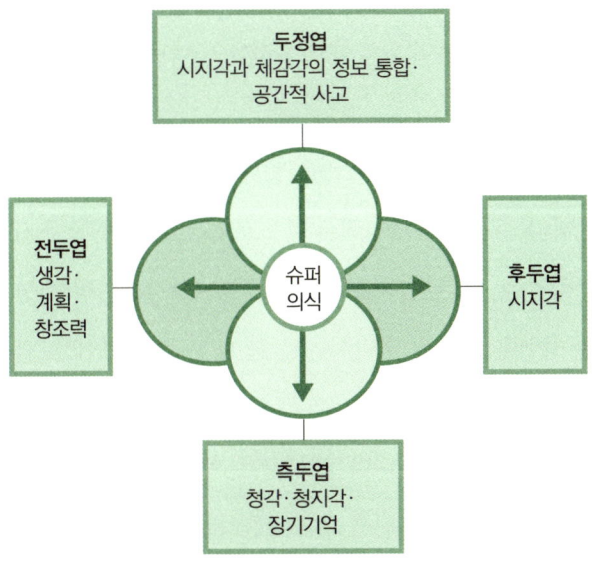

:: 대뇌 신피질 각 부분의 기능 ::

뇌 자체가 '정신'은 아닙니다. 뇌는 정신을 담은 그릇일 뿐이며, 정신이 활용하는 컴퓨터일 뿐입니다. 뇌의 각 부분이 활성화된다는 것은 정신이 가진 고유의 능력들을 더 잘 발휘할 수 있다는 것일 뿐입니다. 그러니 뇌 자체의 활성화도 중요하지만, 슈퍼의식의 각성이 더욱 중요합니다. 슈퍼의식이야말로 뇌를 가장 잘 활용할 수 있는 주인공이기 때문입니다.

아무리 좋은 컴퓨터가 있어도 제대로 알고 활용하지 않으면 단순한 고철덩어리에 불과하듯이, 우리가 슈퍼의식을 각성시키지 못하면, 아무리 좋은 뇌도 단순 작업만 반복하다 세상을 하직하게 될 것입니다. 뇌를 진정으로 활용하는 주인공이 되고 싶다면 몰입하십시오. 몰입해서 생각하고 연구하고 결정하십시오. 대상만을 바라보고 대상만을 느껴서, 오직 대상만을 향하는 몰입 상태를 만드십시오. 그리고 '뇌'의 각 부위들이 활성화되는 것을 느껴보십시오.

슈퍼의식이 각성되면 뇌가 춤을 춥니다. 알파파와 세타파가 나타나면서, 뇌의 사고력과 기억력은 극도로 활성화됩니다. 우리는 엄청난 지적 희열을 주는 책을 보거나 강의를 들을 때 이런 체험을 합니다. 혹은 시험을 앞두고 벼락치기를 할 때 이런 상태에 도달해본 경험이 있을 것입니다. 더 이상 공부를 미룰 수 없을 때, 정신이 하나로 모이고 공부에 몰입이 됩니다. 그래서 한 번 본 것이 외워지고, 머릿속의 정보를 초고속으로 검색하고 조합하는 벼락치기가 가능해집니다. 모두 슈퍼의식의 작용입니다.

우리는 누구나 그러한 능력을 활용할 수 있습니다. 황홀한 지적 희열을 맛볼 때나, 위기에 몰려 급박한 상황에서만 무의식중에 슈퍼의식을 활용하는 것에 만족해서는 안 됩니다. 우리는 우리가 원하는 순간에 언제든지 의식적으로 슈퍼의식을 불러낼 수 있어야 합니다. 이것이 '몰입의 기술'이 필요한 이유입니다.

3
뇌를 바꾸는 몰입

우리 뇌의 CEO가 되는 부위는 바로 뇌의 앞부분인 전두엽의 '전전두피질'입니다. 뭔가를 계획하고 결정하며 충동을 조절하는 것은 모두 이 부위의 작용입니다. 그래서 우리가 골치 아픈 결정을 내릴 때는 이 부위가 과열됩니다. 뇌의 이 부위가 건강하게 작용하면, 우리는 뇌를 최고로 활용하여 몰입할 수 있으며, 긍정적이고 합리적인 결정을 할 수 있고, 올바른 삶을 살 수 있습니다.

실험에 의하면 '전전두피질'이 건강할 때는 '왼쪽 부위'가 활성화되며, 건강하지 못할 때는 '오른쪽 부위'가 활성화됩니다. 왼쪽이 활성화될 때는 ① 집중을 잘하며 ② 긍정적이고 ③ 책임감 있고 ④ 양심적이며 공감을 잘하게 됩니다. 반대로 오른쪽이 활성화될 때는 ① 산만하고 ② 부정적이며 ③ 무책임하며 ④ 자기중심적이며 비양심적이

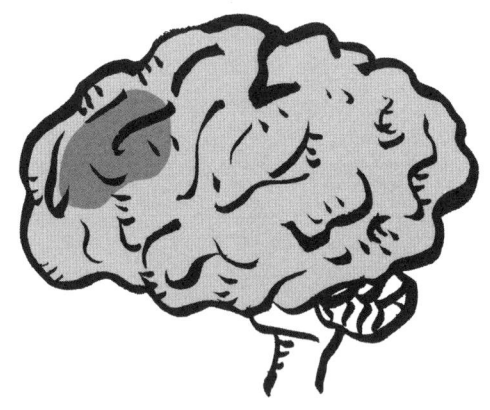

:: 전전두피질의 위치 ::

됩니다. 우리가 우리 삶을 긍정적으로 바꾸고 싶다면 먼저 뇌의 '왼쪽 전전두피질'을 활성화시킬 수 있어야 합니다.

그런데 놀라운 사실은 수많은 실험을 통해 검증해본 결과, '몰입'은 손쉽게 우리 뇌의 '왼쪽 전전두피질'을 극도로 활성화시킨다는 것입니다. 몰입으로 자신의 마음을 리셋(초기화)할 때, 우리 뇌는 긍정적이 되고 몰입력이 높아지며 양심적으로 변화한다는 것입니다. 그리고 왼쪽 전전두피질이 활성화되면 긍정적 호르몬이 샘솟아서, 마음과 몸을 신바람 나게 만들어줍니다. 이렇게 뇌를 바꿀 수 있으면, 우리는 얼마든지 '창조적 사고'를 할 수 있습니다.

4
몰입사고법은 직관사고법

　인간의 인식능력은 크게 3가지로 나누어 볼 수 있는데, ① 오감 ② 이성 ③ 직관이 그것입니다. '오감'은 보고 듣고 맛보고 냄새 맡고 촉감을 느끼는 것으로, 주로 경험세계에서 활용하는 인식능력입니다. '이성'은 오감을 통해 우리에게 주어진 개별적이며 구체적인 정보들을 '개념'을 활용하여 논리적이고 체계적으로 정립하는 인식능력입니다. 우리는 오감을 이용하여 객관사물들을 개별·구체적으로 보고 느끼며, 이성을 활용하여 개별 사물들 내부를 관통하는 보편·추상적인 진리를 추리합니다.

　이 2가지 인식능력은 우리가 일상생활에서 주로 사용하는 것들이라 새로운 것이 아닙니다. 우리들이 몰입하지 않고도 얼마든지 자유롭게 활용할 수 있는 인식능력들입니다. 기본적으로 의식과 무의식만으로 얼마든지 활용 가능한 '오감·이성'에 비해 '직관'이라는 인식능력은 오직 슈퍼의식이 등장할 때만 활용할 수 있는 인식능력입니다. 사실 직관은 '슈퍼의식의 작용'입니다. 슈퍼의식이 우리 내면에서 탁월한 인식능력으로 작용하는 것을 '직관'이라고 부를 뿐입니다.

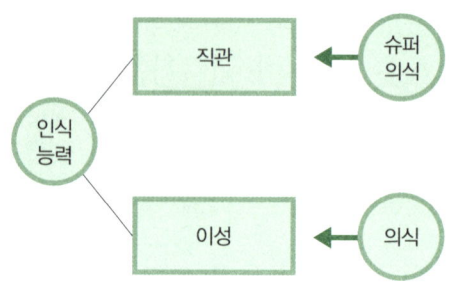

:: **직관과 이성** ::

몰입사고법은 무의식과 의식을 초월한 '슈퍼의식'을 활용한 사고기법입니다. 슈퍼의식이 바로 직관하는 자리입니다. 오감으로 느끼고 이성으로 이리저리 고민하고 추리해서 이치를 알아내는 자리가 아니라, 과거·현재·미래를 떠나서 그냥 곧장 진실을 바라보는 자리입니다. 사물의 본질이나 창조적 아이디어를 그냥 그대로 꿰뚫어 보는 자리입니다. 몰입으로 슈퍼의식을 각성시켜서 직관·이성·오감을 총동원하여 생각하는 기법이 몰입사고법이니, 몰입사고법은 바로 '직관사고법'입니다.

이 직관능력을 자유롭게 활용할 수만 있다면, 여러분은 지금까지 이 세상에 존재하지 않았던 놀라운 아이디어를 내놓을 수 있습니다. 지구 상의 많은 과학자들은 이 슈퍼의식의 직관·영감을 활용해서 지구상에 존재하지 않았던 놀라운 발명품들을 창조하여 왔습니다. 그러나 몇몇 천재 과학자들만 이러한 직관을 활용할 수 있는 것은 아닙니다. 우리 내면에는 누구나 슈퍼의식이 광명하게 빛나고 있으니까요. 우리는 누구나 원하는 대상에 몰입할 수 있는 능력이 있고, 또 이러한 몰입을 통해 놀라운 아이디어와 창조적 해답을 얻을 수 있습니다.

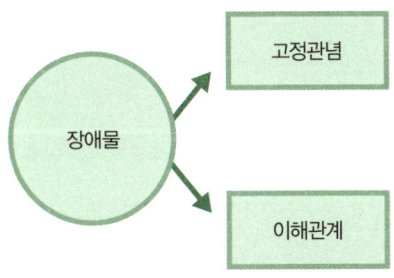

:: 2가지 장애물 ::

그런데 이걸 막는 장애물들이 있습니다. 대표적으로 2가지를 들 수 있는데, 하나는 지적인 장애물인 '고정관념'이며 하나는 심리적 장애물인 '욕망·이해관계'입니다. '고정관념'은 선입견·편견을 말하는데, 매너리즘에 빠져버린 생각입니다. 정형화된 생각이죠. 형체가 없는 생각은 원래 자유로워서 어떤 장벽이 없습니다. 그런데 우리가 항상 일정한 사고패턴만을 따르다 보니 자유롭던 생각이 일정한 방향으로 고착화되어 버린 것입니다. 세상에 길은 많은데도 우리는 매일 자주 다니는 일정한 길만을 오가며 살고 있는 것과 비슷합니다.

이것을 흔히 '관념의 벽'이라고 합니다. 실제 있는 물리적 벽이 아니기 때문에 얼마든지 넘나들 수 있는데도, 고정관념에 세뇌되어 절대로 넘지 못하는 무서운 벽이 되어버린 것입니다. 이러한 관념의 벽은 우리 생활에서 물리적 벽보다 더 무서운 힘을 발휘합니다. 그래서 어떤 문제든지 우리가 익숙한 고정관념을 통해서 우리는 그 사건을 바라보고 해결하려고 합니다. '색안경'을 끼고 보는 것입니다. 관념의 벽에 비하면 물리적 벽은 오히려 무너뜨리기 쉬운 존재입니다. 여간해서는 무너지지 않는 막강한 벽인 관념의 벽을 넘어서야만 진정한 자유와 행복을 맞이할 수 있을 것입니다.

'욕망·이해관계'는 심리적 장애물로서, 문제에 직면해서 문제를 풀어나갈 때 "나에게는 무슨 이득이 있는가?", "나에게 무슨 피해가 오는가?"만을 따지는 마음을 말합니다. 욕망이 있고 이해관계를 따지는 마음이 지나치게 강하면 필연적으로 '불안감'과 '두려움'이 따라옵니다. 강력히 원하는 것이 있으니, 원하는 것이 이루어지지 않을까 봐 불안하고 두려운 것입니다. 이러한 불안감과 두려움은 근본적으로 '욕망'에 기원합니다.

고정관념·편견이라는 지적인 장애물과 욕망·이해관계라는 심리적인 장애물을 내려놨을 때, 우리는 그 문제를 공정하고 창조적으로 해결할 수 있습니다. 매너리즘에 빠져버린 생각에서는 제한된 답밖에 나오지 않습니다. 그리고 자신의 이해관계를 너무 그 문제에 투영한다면, 좋은 답이라 하더라도 자신에게 불리할 때는 거부하고 부정하게 됩니다.

창조적 아이디어를 얻는 데 장애가 되는 2가지 장애물을 제거하고

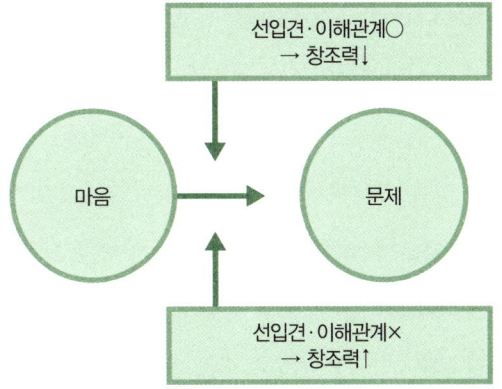

:: 몰입으로 문제 해결하기 ::

창조적이고 긍정적인 답을 얻기 위해 사고를 하고자 한다면, 무엇보다 '몰입'을 할 수 있어야 합니다. 문제를 앞에 두고 자신의 고정관념에 집착한다거나, 그 문제가 가져올 결과에 너무 집착해서는 결코 창조적이고 긍정적인 답을 얻을 수가 없습니다. 고정관념과 결과에 대한 집착에서 벗어나, 문제의 풀이 자체를 즐기며 몰입할 수 있어야 합니다. 문제를 창조적이고 긍정적으로 해결하는 것 자체를 즐길 수 있어야 합니다.

'대상'에 대한 몰입을 하든, '나'에 대한 몰입을 하든, 일단 슈퍼의식이 각성되면 자신의 '고정관념·편견' 그리고 '욕망·두려움·불안감'이 선명하게 잘 보입니다. 슈퍼의식이 드러나면 의식과 무의식의 잘못된 행태들은 백일하에 드러납니다. 그래서 기존의 잘못된 지적·심리적 장애들을 교정할 수 있는 무한한 창조력이 주어집니다. 따라서 몰입사고법이야말로 '창조사고법'입니다.

쓸데없는 매너리즘과 욕심 때문에 인류에 큰 도움을 줄 수 있었던 수많은 창조적 아이디어들이 사장되었습니다. 이런 역사적 사실들이 도처에 많았습니다. 다시는 말도 안 되는 고정관념과 몇몇 소수의 이해관계 때문에 인류 전체의 진보가 늦어지는 일이 있어서는 안 될 것입니다. 항상 몰입하여 사고하십시오. 우리 안에서 약동하는 사물의 본질과 창조적 아이디어들을 곧장 꿰뚫어 보는 슈퍼의식의 직관력을 드러내놓고 활용하십시오. 그러면 우리 각자의 미래는 물론 인류 전체의 미래가 반드시 달라질 것입니다.

5
동양고전에서 배우는 몰입사고법

동양에서는 예전부터 슈퍼의식을 각성시키는 '몰입'을 창조적 사고의 핵심으로 보고, 몰입을 통해 사고력을 기르는 '몰입사고법'을 강조해왔습니다. 여러 고전들에서 전해오는 몰입사고법에 대한 가르침들을 살펴보겠습니다.

유교의 대표적인 경전인 『대학大學』에서는 선비들의 최고 교육과정인 '대학'의 전 과정을 공부하는 데 가장 필수적인 요소로 '몰입사고법'을 꼽고 있습니다. 그래서 책의 첫머리에 다음과 같은 몰입사고의 요령을 실어놓았습니다.

> 대상에 머물러야 마음에 안정이 찾아온다.
> 마음이 안정되어야 고요해질 수 있다.

마음이 고요해져야 안락해질 수 있다.

마음이 안락해져야 연구할 수 있다.

연구를 해야 답을 얻을 수 있다.

『대학』에서 설명하는 내용은 그대로 우리가 앞에서 살펴보았던 '몰입의 4단계'입니다. 한 가지 주제에 대한 몰입이 단계별로 깊어지면서 다음과 같은 변화가 일어납니다. 먼저 ① 몰입하려는 주제에 몰입하고자 노력하고, ② 마음에 안정과 여유가 찾아오며, ③ 마음이 점차 고요해지고, ④ 마음이 지극히 안락해집니다. 몰입이 극치에 이르게 되어, 몰입하려는 주제에 대해 지극히 안락함을 느끼고, 시간이 흐르더라도 조금도 몰입력이 흐트러지지 않는 단계에 도달하게 됩니다. 이때가 바로 창조적인 해답을 찾기에 최적의 조건입니다.

· 몰입의 4단계 ·

❶ 머무르려는 노력 → 몰입의 1단계
❷ 마음이 안정됨　→ 몰입의 2단계
❸ 마음이 고요해짐 → 몰입의 3단계
❹ 마음이 안락해짐 → 몰입의 4단계

이때 고민하던 문제에 대해 이런저런 연구를 하고 합리적 사고를 하게 된다면, 슈퍼의식의 도움을 받아 놀랍도록 창조적인 해답을 얻을 수 있게 됩니다. 몰입을 통해 각성된 슈퍼의식은 우리의 '의식'을 기민하게 만들어주며, '무의식'을 사고과정에 전폭적으로 지원하도록 만들어줍니다. 이때 잊어버린 기억이 다시 떠오르게 되고 놀라운

정보의 조합이 가능해지며, 사물의 본질에 대한 명확한 직관이 가능해지고, 창조적인 해답과 아이디어가 우리 마음에 떠오르게 되는 것입니다. 이 방법은 슈퍼의식의 각성을 위해 '대상에 대한 몰입'이나 '나에 대한 몰입' 모두를 활용할 수 있습니다.

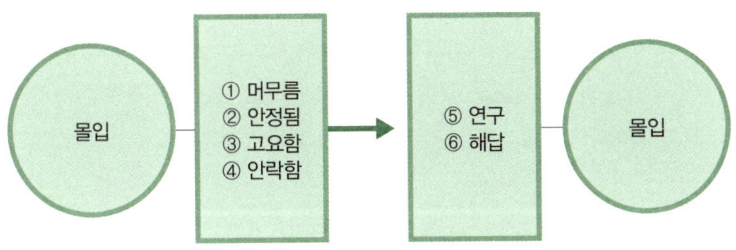

:: 몰입을 통한 해답 찾기 ::

또 다른 동양의 고전 『관자管子』에는 다음과 같은 슈퍼의식을 활용하는 몰입사고법이 소개되어 있습니다. 이 방법은 주로 '대상에 대한 몰입'으로 대상에 대한 정보를 얻고자 할 때 활용하는 방법입니다.

> 생각하고 생각하라! 다시 거듭 생각하라!
> 생각하여 통하지 않는다면
> 장차 하느님이 통하게 해 줄 것이다.
> 그러나 사실은 하느님의 힘이 아니라,
> 자신의 정신의 극치가 그렇게 한 것이다.

몰입사고법으로 우리가 해결해야 할 문제에 대해 잡념의 방해를 받지 않고 끊어짐 없이 생각할 수만 있다면, '슈퍼의식'이 반드시 감응하여 우리가 모르던 것을 알게 해줄 것이라는 가르침입니다. 또한 사람들은 그것을 밖에 존재하는 하느님이 우리를 도와주었다고 하겠지만, 사실은 우리 내면의 슈퍼의식이 그렇게 만든 것이라는 가르침입니다. 당연한 이야기입니다. 몰입하여 올바르게 생각한다면 반드시 우리가 원하는 창조적인 해답을 얻을 수 있을 것입니다.

:: 몰입을 통한 지혜의 계발 ::

동양 최고의 경전이라 추앙받고 있는 『주역周易』에도 다음과 같은 유명한 몰입사고법이 소개되어 있습니다. 여기에서는 순수한 '나에 대한 몰입'을 통해서 문제를 해결하는 것을 소개하였습니다. '대상에 대한 몰입'이 문제에 대한 지속적인 집중으로 해답을 얻은 경우라면, '나에 대한 몰입'은 문제를 완전히 망각하고 편히 쉴 때 문득 문제에 대한 해답을 얻은 경우라고 하겠습니다.

아무런 생각도 하지 말라.
아무런 행위도 하지 말라.
고요히 움직임 없이 존재하라.
홀연히 마음이 감응하여
천하 만물의 원리를 모두 꿰뚫어 알게 될 것이다.

우리가 모든 생각이나 행위를 내려놓고, 있는 그대로의 '순수한 자아'에만 몰입하여 있으면, 우리 내면에서 슈퍼의식이 발동하여 천하 만물의 모든 원리를 알 수 있게 되리라는 가르침입니다. 슈퍼의식은 우리의 개인적인 의식이 아니라 우주적인 의식입니다. 그래서 무한한 정보와 아이디어를 지닌 자리입니다. 슈퍼의식을 우리 내면에 불러일으킬 수만 있다면, 학문을 연구하고 일처리를 하는 데 있어서 무한한 영감과 직관을 얻을 수 있을 것입니다.

유학 중 성리학의 이론이 집대성되어 있어서 조선 선비들에게 큰 영향을 주었던 『성리대전性理大全』에는 다음과 같은 몰입사고법이 소개되어 있습니다.

> 사람이 항상 몰입할 수 있다면
> 그 마음이 항상 광명할 수 있다.

몰입은 우리가 우리 내면에 존재하는 의식·무의식상의 고정관념과 욕망·불안감·두려움을 모두 벗어날 수 있게 도와줍니다. 그래서 항상 광명하고 고요한 의식을 만들 수 있게 해줍니다. 슈퍼의식은 신바람이 절로 나고 희열이 절로 나며 시간이 가는 줄을 모르게 만드는 신비의 힘을 지니고 있습니다. 우리가 언제 어디서나 슈퍼의식을 불러낼 수만 있다면, 우리는 늘 광명할 수 있으며 늘 자명한 판단을 내릴 수 있습니다.

또 『성리대전』에는 다음과 같은 몰입사고법의 구체적인 팁이 소개되어 있습니다.

항상 생각하고 또 생각해야 한다.
충분히 생각하였으나 투철히 알지 못했다면
일단 그 문제를 내려놓아야 한다.
그리고 생각이 맑아질 때를 기다려
다시 생각해보아야 한다.
이렇게 하기를 오래 한다면
자연히 그 이해가 투철해질 것이다.

우리가 몰입사고를 한다고 해도 당장에 창조적인 답안을 얻을 수 없을지도 모릅니다. 그렇다고 낙망해서는 안 됩니다. 올바른 방식으로 몰입하고 생각했다면, 우리는 분명히 답에 접근해가고 있는 중일 테니까요. 결과물에 집착하다 보면 긴장과 스트레스가 발생하여 몰입 상태가 깨지게 될 것입니다. 몰입이 없이는 좋은 답도 없습니다. 원하는 답을 얻지 못한 경우에는 일단 그 문제를 내려놓고 여유를 가지면서 슈퍼의식을 점검한 다음 다시 그 문제의 풀이에 도전해야 합니다. 이러기를 반복하다 보면 반드시 우리가 원하는 답을 얻게 될 것입니다.

마지막으로 살펴볼 내용은 불교의 핵심 경전인 『법구경』의 가르침입니다.

명상이 없으면 지혜가 없고
지혜 없이 명상 또한 닦을 수 없다.
진리는 명상과 지혜를 따르니
이를 따를 때 열반에 도달할 것이다.

'몰입'을 통해 마음을 잡념으로부터 효과적으로 방어하여 슈퍼의식을 각성시키지 못하면, 결코 나와 세상을 관통하는 자명한 진리를 알 수 없을 것이라는 가르침입니다. 진리는 오직 '몰입'과 '몰입사고'를 통해서만 얻을 수 있다는 것입니다. 고정관념과 욕망에 휩싸인 의식·무의식으로는 참된 진리를 알 수 없습니다. 명상을 통한 슈퍼의식의 각성만이 우리를 지혜로 인도할 것입니다.

 유튜브(YouTube): 주자의 명상과 공부법

6
한 가지 일에만 몰입하기

'몰입사고법'을 활용하여 대상에 몰입하기 위해서는 먼저 '1가지 일'에만 집중할 수 있어야 합니다. 동시에 여러 가지 일에 모두 몰입을 잘할 수 있는 사람은 드물 것입니다. 항상 한 가지 일을 해결할 때는 그 일에만 전념해야 합니다. 따라서 어떤 일을 시작할 때는 먼저 "지금 이 순간 이 일에만 전념하는 것이 자명한가?"라고 확실히 따져봐야 합니다. 그래야 꾸준히 그 일에 몰입할 수 있습니다.

몰입을 할만한 가치가 불확실한 일을 대상으로는 꾸준한 몰입이 되지 않습니다. '긴급도'나 '중요도'를 따져봐서 지금 당장 꼭 해야 할 일이라는 것이 자명할 때, 일정한 시간을 정해놓고 그 일에만 몰입하는 것이 가장 효율적입니다. 긴급도도 떨어지고 중요도도 떨어지는 일에는 아무래도 몰입이 잘 안 됩니다. 그리고 일을 하는 도중에 다른 일로 방해받기 십상이죠. 그런 일은 되도록 시작하지 않는 것이 좋습니다. 시간과 정력을 투자할 일인지 아닌지를 명확히 구분한 뒤, 투자할 가치가 있을 때는 몰입해서 하자는 것입니다.

일단 몰입할 가치가 있는 일이라는 확신이 서면, 몰입사고법을 활용하여 오직 그 일만을 생각해야 합니다. 어떠한 잡념이 우리를 방해하더라도 대상을 향한 관심이 흔들려서는 안 됩니다. 지금 나에게 주어진 제한된 시간을 어디에 쓸 것인가를 먼저 자명하게 확정하십시오. 처리해야 할 '업무'에 시간을 투자할 것인지, 개인적인 '독서'를 하는 데 시간을 투자할 것인지, 아니면 '재테크'를 좀 더 잘하기 위한 투자정보를 모으는 데 시간을 투자할 것인지 분명히 결정하십시오. 이 셋을 오락가락 넘나들어서는 절대 안 됩니다. 셋 중 하나도 목적을 이루기 어려울 것입니다.

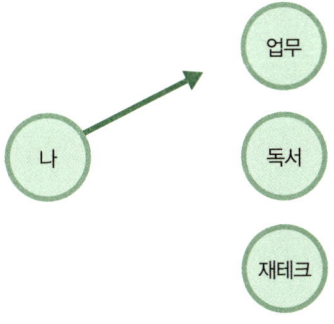

:: 한 가지 일에 집중하기 ::

'몰입사고'란 한 가지 대상에 깊이 몰입하여 그것에 대한 것만 생각하고 연구하는 사고기법입니다. 그러니 대상에 대한 몰입이 되지 않으면 진정한 창조적 사고·영감 어린 사고는 이미 물건너간 것입니다. 먼저 자신이 시간과 정력을 투자하기로 한 투자종목을 '하나'만 선정하십시오. 아니면 투자의 우선순위를 정하십시오. 아무튼 결론은 하나입니다. 여러 방안 중 한 가지만 하기로 결정했든, 여러 방안을 순서대로 처리하기로 결정했든, 지금 이 순간 내가 집중해야 할 대상은 오직 '하나'라는 사실입니다.

마음속에 투자종목을 결정하고 나면 오직 거기에만 시간과 정력을 투자하십시오. 다른 투자종목들은 애초부터 없었던 존재인 양 무시하십시오. 지금 '업무'를 처리하기로 결정했다면, '독서·재테크'에 대한 생각은 일체 관심을 끊으십시오. 그것들에 대해 생각이 나면 단호히 "모른다!", "나는 너를 모른다!"라고 선언하십시오. 아니면 "괜찮다!", "나는 지금 내가 하는 일에 진심으로 만족한다!"라고 선언하십시오. 이러한 '판단중지'를 통해 잡념을 차단하면 몰입은 비약적으로 빨라집니다.

7
분할하여 몰입하기

이제 여러 방안 중에서 지금 이 시간을 '독서'를 하는 데 투자하겠다고 결정했다고 가정하겠습니다. 그래서 책을 펴고 효과적으로 몰입하면서 책의 내용을 알아가려고 합니다. 그런데 문제가 있습니다. 책을 펴기 전에는 책 전체의 방대한 분량이 우리를 압박해오며, 책을 펴고 나면 한 페이지의 무수한 글자들이 우리를 압박해옵니다. "이것을 언제 다 읽지?"라는 탄식이 절로 나게 됩니다. 이유는 간단합니다. 우리의 '몰입력'보다 '몰입 대상의 규모'가 더 크기 때문입니다.

하지만 절대로 주눅들어서는 안 됩니다. 주눅이 들면 이미 패배한 것입니다. 몰입도 안 되고, 스트레스만 잔뜩 떠안게 될 것입니다. 한 권의 책에 아무리 많은 페이지가 있어도 결국 한 페이지씩 읽어가야 하는 것처럼, 한 페이지도 작게 쪼개서 각 단락별로 분할하면 읽기 쉬워집니다. 즉 큰 덩어리는 몰입하기 쉬운 단위로 쪼갠 뒤 집중해야 합니다. '몰입력'이 '몰입 대상의 규모'보다 우위를 점할 수 있도록 작게 분할하십시오. 한 단락 한 단락에 몰입해서 재미있게 읽다 보면 어느새 거대한 책 한권이 정복될 것입니다. 거대한 분량에 압도되어서는 절대로 끝까지 읽지 못할 것입니다.

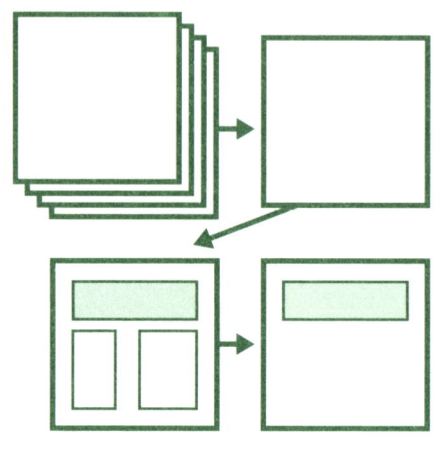

:: 분할하여 집중하기 ::

우리가 일반 책보다 만화책에 몰입이 잘 되는 이유에도 이러한 원리가 포함되어 있습니다. 일단 만화책은 그림으로 이루어져 있다는 점에서 훨씬 몰입에 유리합니다. 그러나 또 한 가지 숨겨진 원리가 있는데, 만화책은 한 컷 한 컷에 테두리가 그어져 있다는 것입니다. 지금 몰입해서 봐야 할 부분에 분명한 경계선을 그어놓은 것입니다. "지금은 오직 여기에만 집중해라!"라는 뜻이 담겨 있다고 볼 수 있습니다. 그래서 책보다 한 컷에 몰입하기가 훨씬 용이합니다. 책으로 비유하면 한 단락 한 단락에 테두리를 그어놓은 것과 같습니다. 그래서 이 책도 각 단락 사이에 여백을 두었습니다.

지금 이 순간 우리의 '몰입력'보다 몰입해야 할 '대상의 덩어리'가 더 크다면, 우리는 주눅이 들어서 몰입하기보다는 스트레스 상태에 빠지게 될 것입니다. 단락이 구분되지 않은 채 한 덩어리로 이루어진 책이 있다면 우리를 공포에 빠지게 할 것입니다. 적군의 수가 아군의 수보다 훨씬 많으니 어떻게 겁이 나지 않겠습니까? 적군보다 적은 수로 싸워서 승리하고자 한다면, 병법을 잘 구사하여 적을 약하게 하면 됩니다. 적군을 분할하여 각각의 덩어리가 아군의 수보다 적게 만들면 됩니다. '몰입력'보다 '몰입 대상의 규모'가 작도록 분할하십시오.

"이 정도면 내가 한번 몰입해볼 만하다."라는 자신이 생길 정도의 단위로 쪼개십시오! 우리의 '몰입력'으로 충분히 처리할만한 분량으로 대상을 쪼개서 몰입하십시오. 그래서 하나씩 각개격파 해나가면 됩니다. 책과 전투를 치르는 기분으로, 책을 몰입해서 읽어가십시오. 한 번에 하나씩 점령해가면 됩니다. 이때 다른 단락이나 다음 단락에 대한 생각은 잊어버리십시오. 도움이 되지 않습니다. 항상 '지금 이 순간'에만 몰입하십시오. 비단 독서뿐만 아니라 어떤 일이든 몰입사고를 하고자 한다면 분할하여 몰입하는 요령을 잘 활용해야 합니다.

8
몰입력 충전하기

 방전된 핸드폰을 충전하듯이, 몰입할 수 있는 정신력인 '몰입력'도 충전해야 합니다. 그래야 더욱 강력하며 지속적으로 몰입할 수 있습니다. 몰입력을 충전하는 방법은 간단합니다. 우리가 앞에서 살펴봤던 '나에 대한 몰입'을 시행하면 됩니다. 일체의 외부 대상에 몰입하는 것을 멈추고, 오직 몰입하는 '나 자신'에 대해서만 몰입하며 푹 쉬는 것이 나에 대한 몰입입니다. 그래서 나에 대한 몰입을 행하면 몰입력이 급속히 충전되는 것입니다.

 '대상에 대한 몰입'은 우리가 특정 대상에 몰입을 해서 사고력과 기억력을 최고의 컨디션으로 만든 다음 자유자재로 정보를 처리하고 활용하는 방법입니다. 이에 반해 '나에 대한 몰입'은 '몰입하는 주체'에 대한 몰입이니 충전용 몰입입니다. 그냥 순수한 내면의 공간에 들어가서 모든 것을 내려놓고 푹 쉬다 오는 것입니다. 나에 대한 몰입의 참맛을 알게 된다면, 이보다 더 황홀한 휴식은 없다는 것을 알게 될 것입니다.

'나'에 대한 몰입이 극치에 이르게 되면, 온 우주에 오직 '나'만 존재하는 무한한 해방감을 맛보게 됩니다. 여기서 '나'라는 것은 시시각각으로 변화하는 생각·감정·오감에 오염되지 않는 '순수한 나'(선험적 자아·절대적 자아)를 가리키는 말입니다. 즉 '슈퍼의식'에 해당하는 자리입니다. 그래서 나에 대한 몰입이 확고해질수록, 생각·감정·오감에 사로잡힌 '현실의 나'(경험적 자아·상대적 자아)를 옥죄는 모든 제약들로부터 자유를 얻게 되어, 슈퍼의식이 선사하는 절대적 해방감·무한한 충만감에 휩싸이게 되는 것입니다.

'슈퍼의식'이라는 자리는 우리가 아무리 부정하고 추잡스러운 생각을 하고 감정을 짓고 말과 행동을 하더라도 절대로 오염되지 않는 자리입니다. 그것은 차원이 다른 의식입니다. 일반적인 의식이나 무의식과는 차원이 다른 자리이죠. 그래서 부정적인 에너지에 의식과 무의식이 아무리 오염되더라도 조금도 영향 받지 않는 자리입니다. 또한 사는 곳이 누추하다고 더럽혀지지도 않으며, 집안 환경이 좋지 않다고 변질되지도 않고, 좋은 학벌이나 많은 재산을 가졌다고 더 나아지지도 않는 자리입니다. 그냥 항상 그렇게 존재하는 자리입니다.

"나의 몸과 마음은 더럽혀졌어!"라고 탄식할 때, 더럽혀진 몸·마음과는 별도로 몸과 마음이 더럽혀졌다는 사실을 똑똑히 '알아차리는 자'가 바로 '슈퍼의식'입니다. "나는 지금 분노로 이성을 잃을 지경이야!"라고 절규할 때, 분노로 이성을 잃어가는 전 과정을 냉정하게 '알아차리는 자'가 바로 '슈퍼의식'입니다. 이 의식만큼은 절대로 오염되지 않고 우리가 죽는 그 순간까지 생생하게 우리 내면에 살아있습니다. 아마 우리가 죽는 순간에도 죽어가는 우리 자신을 똑똑히 알아차리고 있을 것입니다. 언제 어디서나 생생하고 고요하며 평안 상태에 있는 이 '슈퍼의식', 즉 '순수한 나'에 모든 것을 맡기고 휴식을 취해보십시오.

답도 나오지 않는 꼬리에 꼬리를 무는 근심·걱정은 우리의 생명에너지를 좀먹고 우리의 의식을 부정적으로 만들 뿐입니다. 이런 상태에서는 무엇을 생각하고, 무엇을 연구하고, 무엇에 도전해도 백전백패입니다. 이런 상태에서는 뭔가에 도전하기 보다는, 먼저 자신의 몸과 마음을 추스를 수 있어야 합니다. '나' 이외의 어떤 대상에 대해서도 관심을 갖지 말아야 합니다!

그것이 '생각'이든 '감정'이든 '오감'이든 말입니다. 우리가 다른 대상에 관심을 갖는 순간, 우리는 그 대상에 동화되어 하나가 되고 말 것입니다. '돈'에 관심을 갖는 순간 우리는 돈 걱정에 빠져 처지를 비관하게 될 것이며, '우울함'에 관심을 갖는 순간 우리는 우울함과 하나가 되어 끝없는 우울함에서 빠져나오지 못하게 될 것입니다.

'나' 이외의 모든 대상에 대해서 "모른다!"라고 단호하게 선언하십시오. 그리고 지금 이 순간에 최대한 만족하면서 "괜찮다!" "감사하다!"라고 선언해보십시오. 자신의 들이쉬고 내쉬는 '호흡'을 주의 깊게 바라보는 방법을 활용하는 것도 아주 좋습니다. 어느 정도 여유가 생기면 오로지 '나'만을 마음속으로 암송하면서, '나' 이외의 대상을 향하는 모든 관심을 철수하고 깊은 휴식을 취해보십시오. 1분도 좋고 5분도 좋습니다. 잠깐의 휴식만으로도 우리의 몸과 마음은 놀랍도록 회복될 것이며, 몰입력은 극도로 충전될 것입니다.

9
몰입력 충전의 활용

몰입력의 충전을 잘 활용할 수 있다면 우리 삶은 말할 수 없이 풍요로워질 것입니다. 어떤 공부나 일을 열심히 하다가 다른 공부나 일로 전환할 때, '몰입력의 충전' 즉 '나에 대한 몰입'을 활용할 수 있습니다. 새로운 공부나 일로 전환할 경우, 조금 전까지 하던 공부나 일의 잔상이 몰입을 방해하기 쉽습니다. 이럴 때 '몰입력 충전'을 활용하여 단 5분이라도 충분히 휴식을 취한다면, 새로운 공부나 일에 몰입하기가 아주 쉬워집니다.

잠시나마 모든 접속을 끊고 순수한 상태로 존재했기 때문에 기존의 잔상이 쉽게 지워지며, '나'에 대한 몰입을 통해 슈퍼의식이 발현되기 때문에 새로운 공부에의 몰입이 쉬워집니다. 잠깐이라도 무심히 쉬는 게 아주 도움이 되는 것입니다. 잠시 쉬었을 뿐 아무것도 하지 않은 것 같지만, 실제로는 몰입력의 충전을 통해 우리의 몸과 마음에 생생한 에너지를 가득 채웠던 것입니다.

또한 무심히 쉬는 중에 평소에 그토록 간절히 찾던 창조적 해답이나 아이디어를 찾기도 합니다. 이것은 답이 없는 근심·걱정 속에서 방황하던 우리 마음이 안정을 찾게 되면서, 슈퍼의식을 통해 활성화된 '무의식'이 놀라운 아이디어를 우리 '의식'에 던져주기 때문입니다. 우리의 의식이 상상해보지도 못했던 놀라운 해답과 정보가, 무의식의 정보 검색과 조합을 통해 아무런 이유 없이 '문득' 우리 머릿속에 떠오르게 됩니다.

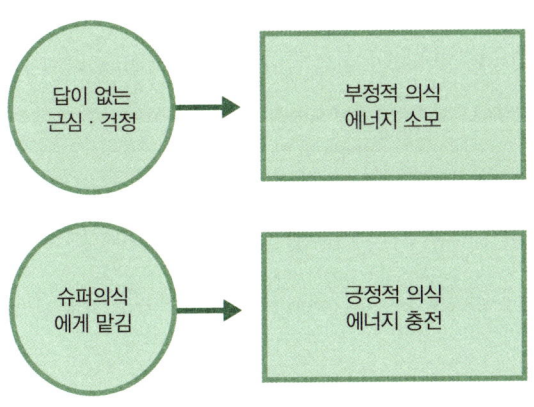

:: 슈퍼의식에게 맡기기 ::

꼬리에 꼬리를 무는 답이 없는 근심·걱정이 우리 마음을 휘저어 놓을 때는, 우리의 소중한 에너지가 쓸데없는 곳에 소모되면서 극히 부정적으로 변화합니다. 이때 만약 우리가 순수한 휴식인 '몰입력의 충전'을 행할 수 있다면 우리 내면에서는 놀라운 변화가 일어납니다. 우리가 우리 내면의 평온하고 고요한 자리인 '슈퍼의식'에게 모든 것을 맡기고 어떠한 근심과 걱정도 없이 진심으로 쉴 수 있다면, 우리의 의식은 긍정적으로 변화할 것이며 쓸데없이 소모되던 에너지가 충전될 것입니다. 이렇게 긍정적인 에너지가 충만한 상태에서는 무심히 쉬는 중에 무의식적으로 문제의 정확한 해답을 찾아내는 놀라운 '정신의 혁명'이 일어납니다.

이런 원리를 취침 시에도 활용할 수 있습니다. 일단 이런저런 고민을 접고 잠에 들기로 마음먹었을 경우, 깊은 숙면을 취할 수 있는 비법이기도 합니다. 꼬리에 꼬리를 무는 이런저런 근심·걱정들로 밤잠을 설치려 할 때는 모든 것을 잊어버리고 오로지 '나라는 존재감'만을 바라보고 느끼는 '몰입력의 충전'을 행하십시오. 잡념이 떠오르면 "모른다!"라고 단호히 선언하십시오. 그러면 우리의 숙면을 방해하는 모든 잡념들이 힘을 잃을 것입니다. 몰입력의 충전으로 내일의 새로운 삶을 활기차게 맞이하시기 바랍니다.

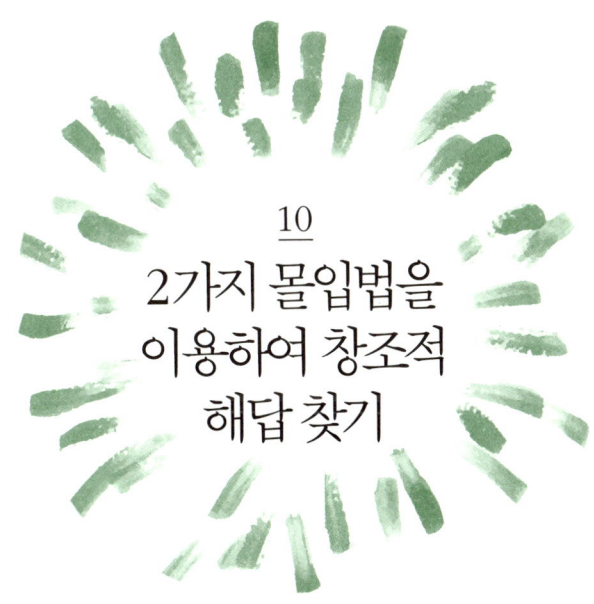

10
2가지 몰입법을 이용하여 창조적 해답 찾기

어떤 문제에 직면해서 창조적인 아이디어나 해결책을 간절히 찾고자 할 때는 2가지 몰입법을 함께 활용하면 좋습니다. 먼저 그 문제 즉 '대상' 자체에 몰입하는 방법이 있으며, 그 다음으로 문제를 내려놓고 문제에 직면한 '나 자신'에 대해 몰입하는 방법이 있습니다. 이 두 가지 몰입법을 자유로이 활용할 수만 있다면, 어떠한 문제가 닥쳐오든 창조적으로 해결할 수 있을 것입니다.

먼저 문제가 생겼을 때 손쉽게 활용할 수 있는 '문제'에 대한 몰입 요령을 살펴보겠습니다. 다른 '대상'에 대한 몰입과 마찬가지로, 오직 모든 관심과 애정을 문제 자체에만 향하게 하는 것이 중요합니다. 여유를 가지고 꾸준히 문제에 대해 집중적으로 생각하면서 "답은 무엇일까?"라고 지속적으로 암송해야 합니다.

이때 반드시 미소를 지으면서 문제풀이 과정 자체를 즐긴다고 스스로에게 선언해야 합니다. 답에 집착해서는 '몰입의 흐름'이 깨지게 됩니다. 최대한 여유롭고 즐거운 기분을 유지해가면서 문제의 답에 접근해가야 합니다. 문제 때문에 스트레스를 과도하게 받아서도 안 되며, 흐리멍덩한 정신으로 문제풀이에 임해서도 안 됩니다. 고요하고 편안하되 또랑또랑하고 선명한 '슈퍼의식' 각성 상태만이 문제를 가장 잘 풀어낼 수 있습니다.

혹시라도 답에 과도하게 집착하게 되거나, 부정적인 생각이 공격해 온다면, "모른다!" "괜찮다!"라고 단호히 선언해서 말끔히 물리쳐야 합니다. "문제를 풀지 못하면 어떡하지?"라는 절망적인 생각이 엄습해올 때는 단호히 "모른다!"라고 선언하면 됩니다. "큰일 났다!"라고 선언해버리면 정말로 큰일이 일어납니다. 더 이상 좋은 답을 찾는 것이 불가능해집니다. 항상 마음의 여유를 잃어버리지 말고, 부정적인 상념에 대해서는 '판단중지'를 활용하십시오.

"어떤 문제이건 최선의 답은 반드시 존재한다!", "그 답을 나의 슈퍼의식은 분명히 알고 있다!", "여유롭게 몰입할 수만 있다면 최선의 답이 자연스럽게 떠오를 것이다!"라고 확신하고 선언하십시오. 이러한 마음가짐으로 모든 문제풀이에 도전해야 합니다. 문제에 대해 여유롭되 깨어있는 마음으로 몰입할 수만 있다면, 분명히 최선의 답이 떠오를 겁니다.

문제에 대해 스트레스를 받는 마음, 여러 가지 문제에 산만해진 마음으로는, 우리 무의식에 이미 존재하는 좋은 정보들이나 아이디어들을 활용할 수가 없습니다. 그래서 아는 것도 잊어버리고, 풀 수 있는 문제도 풀지 못하게 됩니다. 그런데 한 가지 주제에 몰입하는 마음은 그 마음의 힘이 커지고 고요해지면서 슈퍼의식이 각성되기 때문에, 무의식에 저장된 정보들을 효과적으로 검색하고 활용합니다. 그래서 이 문제에 필요한 아이디어들이 머릿속에 물밀듯이 떠오르게 됩니다.

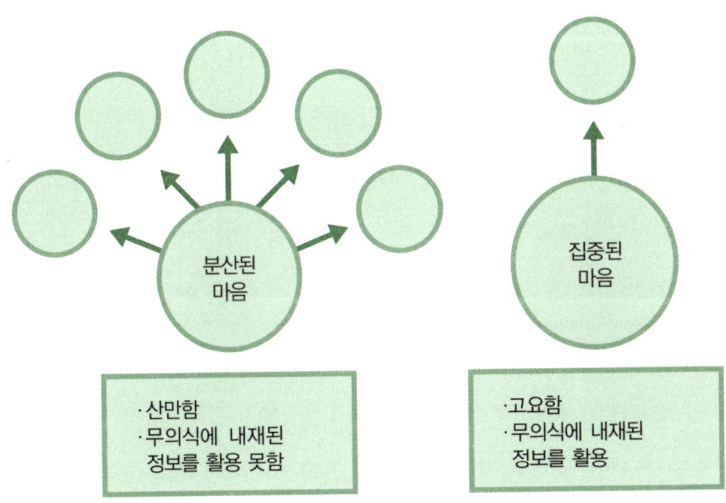

:: 분산된 마음과 집중된 마음 ::

이것은 전적으로 '몰입의 여부'에 따른 차이입니다. 건성으로 스트레스를 받으면서 문제에 집중한다면 알던 것도 잊어버리고, 즐거운 기분으로 미소를 지으면서 대상에 몰입한다면 잊어버렸던 것도 떠오른다는 원리를 잘 활용하십시오. 그러면 언제 어디서나 원하는 정답을 찾을 수 있을 것입니다.

하지만 우리가 원하는 시간 안에 최선의 해답이 떠오르지 않을 수도 있습니다. 이것은 억지로 되는 것이 아닙니다. 이런 경우에는 모든 것을 내려놓고 '나'에 대한 몰입을 활용하십시오. 아무래도 지금 당장은 그 답이 주어질 것 같지 않다는 판단이 설 때는, '나'에 대한 몰입을 활용해서 문제를 말끔히 잊어버리십시오.

'대상'에 대한 몰입은 문제에 최대한 매달려서 원하는 답을 얻는 방식입니다. 만약 애정을 주고 관심을 주고 매달렸는데도, 내가 원하는 답을 얻지 못했다면 그 문제를 완전히 무시해보십시오. 마치 그런 문제가 없는 것처럼 행동해보십시오. 골치 아픈 문제 때문에 스트레스를 받지 않고 평온한 마음을 유지하다 보면, 슈퍼의식이 각성되어 무의식의 정보를 활용하여 생각하지도 못했던 창조적인 해답을 내놓기도 하는 것입니다. 매달리던 상대를 완전히 잊고 평온하게 살면, 상대방 쪽에서 먼저 다가오기도 하는 것이죠.

모든 문제를 잊어버리고 '나 자신'만을 바라보십시오. 오직 '나'만 바라보고, "나!" "나!" 하면서 "슈퍼의식이 좀 알아서 해봐!" "슈퍼의식 너만 믿겠어!" 하고 잠시 쉬어보는 겁니다. 항상 이런 마음으로 살 필요는 없습니다. 하지만 일정 시간을 정해놓고, 잠시 동안 이렇게 한 번씩 몰입을 하면, 정신이 한번 새롭게 순환하면서 놀라운 답이 떠오르기도 합니다.

우리가 어떤 문제에 대해서 고민을 많이 했는데도 답을 얻지 못하다가, 산책 중에 휴식을 취하거나 편안하게 쉴 때, 문득 "아, 그 문제의 답은 이거였지!"라고 창조적인 아이디어가 떠오르는 경험을 해보셨을 겁니다. 바로 이러한 원리입니다. 문제를 최대한 몰입을 해서 풀어보다가 도저히 지금 당장은 풀지 못하겠거든 그 문제를 완전히 무시하고 그냥 즐겁게 지내십시오.

절대로 문제가 우리 자신의 기분을 우울하게 만들도록 허용해서는 안 됩니다. 문제를 풀지 못했더라도, 스트레스를 받아서도 안 되며 절망감에 휩싸일 필요도 없습니다. 그냥 '나'만 바라보고 즐기십시오. 그러면 우리는 슈퍼의식의 힘으로 창조적인 해답을 끌어낼 수가 있습니다.

유튜브(YouTube): 나에 대한 몰입, 대상에 대한 몰입

· 몰입의 달인 ·

이덕무

이덕무(李德懋, 1741~1793)는 비록 서얼 출신이었지만 정조대왕의
신임을 얻어 규장각에서 근무하며 혁혁한 공을 세웠던
조선의 천재입니다. '책만 보는 바보'라고 자신을 부를 정도로
독서를 좋아했습니다. 눈병이 걸려 눈을 뜰 수 없을 때도,
손가락이 다 동상에 걸려 책장을 넘기기 힘들 지경에 이르렀어도,
읽을 책을 구하고 다녔던 독서광이었습니다.
그는 독서를 할 때 몰입사고법을 활용하여 독서를 했는데,
독서로 인해 몸과 마음이 스트레스를 받게 되면
몰입력을 충전하여 다시 독서에 몰입하라고 충고하였습니다.

• 선비들에게 배우는 몰입 노하우 •

'나'에 대한 몰입

율곡栗谷 이이李珥(1536~1584)

해야 할 일이 있으면 원리에 맞게 일을 처리하고(일에 몰입),

책을 읽을 때는 정성껏 원리를 연구해야 한다(공부에 몰입).

이 2가지를 제외하고는 정좌靜坐하고

이 마음을 거두어들여서 고요히 하여

어지럽게 일어나는 잡념이 없게 하며,

마음을 항상 깨어있게 하여

흐리멍덩함에 빠지지 않게 해야 옳다(나에 몰입).

(『격몽요결』)

공부를 게임처럼 즐기는 비결

공부하는 학생에게 가장 큰 짐은 '공부'일 것입니다. '게임'은 너무나 재미있지만, 공부는 생각하는 것만으로도 스트레스를 받게 됩니다. 공부는 '결과에 대한 부담'이 너무나 크기 때문에 즐기기 어렵습니다. 모르던 '정보'를 하나씩 알아가는 공부가 재미가 없을 이유는 없습니다. 그러나 '좋은 성적'을 내야만 하는 공부는 스트레스를 유발하게 마련입니다. 아무리 재미있는 게임도 좋은 성적을 내야만 한다면 스트레스를 받게 될 것입니다.

'결과에 대한 부담'은 공부를 방해합니다. 성적에 대한 걱정이 우리 마음을 요동시키면, 우리의 시야가 좁아지게 됩니다. 더 이상 공부를 하기 힘들어집니다. 공부를 게임처럼 즐기고 싶다면 우선 '성적에 대한 걱정'을 잊을 수 있어야 합니다. 이런 '잡념'을 다스리지 못하고는 공부를 즐길 수 없습니다. 성적에 대한 걱정만 잠시 내려놓을 수 있다면, 우리는 공부의 재미에 푹 빠질 수 있습니다. 공부가 게임보다 더 재미있을 수도 있습니다.

우리가 마음을 '초기화'할 수만 있다면 우리는 공부를 재미있게 즐길 수 있습니다. 컴퓨터도 자주 리셋을 해가면서 써야 제대로 쓸 수 있듯이 인간의 마음도 동일합니다. 공부를 방해하는 '잡념'이 일어날 때마다 자주 '리셋'할 수 있으면 됩니다. 그러면 누구나 자신의 재능을 100% 이상 발휘할 수 있습니다. 공부를 게임보다 더 즐길 수 있습니다.

우리는 게임을 할 때는 신바람이 나서 합니다. 그러나 정작 자신의 인생에 너무도 중요한 '공부'를 할 때는 흥미를 잃고 짜증을 내면서 합니다. 공부도 게임처럼 재미있게 할 수 있다면 얼마나 즐거울까요? 먼저 자신의 '호흡'에 집중하며, "모른다!" "괜찮다!"를 단호히 선언하여 '마음'을 리셋하십시오! 그리고 다음 사항들을 유의하면서 공부를 즐겨보세요.

• 공부를 게임처럼 즐기는 요령 •

❶ '공부'와 '시험'은 단지 게임일 뿐입니다. 그리고 나는 프로게이머입니다.
❷ 주어진 시간 안에 '적의 정보'를 명확히 파악하는 자가 승리합니다.
❸ 쓸데없는 에너지의 낭비를 일체 막고, 오직 '공부'(게임)에만 에너지를 쏟을 수 있어야 합니다.
❹ '공부'(게임)에 도움이 되는 정보를 최단기간에 흡수해야 합니다.
❺ 늘 정신을 차리고 있으면서 아군과 적군의 각 진영을 체크해야 합니다.
  '아군'(이미 아는 정보)을 잘 챙기면서 '적군'(아직 모르는 정보)을 계속 정복해가야 합니다.
❻ 강한 적은 약하게 만들고 작게 만들어야 합니다. 공부해야 할 정보가 많을 때는 정보를 쪼개서 하나씩 정복해야 합니다.
❼ 항상 승리를 확신해야 합니다. 적들에게 두려움을 느껴서는 안 됩니다. 마음이 조급해질수록 "몰라!" "괜찮아!"를 선언하고 미소

를 지어야 합니다.
❽ 실전은 속전속결입니다. 빠르게 읽고 빠르게 생각하고 빠르게 기억하는 것을 연습해야 합니다.
❾ 이론은 이론일 뿐입니다. '문제풀이'야말로 실전입니다. 먼저 강해진 뒤에 싸우는 것이 아니라, 싸우면서 강해져야 합니다. 많은 문제를 풀면서 실력을 쌓아가야 합니다.
❿ 공부나 게임이나 '자신의 성장'(정보의 습득)을 즐겨야 합니다. 남과의 비교는 금물입니다. 스스로의 성장을 칭찬해주세요.

창조력을 끌어내는 비결

자신이 좋아하고 잘할 수 있는 일, 나와 남 모두에게 이로운 일, 진실에 기반을 둔 자명한 일에 목숨을 걸고 몰입하십시오. 이것이야말로 무한한 영감과 창조력을 끌어내는 최고의 비결입니다.

이 비결만 안다면 우리는 어떠한 현실적 위기도 창조적으로 돌파할 수 있습니다. 위의 조건에만 부합한다면 일의 크고 작음에 상관없이 최선을 다해야 합니다. 아무리 사소한 일에 몰입하더라도, 그 일에서 얻은 영감과 창조력은 우리를 더 큰 일로 인도할 것입니다.

현실의 한계에 짓눌려 더 이상 창조력을 끌어낼 수 없다고 스스로 억측하고 포기하는 일, 이것이야말로 우주적 영감과 창조력을 스스로 차단하는 최고의 비결입니다

좋아하고 잘할 수 있어야만 몰입이 가능하며, 나와 남 모두에게 이로워야만 몰입이 끊임없이 강해질 수 있으며, 진실에 기반 한 자명함을 갖추어야만 몰입이 현실적 창조로 이어질 수 있습니다.

 유튜브(YouTube): 창조성을 끌어내는 비결

나의 몰입 이야기

- **경영자의 몰입 체험**
  오승훈(50, 사업)

직원 35명과 경영 컨설팅 회사를 운영하고 있습니다. 얼마 전에 약 일 년 간 우리 회사를 도와주시던 분이 변호사를 통해서 피해 보상을 하라고 연락을 해 왔습니다. 우리 직원들이 계약이 해지된 것을 모르고 임의로 명의를 사용하며 피해를 보았으니 금전적인 보상을 해 달라는 것이었습니다.

그분 상황과 입장에서 보면 충분히 이해는 갔습니다. 하지만 문제를 그렇게 풀어야 하는가에 대해 인간적인 실망, 사장으로서 미리 직원들에게 공지하지 못한 회한 등이 마음속에 큰 요동을 쳤습니다. 지금은 담담하게 돌이켜보지만 그 당시에는 심한 배신감과 금전적인 압박, 끝까지 소송을 해서 법원의 판단을 기다려볼까 하는 분노 등 무척 마음고생이 심했었습니다.

다행히 마침 그때 중국으로 출장을 갈 일이 있었는데, 업무는 하루에 2시간 정도면 처리가 될 수 있어서 남은 시간을 이 책에 나오는 몰입 기술을 적용해보기로 하였습니다. 호텔 방에 앉아서, 괴로운 생각이 일어나면 생각을 알아차리고 "모른다!"를 반복했습니다. 생각이 줄어들면 호흡을 내쉬고 들이쉬기를 오래 했습니다. 다시 걱정이 나타나면 "모른다!" "괜찮다!"를 했습니다. 조금 편해진 후에는 나에게 몰입도 시도했습니다. 생각과 감정에서 분리된 '고요한 나'에게 주의력을 보내 몰입 상태를 유지하려고 애썼습니다. 식사, 수면, 업무 약간을 제외하고 남은 시간을 이렇게 보냈습니다.

돌아오는 비행기에서 마음이 편해지고 어떻게 해야지 하는 구체적인 계획을 세울 수 있었습니다. 평상시라면 술에 의존하거나 친구들을 괴롭혔을 텐데 이 몰입의 기술 덕택에 아주 무난하게 해결하였습니다. 감사할 뿐입니다.

• **내 마음의 구동 프레임이 바뀌다**
 이윤석(38, 회사원)

내가 처음 '몰입'이란 단어에 의미를 부여하고 관심을 가지게 것은, 학창시절 미하이 칙센트미하이의 『몰입의 즐거움(FLOW)』이란 책을 읽고 난 후였다. 인생은 언제나 주도자로서 삶을 살려는 우리의 의지와 이런 의도를 방해하는 요소로 이루어져 있고, 이런 방해요소를 뛰어넘어 에너지가 소모되지 않고 한군데 잘 집중되도록 최선의 환경을 만들어야 한다는 것이 내용의 골자였다.

그 방법으로서 목표의식을 가져야 한다든지, 적절한 수준의 도전적인 과제를 통해 몰입할 수 있는 긴장감을 유지한다든지, 삶의 환경을 정돈(혼자만의 시간을 가진다거나 생활규칙을 만들어 지켜나간다든지 하는 등)하는 등의 팁을 제시하고 있었다.

삶의 양태와 마음가짐을 바꾸어서 몰입이 잘 되도록 한다는 결론을 끌어내는 과정에서 작가의 고민의 깊이를 느낄 수 있었으나, 나는 정작 몰입 자체는 그런 심원한(?) 방법으로 어렵지 않을까 하는 생각을 했었다. 몰입의 경험이 충분했던 사람이라면 모를까, 자아상을 확고히 하거나 인간관계를 편안히 하거나 하는 방법으로 몰입을 체험할 수 있을까? (아니, 의도적으로 자아상을 확고히 하는 것이 가능하긴 할까?) 지금 이 순간, 당장 몰입을 체험하고 싶은 사람에게 "인생 전반을 뜯어고쳐라!"라는 말과 다름없는 조언을 하는 셈이란 생각이 들었다.

방법으로 제시하고 있는 변화된 삶과 마음 자체가 "몰입이 이미 잘된 삶의 결과"라는 생각이 들었다. 원인과 결과가 도치된 셈이랄까. 아무래도 그렇게는 힘들 것 같다는 결론을 내린 후론 몰입에 대해서는 신경을 끄고 살았다.

학교를 졸업하고 직장생활을 시작하면서, 삶은 전혀 다른 밀도를 갖게 되었다. 회사생활은 "반드시 이루어져야 할" 수명사항의 연속이었다. 내가 수행한 업무가 결제나 회의의 형태로 제3자(상사, 동료)에 의해 점검을 받는 구조로 되어있었기에, 사람들 사이의 관계와 소통 역시 챙기지 않으면 일 자체의 완결성과는 전혀 상관없이 실패하는 경우도 많이 발생했다.

항상 신경을 쓰고 있어야 하는 게 당연하게 되었고, 체력과 집중력은 충전과 방전을 거치면서 점점 약해져만 갔다. 짜증과 분노가 생활 전반에 만성질환처럼 배어들어 가는 걸 문득 자각했을 무렵, 본능적으로 돌파구를 찾기 시작했다. 마음을 다스리는 책들을 찾아 읽기 시작했고, 예전부터 계속 좋아했지만 손 놓고 있던 호흡수련이나 명상 등을 다시 시작했다. 그 과정에서 홍익학당과 만나게 되었고, 마음(에고)이 움직이는 방식과 이에 대처하는 방식을 차차 배워 나가게 되었다.

주중에 쌓인 스트레스를 주말마다 학당에서의 강론과 수련으로 풀기 시작했는데, 혼란스럽고 습관대로 따라가기 일쑤였던 내 생활이 변하기 시작한 것은 기쁨과 즐거움, 하고 싶음과 하고 싶지 않음 같은 마음의 상태가 불변의 것이 아니라는 것을 명확히 알고 받아들이게 되면서부터였다.

그 순간은 몇 년이 지난 지금도 정확히 기억하는데, 윤홍식 대표님의 강론을 듣던 중 "감정이 일어나고 사라지며 외부의 환경에 계속 반응하고 떠들어대는 그 자리 너머 바라보는 고요한 자리가 있다."라는 것을 확실히 인식하게 되었고, 그 고요한 자리에 초점을 맞추면 도무지 어떻게 손대야 할지 엄두가 나지 않던 마음의 장벽을 넘을 수 있겠다는 확신을 한순간에 갖게 되었다.

그날 이후, 내 마음의 구동 Frame이 바뀌었다. 사람과 사건을 포함하여 생활의 모든 것들이 한동안 관찰의 대상이 되었다. 그리고 이런 생활의 변동에 반응하는 내 마음을 계속 들여다보게 되었다. 화를 내는 일이 생기면 어느샌가 마음자리가 고요한 곳으로 물러나 화내는 자신을 바라보고 있었다. 점심 먹고 앉아 있는 때처럼 여유 있는 시간이면, 한 시간 두 시간 전 사무실에서 일어났던 일들을 영화처럼 떠올리면서, 영화배우(직장 동료들)의 반응과 그들 각자의 마음가짐과 나의 마음, 행동의 문제점이 자연스럽게 떠오르고 최적의 행동은 이랬어야 했다는 반성을 하는 일이 다반사처럼 일어났다.

그런 상황은 무척 큰 즐거움을 안겨줬는데, 삶의 함정에 빠져 허우적대다 이제야 정말로 내 삶을 살아내고 있다는 생각을 하곤 했다. 이런 마음은 업무를 수행하는 데에도 큰 도움을 주었다. 사무실 책상에 앉는 순간부터 책상을 떠나고 싶어 괴로워하기만 하는 마음은 사실 업무에 큰 장애를 일으킨다.

회사에서 주고받는 문서나 메일은 굉장히 압축적으로 요약된 커뮤니케이션이기 때문에, 하기 싫어하는 마음으로 바라보면 부주의해지고 반드시 놓치고 실수하는 점이 생겨난다. 오히려 행간에 숨은 의도까지 파악해서 움직여야 유능하다는 소리를 듣는 상황임에도, 한창 힘든 무렵의 나는 글자도 제대로 안 읽고 데면데면 읽는 둥 마는 둥 하며 보낸 적도 있다. 상사의 지시나 커뮤니케이션을 공중에 뜬 것처럼 일차원적으로 받아들이곤 했다. 그런데 몰입이 체화되면서 일하는 방식에도 많은 변화가 일어났다. 입체적으로 상황파악을 한 후 움직이게 되는 일이 자연스러워졌다.

회사생활에서 가장 곤혹스러워 하던 것 중 하나가 "모호한 지시에 대한 구체적인 결과물을 창출해서 가져오라."라는 것인데, 보통 이럴 때는 직원들 다 불러놓고 일단 회의부터 열고 회의 자리에서도 아이디어보다는 냉소 섞인 농담과 고민만 하기 일쑤였다. 이런 부정적인 상황을 몰입의 방법을 쓰면서부터 벗어나기 시작했는데, 가장 큰 이유는 몰입이 성공의 경험을 계속 제공해주었기 때문이다.

먼저 자리에 앉아 "모른다!"부터 하는 것을 습관화하고 난 후에는 명확한 관점과 주관이 살아나는 것을 느꼈다. 상사의 모호한 지시엔 사실 나 자신의 모호함과 불명확함도 같이 엮여 들어가 있다는 것을 알았다. 하기 싫으니 깊이 고민하지 않았고 일단 "불가능하다!"라는 식으로 치부한 것도 적지 않은 원인이란 자각을 하게 되었다.

흰 종이 한 장과 펜을 갖다 놓고 "모른다!" 하고 있으면, 점차 마음이 고요해지고 초점이 또렷이 살아난다. 이 순간 화두처럼 해결해야 할 과제를 마음에 걸어놓고 분석해 들어가기 시작하면, 마치 라디오 주파수를 맞추면 방송이 나오는 것처럼 좋은 아이디어가 나오는 경우가 점점 늘어났다. 해결책을 내지 못하더라도 몰입의 방법을 통해 문제해결의 방향성을 어느 정도 잡고 나서 회의 때 직원들에게 제시하다 보니, 직원들이 내는 아이디어들 역시 훨씬 구체적이고 쓸만해졌다. 이런 선순환 고리가 점점 성공의 경험을 더 쌓아줄수록 업무를 대하는 내 태도 역시 긍정적으로 바뀌어가는 것을 느꼈는데, 가장 멋진 일은 '몰입력(力)' 역시 점점 향상된다는 점이다. 몰입 상태를 구현하고 이를 통해 생각을 활발하게 이끌었던 것이, 나중에는 대부분

생각을 일으키는 순간 자연스럽게 집중과 몰입이 되는 것을 알게 되었다. 사람들은 농담처럼 "직장생활은 아인슈타인이 하는 것이 아니다!"라는 말을 하곤 한다. 평범한 사람이면 누구나 할 수 있게 되어 있는 것이 직장생활이고 업무라는 얘기이다.

나는 이런 얘기에 반만 동의하는 입장이다. 일을 잘하기 위해서는 일에서 즐거움을 찾아야 한다. 진부하지만 이 말은 진리다. 재미없는 일을 하면서 높은 퍼포먼스를 내는 것은 거의 불가능하다. 성과를 내는 직장인을 곰곰 살펴보면 어떤 형식이나 방법으로든 일을 즐기고 있다. 그러나 현대인은 환경적으로나 개인적으로나 일을 즐기기에 너무 힘든 상황에 처해 있다. 몰입의 기법을 숙지하고 업무에 적용하면서 많은 사람들이 본인 삶이나 일에서 더 큰 성과를 내고, 더 창조적인 삶을 살기를 기원해 본다.

5장
몰입사고법으로 지혜 기르기

우리는 몰입을 통해서 사고력을 극대화시킬 수는 있습니다.
그러나 몰입으로 사고력이 최고의 컨디션을 이루게 되더라도, 우리가
이런 상태를 효과적으로 활용하지 못한다면 창조적인 사고를 할 수가 없습니다.
그런 창조적인 사고를 하는 방법이 3박자 사고를 하는 것입니다.

1
자명한 앎의 비밀

과연 '지혜'란 무엇을 말하는 것일까요? 지혜란 다름 아닌 '자명한 앎'일 뿐입니다. 그렇다면 우리는 어느 정도 알아야 "자명하게 안다."라고 말할 수 있을까요? 지혜가 무엇을 의미하는지를 명확히 알지 못한다면, 몰입사고법을 제대로 활용할 수 없습니다. '지혜' 즉 '자명한 앎'에 대해 명확히 알고 몰입사고법을 활용한다면, 우리는 몰입사고법을 통하여 인생을 살아가는 데 꼭 필요한 각종의 지혜를 얻을 수 있습니다.

우리는 물을 가열하면 펄펄 끓을 것이란 사실을 자명하게 알고 있으며, 불에 손을 넣으면 탈 것이라는 사실을 자명하게 알고 있으며, 사람은 언젠가 죽는다는 사실을 정확히 알고 있습니다. 누군가 위의 사실들의 정확성을 가지고 우리의 목숨을 요구할지라도, 우리는 흔들리지 않고 그러한 사실이 자명하다고 확신할 것입니다.

　우리가 아는 수많은 정보들 중에 이 정도로 자명한 확신을 주는 정보들은 얼마나 될까요? 각자 자신이 가진 정보들을 살펴보시기 바랍니다. "과연 그 정보가 목에 칼이 들어와도 흔들리지 않을 정도로 100% 자명한 정보인가?"라고 스스로에게 질문해보십시오. 이러한 삼엄한 검열을 통과한 정확한 정보라야 '지혜' 즉 '자명한 앎'이라고 부를 수 있을 것입니다.

　그렇다면 위에서 살펴본 '자명한 정보', '100% 확신하는 정보'의 기준은 과연 무엇이었습니까? 물이 끓고, 불에 손이 타고, 사람이 죽는다는 정보가 어떻게 그토록 강력한 확신을 지니게 되었는지 생각해보십시오. 바로 거기에 우리가 찾는 답이 있습니다. 단순히 우리 머릿속에 '개념'으로서 잘 정리된 정보라고 해서 그런 확신을 줄 수 있는 것은 아닙니다.

　우리의 머릿속에는 무수한 정보들이 개념의 형태로 정리되어 저장되어 있습니다. 그러나 목에 칼이 들어올 정도로 명확함을 요구받게 되면, 그 중에서 아주 일부만이 살아남게 될 것입니다. 수많은 정보들이 확신을 주지 못하는 이유는 아주 간단합니다. '개념'은 있으나 '체험'이 없기 때문입니다. 확실한 체험에 기반 하지 못한 개념들은 힘이 없습니다.

　'체험'이 태양빛이라면, '개념'은 달빛입니다. 달빛은 태양빛을 반사할 뿐이지 자체 발광을 하지 못합니다. 개념도 마찬가지입니다. 강렬하고 선명한 체험에 기반을 두지 못한 개념은 희미한 달빛처럼 흐릿할 뿐입니다. 따라서 개념에 강렬한 확신을 주고 싶다면, 체험과 결합을 시켜야 합니다. '지혜' 즉 '정확한 앎'의 조건은 바로 '개념과 체험의 결합'입니다. '개념'과 '체험'이야말로 자명한 앎을 이루는 양 날개입니다.

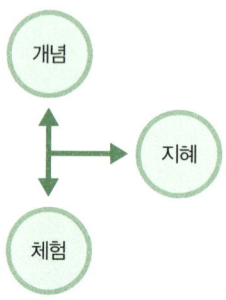

:: **참된 지혜의 비밀** ::

개념으로 정립되지 못한 체험은 단순한 경험에 불과하게 되어 지혜를 이루지 못합니다. 그래서 같은 체험을 무수히 반복해도 그 원리를 알아내지 못합니다. 반대로 체험이 없는 개념도 공허합니다. 태양빛을 받지 못해 빛을 잃은 달이라고나 할까요. 체험은 없고 논리적으로 전개되고 추리된 개념은 공허할 뿐입니다. 비록 논리적으로는 아무리 그럴듯해도 과연 진실인지는 자명하지 않습니다. 그래서 확신이 없는 것입니다. 목에 칼이 들어오면 곧장 꼬리를 내리는 것입니다.

정확한 앎을 이루기 위해서는 무엇보다 '명확한 체험'과 '올바른 개념의 정립'이 잘 결합되어야 합니다. 그런데 우리가 몰입사고법을 통

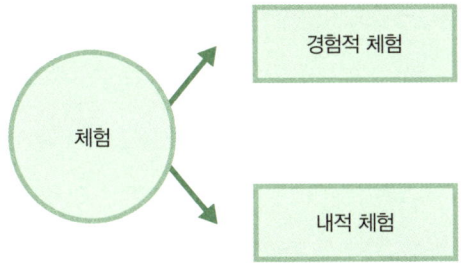

:: 두 종류의 체험 ::

해 정답을 알아내다 보면, 내면의 슈퍼의식이 각성하면서 실제로 체험한 것이 아닌데도, 체험한 것 이상의 '내적 확신'을 주는 경우가 있습니다. 실제로 그 답을 현실에서 검증해보아도 진실인 경우가 많습니다. '영감'이자 '직관', '내적 체험'에 해당하는 이러한 현상은 무한한 창조성과 영감의 원천이 되는 슈퍼의식의 발현에 의해 가능한 것입니다.

슈퍼의식의 발현으로 강렬한 확신을 지닌 자명한 우주적 정보를 얻을 수 있는 것입니다. 우리가 몰입사고법을 통해 알아낸 정보가 진실인 경우에는, 현실에서 검증해보기 전이라도 무한한 영감의 자리인 슈퍼의식에 의해서 지지를 얻어 조금도 의심할 수 없는 내적 확신을 얻을 수 있습니다. 물론 이렇게 얻은 정보는 반드시 현실에서 검증해보아야 합니다. 그러나 '내적 체험'에 의해 확신을 얻은 정보라면 '경험적 체험'에 의해서도 지지받을 확률이 높을 것입니다.

슈퍼의식은 우주적 정보에 근거하여 무엇이 진실인지를 잘 알고 있습니다. 그래서 우리가 아직 체험해보지 못한 부분에 대해서도 '영감과 확신'을 줄 수 있으며, 이미 체험한 일에 대해서는 '자명한 인가'를 해줄 수 있는 것입니다. 슈퍼의식은 우리가 이성으로 추측하는 것이 진실에 부합하는 경우에는 '자명함'이라는 신호를 우리에게 주며, 진실에 부합하지 않는 경우에는 '찜찜함'이라는 신호를 줍니다.

이렇게 볼 때 몰입사고를 통해서 우리가 문제에 대한 올바른 답안을 얻었는지 알고자 한다면, 우리가 얻은 답안이 실감나게 다가오며 명확한 확신을 주는지를 살펴보면 됩니다. 이것은 슈퍼의식에 의해 확실한 지지를 받고 있다는 증거이니까요. 이렇게 알아낸 내용이 실감나고 확신에 차게 이해되어야만 참으로 안 것입니다. 우리가 진실로 답을 알아냈는지 알아내지 못하였는지는 '마음'상에서 검증해보면 알 수 있는 것입니다.

동양고전인 『근사록近思錄』에는 다음과 같은 참다운 앎에 대한 가르침이 전해옵니다.

> 생각해서 답을 얻었을 때, 마음이 기쁘고 즐거우며 만족스럽고 여유가 있다면 이것은 진실로 정답을 얻은 것이다. 그런데 생각하여 답을 얻긴 얻었으나, 마음이 찜찜하고 답답하면 실제로 답을 얻은 것이 아니라 억지로 추측하였을 뿐이다.

자명한 판단을 위해서 우리는 자신의 의식을 슈퍼의식과 하나로 공명하게 해야 합니다. 몰입 4단계에 도달하여 슈퍼의식이 우리의 내면에 선명히 드러나면, 우리의 의식과 슈퍼의식은 하나로 공명하게 됩니다. 이때 우리의 의식은 에고의 대변인이 아니라, 슈퍼의식의 충실한 대변인이 됩니다. 이 상태에서 사안에 대해 자명함 여부를 묻게 되면, 우리의 의식은 슈퍼의식의 입장에서 "자명하다!" 혹은 "찜찜하다!"라고 외치게 됩니다. 슈퍼의식의 확고한 지지를 받는 정보라야 '자명한 정보'라고 할 수 있습니다.

의식이 억지로 쥐어짜낸 답안 즉 몰입을 하지 않고 스트레스와 매몰 상태에서 쥐어짜낸 '개념'으로서의 답안은 힘이 없습니다. 슈퍼의식의 인정을 받지 못했으니까요. 그래서 내면에 확신을 주지 못하고 불안감만을 줄 뿐입니다. 반면에 체험과 결합된 올바른 개념으로 이루어진 '지혜'는 슈퍼의식에 의해 확실한 지지를 받는 정보인 만큼, 일반 정보와는 달리 우리 내면에 참된 기쁨과 만족, 확신을 줄 것입니다. 우리가 몰입사고법을 통해 찾아내야 할 정보도 바로 이러한 '자명한 정보'입니다.

 유튜브(YouTube): 자명함으로 길을 삼아서

2
몰입사고법으로 지혜를 얻는 비밀

'참다운 지혜' 즉 '개념과 체험'이 결합된 지혜를 얻기 위해서는 몰입사고법을 체계적으로 전개할 수 있어야 합니다. 우선 지혜를 얻는 데 방해가 되는 부정적인 생각이나 편견·고정관념을 말끔히 씻어내는 강력한 '몰입'을 해야 합니다. 오직 대상만을 바라보고, 대상만을 느끼는 '대상에 대한 몰입'을 통해 슈퍼의식을 발동시켜, 최대한의 영감과 창조력을 끌어낼 수 있어야 합니다.

몰입사고법을 통해 대상에 대한 참다운 지혜를 얻고자 한다면, '5단계 연구법'을 단계적으로 활용할 수 있어야 합니다. 이 5단계 연구법은 동양의 고전 『중용中庸』의 가르침으로, 참다운 지혜를 얻은 사람인 성인聖人이 되는 비법으로 소개된 것입니다.

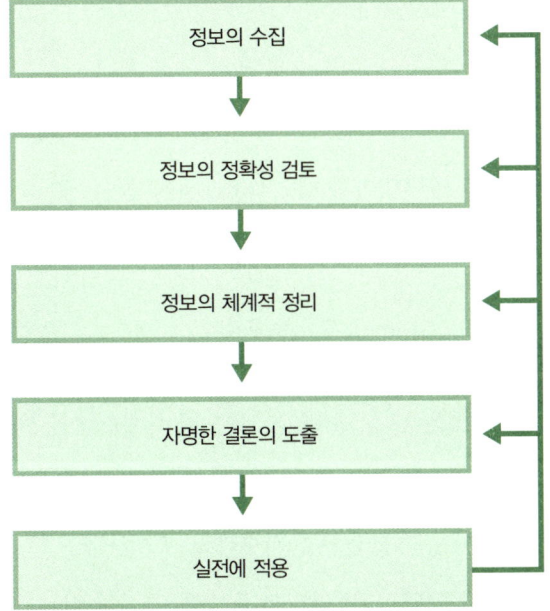

:: 5단계 연구법 ::

성인聖人이 되려고 하는 자는 '올바른 것'(善)을 선택하고, 그것을 꽉 붙잡아 지켜야 하니, 그 방법은 ① 널리 배우고(박학博學), ② 치밀하게 질문하며(심문審問), ③ 신중하게 생각하고(신사愼思), ④ 명확하게 분별하며(명변明辨), ⑤ 독실하게 행동하는 것(독행篤行)이다.

이 방법에 능숙해지기만 한다면, 비록 지금은 어리석을지라도 반드시 밝아지게 될 것이며, 비록 지금은 나약할지라도 반드시 강해지게 될 것이다.

'몰입'을 바탕으로 한 '5단계 연구법'을 통해 우리는 정보를 효과적으로 처리하여 사물의 실상을 있는 그대로 통찰할 수 있을 것입니다. 5단계 중 1단계인 '정보의 수집'은 『중용』에서 말하는 '박학博學' 즉 '널리 정보를 모으고 수집하는 것'입니다. 문제를 해결하는 데 필요한 모든 정보를 인터넷이나 책, 그리고 전문가의 조언 등을 통하여 널리 모아야 합니다.

몰입을 통해 '슈퍼의식'이 발동하면 무의식과 의식이 활성화되어 무의식에 저장된 정보들을 바탕으로 창조적 아이디어를 산출하게 됩니다. 그러나 저장된 정보가 적으면 그만큼 슈퍼의식의 활용도가 떨어지게 됩니다. 아무리 훌륭한 요리사라도 재료가 없으면 훌륭한 요리가 나오기 힘들 것입니다. 따라서 평소에 양질의 정보, 정확한 정보를 많이 수집하고 저장해놓을 필요가 있습니다. 슈퍼의식은 이 정보들을 재료로 삼아, 훌륭하고 창조적인 방법으로 요리하여, 기가 막히게 맛있는 음식을 만들어낼 것입니다.

5단계 중 2단계인 '정보의 정확성 검토'는 『중용』에서 말하는 '심문審問' 즉 '수집한 정보들의 정확성을 치밀하게 묻고 검토하는 것'입니다. 정보는 많이 모았다 하더라도, 쓸모가 있는 정보들이 아니라면 무용지물에 불과할 것입니다. 오히려 잘못된 정보는 우리의 판단에 독이 될 것입니다. 따라서 인터넷·책·전문가의 조언 등을 통해 얻은 정보들 모두에 대해 치밀하게 질문을 해서 의문점을 조금도 남기지 말아야 합니다. 그래서 부정확한 정보가 다음 단계로 넘어가는 일이 없도록 해야 올바른 답안을 얻을 수 있을 것입니다.

5단계 중 3단계는 '정보의 체계적 정리'로 『중용』에서 말하는 '신사慎思' 즉 '신중히 생각하여 검열이 끝난 정보들을 체계적으로 정리하는 것'입니다. 자명한 것으로 판명된 정보들을 바탕으로 본인이 체계를 만들어보는 단계입니다. 이 단계의 결론이 바로 4단계인 '결론의 도출'입니다. 이는 『중용』에서 말하는 '명변明辨'의 단계로 '명확하게 결론을 내리는 단계'입니다. 신중한 생각을 통해 주어진 정보에 대한 자신의 입장을 분명하게 하는 단계를 말합니다.

정확한 정보를 수집하고 검토하는 1·2단계와는 달리, 3·4단계에서는 논리적이고 합리적인 사고의 전개가 중요합니다. 그래서 '4단계 사고규칙'을 활용해야 합니다. 이 4단계 사고규칙은 서양 근대 철학의 아버지라 불리는 데카르트(1596~1650)가 제창한 것입니다.

· 4단계 사고규칙 ·

❶ 명확하지 않은 것은 판단 보류하기
❷ 몰입에 용이하게 분할하기
❸ 자명한 것부터 개념을 정립하기
❹ 자명한 개념들을 바탕으로 다시 조합하기

먼저 '체험'과 결합하지 않은 '개념' 즉 '자명하지 않은 개념'은 철저히 판단을 보류해야 합니다. 이 개념에 명확성이 부여되기 전까지는 이 개념들을 활용해서는 안 됩니다. 이렇게 명확하지 않은 개념들은 작게 쪼개서 각개격파 해야 합니다. 먹기 좋게 작게 쪼갠 다음, 먹기 쉬운 것부터 하나씩 먹어치우면 됩니다.

큰 덩어리로 있을 때는 판단하기 어려운 문제도 작게 쪼개면, 선명하고 자명하며 체험으로 쉽게 이해되는 부분들이 드러납니다. 그 부분부터 다시 하나씩 합리적으로 추리해 들어가서 다시 전체 덩어리를 완성해낼 수 있어야 합니다. 처음에는 막연하게 판단하기 어렵던 문제도 이러한 4단계 사고규칙을 활용하여 연구하다 보면 자명하게 이해되는 문제로 변화할 것입니다. 내 마음에 선명함과 자명함이 물밀듯이 밀려올 때, 우리는 그 문제의 최종해답을 결론지어야 합니다. 그래야 최대한 오류를 피할 수 있습니다.

그러나 4단계까지의 연구를 통해 아무리 자명한 결론을 도출했다고 하더라도, 아직 안심하면 안 됩니다. 아직은 부분적인 자명함일 수도 있으며, 판단에 오류가 있을 수도 있으니까요. 실제로 우리의 결론이 옳은지는 현실에서 검증해보아야 합니다. 그래서 필요한 것이 '실전에 적용'하는 단계입니다. 이것은 『중용』에서 말하는 '독행篤行' 즉 '독실하게 실천을 해보는 것'입니다. 이 단계를 통해서 우리의 결론이 실제의 사실에 부합한다면, 우리가 내린 결론은 진정으로 자명한 것이 되며, 우리가 지닌 정보는 '죽은 정보'인 '지식'이 아닌 '살아있는 정보'인 '지혜'가 될 것입니다.

만약 실전에서 적용할 때 부족한 부분이나 오류가 발견된다면, 앞의 4개 과정 중 문제가 있었던 과정으로 보내져서, 다시 검토되고 연구되어야 합니다. 우리가 지혜를 얻고자 하는 대상에 대한 '몰입'을 바탕으로, 이 '5단계 연구법'을 적용한다면 우리는 반드시 지혜로워질 것입니다.

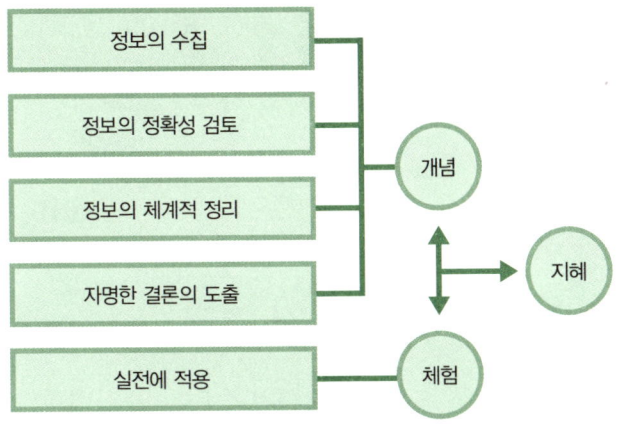

:: 5단계 연구법과 3박자 사고 ::

 이때 이 5가지 과정을 세우지만 실제로 나누어 보면 '2개의 과정'일 뿐입니다. ① '개념'을 정확히 세우는 과정과 ② 실제로 '체험'을 해보는 과정입니다. 이 2개 과정을 통해 '참다운 지혜'가 탄생합니다. 따라서 '5단계 연구법'의 본질은 '① 개념→② 체험→③ 지혜'의 '3박자 사고'란 것을 알 수 있습니다. 우리가 뭔가 정확히 안다는 것은 개념과 체험이 결합되는 것이라는 점을 잊지 마십시오. 개념만으로도 부족하고, 체험만으로도 부족합니다. 체험이 개념화될 때 진정한 '지혜'가 탄생합니다. 개념은 체험으로 증명되어야 하며, 체험은 개념으로 명확히 표현되어야 합니다.

3
3박자 사고로 창조적으로 생각하기

우리가 창조적인 사고가 필요하다고 쉽게 얘기는 하지만, 창조적인 사고를 하는 요령을 익히지 못한다면 요원한 이야기일 뿐입니다. 우리는 '몰입'을 통해서 사고력을 극대화시킬 수는 있습니다. 그래서 창조적인 사고를 할 수 있는 최고의 조건을 갖추게 됩니다. 하지만 이런 상태를 효과적으로 활용하지 못한다면, 우리는 창조적인 사고

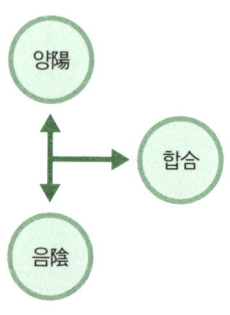

:: 3박자 사고의 원리 ::

를 할 수가 없습니다.

창조적인 사고를 할 수 있는 최선의 방법이 바로 ① 양陽→ ② 음陰→ ③ 합合'의 '3박자 사고'입니다. 철학에서 '변증법적인 사고'라고 하는 것이 이것입니다. ① 정正→ ② 반反→ ③ 합合'의 변증법은 3박자로 이루어진 사고방식입니다. 모든 사물은 자연적으로 음과 양의 두 측면을 가지고 있습니다. 낮과 밤, 빛과 어둠, 드러난 모습과 감춰진 모습, 남성과 여성, 밀어냄과 끌어당김 등이 바로 자연이 지닌 두 가지 모습입니다. 이런 모습이 '충돌'하면서 만물이 '창조'됩니다. 음과 양이 지닌 모순이 충돌하면서 만물이 역동적으로 드러납니다. '음'과 '양' 그리고 '음·양의 충돌'이 바로 자연이 지닌 '3박자'입니다.

자연의 일부인 우리가 창조적인 아이디어를 내고 싶다면, 최고의 창조가인 '자연'이 만물을 창조하는 방식을 배우면 됩니다. 자연은 항상 음과 양을 충돌시켜 만물을 만들어갑니다. 밝은 면과 어두운 면 양 극단을 충돌시켜서 선명한 사물을 만듭니다. '3박자 사고'를 이용하여, 만물의 양 측면을 충돌시켜 슈퍼의식의 직관을 만족시키는 자명한 해답을 추구한다면, 반드시 창조적 해답을 얻을 수 있습니다. 3박자 사고를 통해서 사물을 바라봄으로써 자연과 더불어 창조하는 삶을 살 수 있는 것입니다. 자연을 배울 수만 있다면 '창조적 사고'가 절로 샘솟을 것입니다.

여기 '전화기'가 있고 '카메라'가 있습니다. 누군가가 3박자 사고를 이용하여 전화기와 카메라를 충돌시켰습니다. "전화도 걸고 카메라로도 쓰는 그런 전화기는 가능할까?"라는 한 생각에서 '카메라폰'이 나왔습니다. 이 둘을 충돌시키지 않았다면 새로운 창조물이 안 나왔을 것입니다. 마찬가지로 '책'과 '컴퓨터'라는 양극단을 충돌시켜서 '전자북'을 창조했습니다. 이렇게 자연을 본뜬 '3박자 사고'는 끊임없이 새로운 존재를 창조해냅니다.

이런 창조력이 창조적 사고의 바탕입니다. 창조적으로 생각하고 싶다면, 모순되어 보이는 두 가지 사물을 충돌시켜 보십시오. 즉각 지금까지는 존재하지 않았던 새로운 사물이 창조될 것입니다. 요즘 '블루오션'(blue ocean) 즉 기존에 존재하지 않았던 새로운 시장이 강조되고 있는데, 이러한 새로운 시장의 개척 또한 창조적 사고 없이는 불가능할 것입니다.

> 창조성 = 몰입+3박자 사고

한 마디로 '창조적 사고'는 '몰입'과 '3박자 사고'에서 나옵니다. '몰입'은 모든 창조력을 방해하는 일체의 선입견을 제거하고 슈퍼의식에 접속시켜줍니다. '몰입'은 지금 이 순간에 최선을 다하는 강력한 집중 상태를 이끌어내고, 고정관념과 이해득실에 창조성이 제한되는 것을 막아주며, 창조력 그 자체인 슈퍼의식에서 시공을 초월한 무한한 영감을 끌어옵니다. 창조를 하기 위해서는 굳어져서는 안 됩니다. 항상 말랑말랑해야 합니다. 비울 수 있어야 채울 수도 있는 것입니다.

'3박자 사고'는 자연의 창조법칙을 충실히 따르면서, 아직 오지 않은 미지의 것을 현실로 창조하는 비법입니다. 서로 다른 대립개념의 충돌에서 오는 혼동을 즐겨야 합니다. 그러면서 대립개념들이 서로 어떻게 충돌하고 화해하는지, 있는 그대로 냉정히 지켜보면 됩니다. 이러한 과정을 통해 놀라운 창조력이 샘솟게 됩니다. 몰입을 통해 최대한 객관성을 유지하면서 3박자 사고를 진행한다면, 슈퍼의식의 영감이 창조적인 모습으로 표현될 것입니다.

창조적인 '합合'을 얻고 싶으면, 서로 모순이 되는 '음陰'과 '양陽'을 충돌시키면 됩니다. 만족스러운 결과물을 얻을 때까지 이 과정을 반복하면 됩니다. 양 극단을 동시에 껴안을 수 있어야 차원의 상승이 일어납니다. 한 극단에만 매몰되어 있어서는 창조적 사고를 할 수 없습니다. 한 극단에만 집착하는 사고야말로 구태의연한 고정관념이자 편견이니, 우리 내면에 존재하는 창조성이 발현되는 것을 가로막는 최고의 적입니다.

일단 충돌시켜 보십시오! 결과물이 마음에 들지 않고 찜찜하다면, 슈퍼의식이 만족하는 자명한 결과물이 나올 때까지 계속해서 충돌시키면 됩니다. '대립개념의 충돌'을 두려워하지 마십시오. 고정관념에 집착하는 마음이 일어나거든, '호흡'에 대한 몰입으로 호흡을 고르게 하고 "모른다!"와 "괜찮다!"를 활용하여 시야를 넓히십시오. 마음이 고요하고 맑아지면, 슈퍼의식이 밝게 드러나면서 영감과 창조력이 절로 샘솟을 것입니다. 이러한 영감과 창조력을 3박자 사고로 잘 인도해주기만 하면 됩니다. 몰입과 3박자 사고를 활용하여, 우리 자신과 우리 모두를 위한 놀라운 창조물이 세상에 그 모습을 드러낼 수 있도록 인도하십시오.

4
창조적 사고로
문제 해결하기

몰입과 3박자 사고를 활용한 '창조적인 사고'로 우리는 인생에서 부딪치는 다양한 문제들을 해결할 수 있습니다. 인생에서 부딪치는 일들이라는 것은 대부분 '인간관계'의 문제 아니면 '업무처리'의 문제입니다. 우리는 창조적인 사고를 이용하여 자신이 맡은 업무를 빈틈없이 처리할 수도 있으며, 인간관계에서 벌어지는 모든 복잡한 상황들을 효과적으로 해결할 수도 있습니다.

모든 일에는 항상 양면이 있습니다. 정의와 부정, 선과 악, 밝은 면과 어두운 면, 대아大我와 소아小我, 역지사지와 약육강식, 진보와 보수, 고용자와 노동자 등 항상 양면이 존재합니다. 어느 한 쪽만 알아서는 일처리를 빈틈없이 할 수 없습니다. 이 두 모습을 모두 알고 이를 충돌시켜서 참된 결론에 도달해야 합니다. 이때 충돌로 한 쪽이 사라져야 할 관계도 있겠지만, 양측이 모두 승화되어야 할 관계도 있습니다. 선과 악, 정의와 부정과 같은 관계가 전자에 해당한다면 진보와 보수와 같은 관계는 후자에 해당합니다.

이 사회에는 진보와 보수가 모두 필요합니다. 그동안 이룬 성과를 지키자는 쪽이 '보수'라면, 기존 성과를 넘어선 새로운 성과를 위해 모험을 하자는 것이 '진보'입니다. 새로운 모험은 처참한 실패로 끝날 수도 있습니다. 반면에 지나친 보수는 시대의 낙오자가 될 수도 있습니다. 반드시 두 측면이 모두 있어야만 가정은 물론 기업이나 나라가 굴러갈 수 있습니다. 새는 양 날개가 있어야만 날 수 있습니다. 한쪽 날개만으로는 날 수 없습니다.

양 측면을 모두 알지 못하고 한쪽 측면만 고집해서는 우리가 살아가는 이 사회를 진정으로 안다고 할 수 없습니다. 우리가 사회를 정확히 바라보면서 이 사회에 필요한 창조적인 해답을 내고 싶다면, 이 2가지 측면을 충돌시켜서 바라봐야 합니다. 하나만 아는 사람보다 양쪽을 모두 아는 사람이 더욱 창조적입니다. 보수 일간지를 봤다면 진보 일간지도 봐서 양측의 입장 차이가 어디서 충돌하는지, 왜 이런 입장 차이가 나게 되었는지를 정확히 살펴봐야 합니다. 충돌을 두려워해서는 안 됩니다. 충돌해야 창조가 일어납니다.

'몰입'을 통해 최대한 객관성을 유지하면서 양편의 충돌을 지켜보십시오. 무엇인가 선명한 사물의 실체가 드러날 것입니다. 양쪽에서 빛을 쏘면 허공에서 입체물이 만들어지는 '홀로그램'의 원리처럼, 양

측면의 충돌은 우리 마음에 정확한 사물의 모습을 보여줍니다. 양극단을 충돌시켜서 그 합을 도출하는 이런 3박자 사고는, 우리가 부딪치는 모든 업무에 있어서 놀라운 답을 줄 것입니다. 어떤 일이 막힐 때는 서로 반대되는 의견을 모두 듣고 이들을 충돌시켜 보십시오. 뭔가 가슴속에 선명히 떠오르는 해답이 있을 것입니다. 사물이 선명히 보이기 시작할 것입니다.

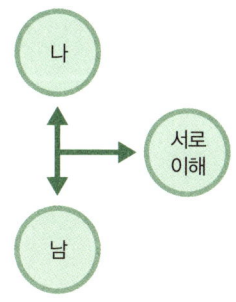

:: **역지사지를 통한 상호 이해** ::

'인간관계'도 마찬가지입니다. 자신의 입장만 소중히 여기면서 남의 입장을 무시해서는 절대로 좋은 인간관계를 맺을 수 없습니다. 뿐만 아니라 인간관계에서 발생하는 일체의 문제를 해결할 수도 없습니다. 몰입하십시오. 몰입은 '슈퍼의식'의 각성을 불러와서 우리에게 뿌리 깊은 '나에 대한 사랑'을 잠시 내려놓을 수 있게 해줍니다. 그래야 객관적인 검토가 가능합니다.

몰입을 통해 마음을 비우고 '남'의 입장과 '내' 입장을 충돌시켜 보십시오. 남의 입장을 내 입장처럼 실감나게 이해해보는 '역지사지易地思之'를 해보십시오. 3박자 사고를 이용하여 "나의 입장은 정확히 무엇인가?", "남은 나에 대해 어떤 마음을 품고 있을까?", "나와 남에게 모두 도움이 되는 방법은 무엇인가?"를 치밀하게 분석해보십시오. 놀라운 답이 나올 것입니다. 나와 남 모두에게 도움이 되는 최고의 답이 있을 것입니다.

무엇보다 필요한 것은, 상대방의 입장을 객관적으로 공정하게 이해하는 것입니다. 그래야만 명확한 결론을 내릴 수 있을 것입니다. '자신의 입장'만 옳다고 고집하는 사람은 결코 '남의 입장'을 올바로 이해할 수 없습니다. 자신의 입장들을 깨끗하게 내려놓을 수 있을 때, 비로소 우리는 남의 입장을 진정으로 이해할 수 있습니다.

그러니 올바른 '역지사지'를 위해서는, 무엇보다 '자신의 이름'을 "모른다!"라고 할 수 있어야 합니다. 자신의 이름만 잊을 수 있다면, 우리의 모든 입장은 '초기화'될 것입니다. 마음을 초기화시켜서, 자신의 입장을 모두 잊은 채로 존재해보십시오. 자, 그 상태에서 나와 남이 둘처럼 느껴지는지 확인해보십시오. 그 상태에서는 남과 자신을 가르지 않습니다. 남과 자신이 둘로 느껴지지 않는 그 상태를 잘 음미하십시오.

그렇게 둘이 아닌 상태에서, 자신의 입장을 냉정하게 제3자가 되어 헤아려보십시오. "나는 솔직하게 무엇을 원하는가?", "나는 솔직하게 무엇이 두려운가?" 그리고 남의 입장을 자신의 입장처럼 생각해보십시오. "과연 상대방은 어떤 기분일까?", "내가 상대방이라면 무엇을 원할까?", "내가 상대방이라면 무엇을 두려워할까?" 상대방의 기분을 최대한 실감나게 느껴보십시오. 상대방의 입장이 실감나게 느껴지십니까? 이렇게 알아낸 상대방의 마음을 잘 헤아려서, 나와 상대방 모두가 받아들일 수 있는 최대한 객관적이고 공정한 결론을 내리십시오.

3박자 사고는 우선 우리에게 사물을 정확히 이해하는 '지혜'와 '창조력'을 줍니다. 이것은 '이성'의 영역 즉 IQ(지능지수)의 영역을 계발시켜주는 것입니다. 그리고 다음으로 3박자 사고를 인간관계에 적용한 '역지사지'는 남의 마음을 이해하고 헤아리는 공감능력을 계발시켜 '사랑'과 '배려심'을 증진시켜줍니다. 이것은 '감성'의 영역 즉 EQ(감성지수)의 영역을 계발시켜주는 것입니다. 우리가 3박자 사고를 활용하여 이 2가지 영역(이성·감성)을 고루 계발할 수 있다면, 인간관계나 업무처리에 있어서 막힘이 없는 창조적인 사람이 될 수 있을 것입니다.

유튜브(YouTube): 양심이 답이다(분당여성회 인문학 강의)

5
몰입사고법으로
영성지능 계발하기

 우리가 몰입을 통해 인간관계의 문제를 해결하고자 할 때 반드시 명심해야 할 사항이 있습니다. 그것은 앞에서 살펴보았듯이 슈퍼의식은 '양심'이라는 사실입니다! 인간이면 누구나 지닌 선천적 도덕능력인 양심이 바로 우리의 슈퍼의식입니다. 그래서 몰입을 통해 슈퍼의식과 하나로 접속한 다음, 슈퍼의식 즉 양심의 입장에서 자명하고 당당한 확신이 드는 결정을 따를 때, 나와 남 모두에게 이로운 양심적인 결정을 내릴 수 있습니다.

 슈퍼의식은 바로 '양심'이니 무엇이 옳고 무엇이 그른지 잘 알고 있습니다. 또한 슈퍼의식은 '우주적인 정보'를 갖고 있는 자리입니다. 그래서 우리가 아직 체험해보지 못한 부분에 대해서도 '영감과 확신'을 줄 수 있으며, 이미 체험한 일에 대해서는 '자명한 인가'를 해줄 수 있습니다.

슈퍼의식은 우리가 이성으로 추측하는 것이 양심과 진실에 부합하는 경우에는 '자명함'이라는 신호를 주며, 양심과 진실에 부합하지 않는 경우에는 '찜찜함'이라는 신호를 줍니다. 이렇게 몰입과 3박자 사고로 슈퍼의식(양심)의 신호를 따르는 삶을 살다보면, 우리의 '영성지능' 즉 '양심지능'은 절로 계발될 것입니다. 영성지능이란 우리의 양심을 이해하고 실천하는 지능이니까요.

'몰입'과 '3박자 사고'로, 슈퍼의식(양심)의 입장에서 '역지사지'를 통해 인간관계의 문제를 해결하는 구체적 사례를 살펴보겠습니다. 같은 회사의 동료가 승진해서, 지금 자신의 기분이 매우 좋지 않다고 가정해보겠습니다. 참 속상한 경우죠. 동료의 승진도 속상하고, 그런 동료의 기쁨을 진심으로 축하해주지 못하는 것도 속상합니다. 이런 때는 어떻게 자신의 생각과 감정을 다스려야 할까요?

이래저래 골치가 아플 때는 무조건 '몰입'하십시오. 당장 좋은 답이 나올 것 같지도 않고 이런저런 번뇌와 근심만 늘어간다면, 몰입이 최선의 답입니다. 곧장 자신의 들이쉬고 내쉬는 '호흡'을 바라보세요. 그러면서 "모른다!"를 반복하십시오. 5분 정도만 투자하면 우리 마음에 생긴 먹구름이 맑게 개일 것입니다. 거칠어졌던 호흡이 고요해지고 좁아졌던 시야가 다시 넓어질 것입니다.

이러한 상태에서 자신과 동료 간의 일을 강 건너 불구경 하듯이 객관적으로 바라보십시오. 의식적·무의식적으로 '나의 입장'만을 내세우면서 인간관계의 문제를 해결하려고 해서는 곤란합니다. 나와 남을 구분하지 않고 동등한 위치에 놓고 바라보는 '슈퍼의식'이 등장해야만, 객관적이고 공정한 역지사지의 태도를 유지할 수 있습니다.

슈퍼의식이 발현되어 몸과 마음이 편안해진 상태에서, '질투'의 감정에 매몰되지 않도록 조심하면서, "내가 만약 동료의 입장이었다면 동료들이 어떻게 자신을 대해주기를 바랄까?"를 생각해보십시오. 내가 동료의 입장이라면 동료들이 자신의 승진을 진심으로 축하해주길 바랄까요? 아니면 질투하고 실패를 염원하기를 바랄까요? 사심 없는 명확한 판단을 내려보십시오.

몰입 상태의 초연한 시각에서 나와 동료 간의 문제를 들여다보고, 내가 동료의 입장이었다면 진심으로 축하받기를 원했으리라는 것이 명확하다면, 진심으로 동료를 축하해주십시오. 혹시라도 질투의 감정이 일어난다면, 단호하게 "나는 너를 모른다!"라고 선언하십시오. 그런 감정은 인간인 이상 누구나 갖는 것입니다. 그런 생각에 죄책감을 느낄 필요는 없습니다. 인간은 누구나 '자신'이 최우선이니까요. 다만 그런 '나에 대한 사랑'에 너무 집착하지만 않으면 됩니다.

'나에 대한 사랑'이 본능적으로 존재하지 않는다면, 이 험난한 인생을 어떻게 살아갈 수 있겠습니까? 우리가 생존을 위해 '식욕'이 없으면 안 되는 것과 동일합니다. 다만 지나친 식탐은 우리 인생을 망칠 수 있듯이, 절제되지 못한 '나에 대한 사랑'은 우리 인생을 망쳐놓을 것입니다. 내 마음에 이기적인 생각과 감정이 일어나더라도, "그래 너도 살아보려고 그러는구나?", "너에게는 그것이 가장 소중하겠지?"라고 자신을 마치 타인인 양 객관적으로 바라보면서, "하지만 나는 너에게 힘을 실어주지 않겠다!", "나는 너를 모른다!"라고 단호히 선언하기만 하면 됩니다. 우리가 관심과 권한을 주지 않는다면, 어떠한 '부정적인 생각·감정'도 우리를 해치지 못합니다.

이 우주는 "뿌린 대로 거두리라!"는 '인과공식'에 의해 운행되고 있습니다. 콩 심은 데 콩 나고 팥 심은 데 팥 나는 법입니다. 남의 성공을 시기하지 마십시오. 우리 자신도 머지않아 똑같은 경우를 당할 것입니다. 남의 성공을 진심으로 기뻐해주십시오. 우리도 머지않아 똑같은 대우를 받을 것입니다. 우리는 이렇게 서로가 서로를 배려하면서 살아야 합니다.

우리가 과거·현재·미래로 흐르는 '시간時間'과 동서남북의 '공간空間'에서 벗어날 수 없듯이, 상하·전후·좌우의 '인간人間'에서도 벗어날 수 없습니다. 인류가 살아가는 한에는 이 시간·공간·인간에서 벗어날 수 없습니다. 특히나 인간은 '인간관계' 속에서 살아갈 때, 진정한 '인간'이 될 수 있을 것입니다.

그래서 환웅과 단군은 홍익인간弘益人間 즉 "인간을 널리 도와라!"라고 국시를 세운 것이며, 유교의 성자 공자는 "내가 당하기 싫은 일을 남에게 가하지 말라!"는 인자함(仁)을 강조한 것입니다. 또한 불교의 성자 부처는 "나에게 좋은 것을 남에게 베풀고, 남의 아픔을 나의 아품으로 여겨라!"는 자비를 강조한 것이며, 예수 그리스도는 "남에게서 바라는 대로 남에게 해주어라!"는 황금률을 강조한 것입니다.

　이 모두를 한마디로 표현하면 '역지사지'입니다. '나에 대한 사랑'으로 충만한 인간들끼리 모여서 화합하여 살고자 한다면, 서로의 입장을 배려하여 서로 '윈윈'(Win-Win)하는 방법을 모색하는 도리밖에 없다는 것입니다. 우리는 '몰입'과 '3박자 사고'를 활용하여 일상에서 언제 어디서나 '역지사지' 하는 삶을 살 수 있습니다. 우리가 마음을 내기만 한다면 말입니다. 양심을 따라 서로 화합하고 살 것인지, 양심을 위배하고 나만 살겠다고 이웃의 불행을 무시할 것인지는 철저히 우리 손에 달려있습니다.

유튜브(YouTube): 윤홍식의 즉문즉설—배우자의 무례함에 대한 대처

6
양심성찰의 요령

　사람은 언제나 '다른 사람'과 더불어 살아가야 합니다. 우리는 늘 다른 사람과의 관계 때문에 기뻐하고 슬퍼하며 인생을 만들어갑니다. 그러니 후회 없는 인생을 살기 위해서는, 올바른 인간관계를 맺는 달인이 되어야 합니다. 인간관계의 올바른 결정을 위해서는, 나와 남 모두를 두루 배려하는 '슈퍼의식(양심)'의 소리를 선명히 듣고 따르는 것이 가장 핵심일 것입니다. 그 소리를 좀 더 선명히 들을 수 있도록 돕기 위한 것이 '양심성찰'입니다. 몰입사고에 바탕을 둔 양심성찰의 구체적 요령은 다음과 같습니다.

❶ 몰입(경敬)

　인간관계에 있어서 '올바른 결정'을 하기 위해서는, 먼저 "모른다!"와 "괜찮다!"를 통해서 마음을 리셋하여 슈퍼의식(양심)을 각성해야 합니다. 선입견이나 감정의 앙금이 있으면 '올바른 결정'을 내릴 수 없습니다. 그리고 몰입을 통해 내면의 슈퍼의식(양심)이 드러나야만, 우리는 양심의 소리를 선명하게 듣고 이해할 수 있습니다.

❷ 사랑(인仁)

마음이 고요하고 평온해지면 슈퍼의식(양심)과 하나가 된 마음으로, 자신을 포함하여 이 일에 관련된 사람들의 진솔한 마음을 헤아려보십시오. 어떠한 선입견을 배제하고 있는 그대로의 심정들을 두루 느껴보십시오. "나는 솔직히 무엇을 원하는가?", "나는 솔직히 무엇이 두려운가?"라고 물어보십시오. 그리고 "상대방의 심정은 어떨까?", "내가 상대방이라면 무엇을 원하고 두려워할까?"라고 물어보세요. 상대방의 마음을 있는 그대로 이해하고 느끼다 보면, 슈퍼의식(양심)의 자명한 울림이 좀 더 선명히 느껴질 것입니다.

❸ 정의(의義)

다음으로 관련된 사람들에게 내가 당하기 싫은 일을 가한 것은 없는지 두루 느껴보시기 바랍니다. 또한 자신이 부당한 대우를 받은 부분이 있다면 무엇인지 정확히 느껴보십시오. 양심의 소리에 귀를 기울여보십시오. 그리고 그것을 바로잡기 위해서는 어떤 방법을 취하는 것이, 가장 정의롭고 양심에 부끄럽지 않은지 생각해보시기 바랍니다.

❹ 예절(예禮)

다음으로 자신의 생각과 언행이 상황에 적절한지를 공정하고 초연한 안목으로 살펴보시기 바랍니다. 내가 내린 결정대로 상대방에게 말하고 행동했을 때, "상대방은 무례하다고 느끼지 않을까?"라고 물어보세요. 내가 상대방이라면 무례하다고 느낄만한 부분은 없나요? 양심의 소리에 귀를 기울여보십시오. 자신이 현재 처한 상황을 허심탄회하게 수용하고 인정하고 있는지도 아울러 바라보시기 바랍니다. 받아들여야 하는 것은 곧장 수용하고 받아들이는 것이, 상황과 조화를 이루는 자명한 일이니까요.

❺ 지혜(지智)

이상의 분석을 두루 거친 다음 자신의 판단이 정말로 자명한지 뭔가 찜찜한 것은 없는지, 찜찜한 것이 있다면 어떤 부분 때문인지 명확히 따져보십시오. "나의 결정이 100% 옳다는 확신이 드는가?", "나의 결정에 조금이라도 찜찜한 부분은 없는가?"라고 물어보십시오. 양심의 소리에 귀를 기울여보십시오. 또한 자신에게 이 사안과 관련하여 선입견은 없는지, 체험에 기반을 둔 자명한 정보에 따른 판단인지도 살펴보십시오.

❻ 최종결론

이상의 5가지 질문을 모두 만족하는 결정이 '올바른 결정'입니다. 올바른 결정대로 말하고 행동한다면, 인간관계에 있어서 절대로 후회할 결정을 하지 않게 될 것입니다. 몰입과 역지사지의 3박자 사고를 통해 최선의 결정을 내리십시오.

내면에서 울리는 슈퍼의식(양심)의 소리는 자명함과 찜찜함으로 우리를 인도합니다. 양심의 울림에 관심을 기울이고 위의 사항들을 하나하나 공정하게 점검하고, 내면의 자명한 울림에 따라 삶의 중요한 선택을 하는 것, 이것 자체가 '영성지능의 계발'로 나아가는 길입니다. '양심성찰'은 양심을 더 잘 이해하고 실천하기 위한 분석이니까요.

쉬운 것부터 적용해보면서 조금씩 삶 전반에 적용해보십시오. 하루하루 분석이 쌓이다 보면, 삶의 기로에서 늘 자명하고 지혜로운 판단을 내리실 수 있게 될 것입니다. 여러분의 인격은 날로 성숙할 것이며 놀라운 축복들이 기다릴 것입니다. 인생 전체의 질이 확연히 달라질 것입니다. 이것이야말로 진정한 삶의 기적입니다. 늘 양심에 비추어 자명하고 당당한 삶을 사십시오. 인간으로서 가장 아름답고 숭고한 길입니다.

유튜브(YouTube): 양심노트(사난노트) 작성법

유튜브(YouTube): 양심노트(육바라밀노트) 작성법

7
몰입사고법으로
창조성 기르기

학교에서나 직장에서나, 이 시대는 우리에게 끝없이 '창조성'을 요구합니다. 남들과 다른 창조적인 생각과 작품을 내놓으라고 우리를 닦달합니다. 그런데 창조성을 막는 주범은 무엇보다 '고정관념'입니다. 몰입을 통해 마음을 초기화시켜 고정관념만 내려놓을 수 있다면, 우리는 얼마든지 창조성을 얻을 수 있습니다.

창조성을 기르고 싶다면 먼저 자신이 가진 모든 '고정관념'을 내려놓을 수 있어야 합니다. 고정관념을 내려놓을 때 우리는 '새로운 시각'으로 사물을 볼 수 있게 됩니다. 방법은 어렵지 않습니다. 자신의 '이름'만 잊을 수 있으면 됩니다. "모른다!"라고 선언하고 존재해보십시오.

그냥 '이름 없는 존재'로 존재해보십시오. '이름'을 잊음과 동시에 우리의 묵은 과거도 몽땅 사라집니다. 우리는 새로 태어난 것처럼 순수해질 것입니다. "나는 새롭게 태어났다!"라고 선언해보십시오. 이 상태라야 '창조성'이 제대로 드러날 것입니다. 이 상태를 즐기십시오. 한없이 순수해질수록 모든 것이 한없이 신선하게 다가올 것입니다.

이 상태에서 자신의 '기존 시각'을 검토해보십시오. 자신의 시각에서 보이는 '편향성'을 알아차리십시오. 자신에게 존재하는 '사고의 습관'을 알아차려보십시오. 새로 태어난 상태에서는 모든 것이 손쉽게 알아차려집니다. 자, 이제는 '새로운 시각'에서 사물을 바라보십시오. 창조성은 억지로 길러지는 것이 아닙니다. 새로운 시각에서 사물을 바라보는 감동 속에서 자연스럽게 우러나오는 것입니다. 마음을 초기화할 수만 있다면 누구나 창조성이 샘솟을 것입니다.

8
몰입사고법으로 올바른 선택하기

인생은 철저한 선택의 연속입니다. 우리는 매 순간 선택을 통해 우리가 원하는 목표에 접근해갑니다. 따라서 몰입사고법을 바탕으로 한 지혜로운 선택만이 우리가 원하는 목표를 손쉽게 이룰 수 있도록 도와줄 것입니다. 사실 우리는 누구나 행복한 삶과 성공한 삶 그리고

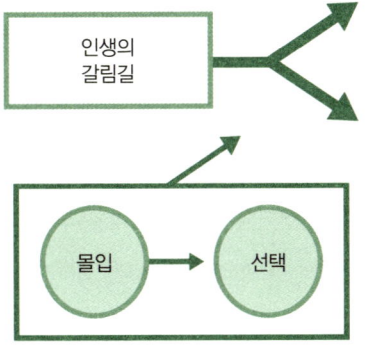

:: 몰입으로 선택하기 ::

건강한 삶을 꿈꾸지만, 이러한 목표에 정반대가 되는 선택을 함으로써, 목표에서 점점 더 멀어지는 경우가 허다합니다.

우리는 아무리 상황이 급박하더라도 자신에게 도움이 되는 선택을 여유 있게 판단할 수 있어야 합니다. 올바른 선택에 방해가 되는 두 가지 적은 바로 '고정관념'과 '욕심'입니다. 아무리 좋은 방안이 있어도 무의식중에 습관적으로 고정관념에 따른 선택만 한다면, 같은 실수가 매번 반복될 것입니다. 또한 아무리 상황을 정확히 읽어냈다고 하더라도, 당장 자신의 욕심에 저촉이 되는 경우에는 올바른 선택을 하기 어렵습니다. 우리의 인생목표에 도움이 되는 방안이라 할지라도, 당장 나에게 해를 가할 것 같으면 선택을 피하기 십상입니다.

아무리 급박한 상황이라 할지라도 무의식적으로 습관적으로 선택해서는 절대로 안 됩니다. 그런 선택은 항상 후회를 부를 뿐입니다. 자신의 소소한 이해관계에 흔들려서도 안 됩니다. 멀리 내다보고 장기적으로도 탁월한 방안을 선택할 수 있어야 합니다. 이런 올바른 선택을 하고 싶다면, '몰입사고법'을 활용해야 합니다.

먼저 '몰입'을 통해 과거의 잘못된 선택에 대한 후회도 내려놓고, 자신의 오래된 고정관념도 비우고, 모든 이해관계에서 초월해야 합니다. 그래야 올바른 최선의 답안을 선택할 수 있습니다. 이런 몰입 상태를 유지하면서 다음의 내용들을 반드시 점검해보십시오. ① 먼저 "내가 가진 정보는 충분하며 100% 옳은가?"를 스스로에게 물어보십시오. 제한된 정보나 왜곡된 정보는 철저히 배제해야만 올바른 결정을 할 수 있으니 말입니다. ② 다음으로 "내 결정에 내 욕심만 챙긴 부분은 없는가?"라고 스스로에게 물어보십시오. 절대로 '내 입장'만을 생각하고 배려하는 결정을 해서는 안 됩니다. 당장에는 우리 자신에게 유리할지 모르지만, 멀리 보면 반드시 재앙을 낳는 씨앗이 될 것입니다.

③ 마지막으로 "이 결정이 나와 남 모두에게 도움이 되는가?"라고 물어보십시오. 우리와 만나는 모든 사람들이 항상 선물을 받게 하십시오. 나 자신만을 위한 결정은 언제고 추하고 부끄러운 마음의 짐이 될 뿐입니다. 오직 나와 남을 모두 배려한 결정만이, 아무리 세월이 흘러도 돌아볼 때마다 자랑스러운 마음의 힘이 될 것입니다. 이러한 보람을 맛보지 못한 인생은 살아도 산 것이 아닙니다. 그냥 세상에 왔다 가는 것이야 누군들 못하겠습니까? 비록 한정된 시간이지만 '제대로 사는 것', '보람 있게 사는 것'이 어려울 뿐입니다.

9
몰입사고법으로 책 읽기

　슈퍼의식이 발동하게 되면 무의식에 저장된 정보들을 바탕으로 창조적 아이디어를 산출할 수 있는데, 이때 기존에 저장된 정보량이 적으면 그만큼 슈퍼의식의 활용도가 떨어지게 됩니다. 평소에 양질의 정보, 정확한 정보를 많이 저장해놓을 필요가 있습니다. 좋은 정보를 짧은 시간에 효과적으로 습득할 수 있는 방법은 바로 '독서'입니다.

　우리는 몰입을 통해서 평소 독서를 통해 습득한 정보들을 바탕으로 최선의 요리를 할 수 있습니다. 그런데 정보를 활용할 때도 몰입이 필요하지만, 정보를 입력할 때도 몰입이 필수적입니다. 따라서 독서를 할 때도 '몰입사고법'을 바탕으로 할 때, 최고의 독서를 할 수 있습니다. 우리가 독서를 효과적으로 하기 위해서는, 몰입을 통해 사고력과 창조력, 기억력을 최대로 활용하면서 독서하는 법을 정확히 숙지해야 합니다.

우리가 효과적으로 '독서삼매'에 들어갈 수 있으려면, 반드시 몰입해서 책을 읽어야 합니다. 책을 읽을 때는 책만 생각하고 책만 바라봐야 합니다. '대상에 대한 몰입'을 활용하여 책에 대해 몰입할 수 있어야 합니다. 마음속으로 "책!"이나 "독서!"라고 암송하면서 책에 마음을 모아가면서 읽는다면 매우 효과적일 것입니다. 이때 독서를 방해하는 다른 잡념이 끼어든다면, "모른다!" 혹은 "괜찮다!"라고 단호히 선언하십시오. 독서를 방해하는 모든 잡념을 내려놓고 책에 몰입할 수만 있다면, 독서를 하는 순간이야말로 최고로 행복한 순간이 될 것입니다.

몰입이란 '지금 이 순간'에 전념하는 기술입니다. 따라서 독서를 할 때는 한 페이지, 한 페이지에 전념할 수 있어야 합니다. 마음이 다음 페이지에 가 있어서는 안 됩니다. 지금 읽는 페이지에 몰입하지 못하고 다음 페이지에 마음이 가 있다는 것은, 지금 이 순간에 집중하지 못하고 미래에서 헤매고 있는 것과 동일합니다. 지금 이 순간, 오직 이 페이지에만 집중하십시오! 그래야 책이 효과적으로 정복됩니다. 자꾸 다음 페이지에 마음이 가 있어서는, 지금 읽는 페이지를 아무리 읽어도 잘 이해도 안 되고 기억도 잘 안 됩니다. 항상 정신을 모아서 지금 이 순간에 최선을 다하십시오.

독서할 때는 마음이 조급해져서는 안 됩니다. 항상 "모른다!" "괜찮아!"라고 단호히 선언함으로써, 자신을 다스려가면서 느긋한 마음으로 책을 음미해야 합니다. 책의 분량에 압도당하거나 시간에 쫓기게 되면, 마음이 조급해져서 아무리 읽어도 이해가 안 되고 한 번 보면 될 것을 두 번 세 번 봐야 하는 상황이 벌어지게 됩니다. 천천히 가는 것이 오히려 빨리 가는 것입니다. 책은 몰입으로 슈퍼의식을 각성하여 즐겁고 활기차게 읽어야 합니다. 근심이나 조급함으로 스트레스 상태에 빠져서 책을 읽으면 끝내 이해되지 않는다는 사실을 명심하십시오.

몰입을 해서 독서를 하기 위해서는 분량을 최대한 줄이고, 시간을 넉넉히 확보하고 읽으면 됩니다. 조금씩 읽어가자는 것이죠. 여유를 가지고 조금씩 읽어가면 읽는 내용들이 머리에 와서 박히게 될 것입니다. 몰입하고 읽은 책은 사고력과 기억력이 활발해진 상태에서 본 것들이라 이해도 잘 되고 기억도 잘 됩니다. 우리가 몰입할 수 있는 능력보다 큰 분량을 접하면 몰입도가 떨어집니다. 그러나 큰 덩어리를 쪼개서 조금씩 몰입해가면, 항상 몰입 상태에서 정보를 완전히 내 것으로 소화할 수 있습니다.

몰입으로 독서를 해야 하는 큰 이유는, 몰입하지 않고 자신의 고정관념과 선입견에 얽매여서 책을 읽게 되면, 아무리 책을 많이 읽어도 글쓴이의 의도를 전혀 이해하지 못한다는 데 있습니다. 책은 최대한 선입견을 버리고 역지사지의 마음으로 읽어야 합니다.

대화나 책이나 똑같습니다. 작가의 의도를 빨리 파악하는 사람은 대화 중에도 남의 의도를 빨리 파악합니다. 항상 '역지사지의 마음'

이 문제입니다. 역지사지의 마음은 '몰입'을 통해 기를 수 있습니다. 몰입하여 슈퍼의식을 각성하십시오. 그리고 나와 남을 모두 객관적으로 바라보면서 책을 읽으십시오. 내 입장을 잠시 내려놓고 남의 입장을 실감나게 이해하는 것, 이것이야말로 독서를 통해 얻을 수 있는 최고의 선물입니다.

다만 한 가지 주의해야 할 것이, 느긋한 마음으로 독서를 한다고 해서 아무런 문제의식 없이 책을 읽어서는 안 된다는 것입니다. 몰입해서 책을 읽는다는 행위는 신바람이 나서 집중적으로 정보를 처리하는 행위입니다. 단순히 멍한 상태가 아니라는 것이죠. 느긋하고 이완된 마음으로 몰입을 하되, 머릿속은 고속 회전해야 합니다.

새로운 정보와 예전의 정보를 비교하고 검토해보고, 새로운 결론을 입력해야 합니다. 이런 정보처리 과정에서 '의문'이 나면 3박자 사고를 통해 의문을 풀어야 합니다. 매너리즘에 빠져서 막연한 마음으로 책을 읽어서는, 책은 책이고 나는 나일 뿐이게 되어 아무런 도움이 되지 않을 것입니다.

"이런 주장의 근거는 뭐지?", "이 작가의 주장에는 모순이 없는가?", "내 생각과 다른 부분은 무엇이며 누구의 주장이 더 타당할까?" 등 많은 의문을 던져보십시오. 내 평소 고정관념대로 막연하게 책을 읽어서는 자신의 고정관념만 강화될 뿐입니다. 아무리 많은 정보를 습득했더라도, 그 정보가 모두 왜곡된 정보라면 독서를 안 한 것만 못하게 될 것입니다. 참으로 심각한 일이 아닐 수 없습니다.

책을 읽을 때는 반드시 '문제의식'을 가지고 읽으십시오. 그리고 한 번 생긴 의문은 반드시 몰입사고를 통해 끝까지 파고들어서 답을 얻으십시오. 그렇다고 풀리지 않는 의문을 가지고 너무 고민하지는 마시기 바랍니다. 스트레스가 발생하여 몰입 상태를 깨뜨리게 됩니다. 스트레스 상태에서는 좋은 답이 나오지 않습니다.

마음이 스트레스 상태에 빠지게 되거든, "모른다!" "괜찮다!"의 '판단중지'를 활용하여 마음을 깨끗이 비우고 다시 책을 읽어 가십시오. 마음이 너무 흔들려서 도저히 책을 더 읽기 힘들다면, 잠시 책을 내려놓고 일체의 의문을 내려놓은 다음 '나에 대한 몰입'을 하고 다시 책을 읽어가면 됩니다. 즐겁고 여유로운 몰입 상태에서만 좋은 답이 나온 다는 것을 명심하십시오.

유튜브(YouTube): 고전콘서트 – 주자의 독서법

10
몰입사고법으로 기억하기

우리가 몰입 상태에 들어가면 사고력이 증진될 뿐만 아니라 기억력도 증진됩니다. 우리가 효과적으로 뭔가를 잘 기억해두었다가 필요할 때 그것을 꺼내서 쓰고자 한다면, 몰입 상태에서 기억할 수 있어야 합니다. 외워야 할 대상을 접했을 때, 대상에 몰입을 해야 합니다.

몰입 4단계를 통해서 대상과 하나 됨을 느낄 정도로 순간 집중력을 끌어올려야 합니다. 이때 우리 뇌에서는 암기에 최적의 뇌파인 알파파나 세타파가 활성화됩니다. 이런 몰입 상태에서 "이 정보는 내 머릿속에 잘 저장되어 있다가, 최적의 타이밍에 검색해서 쓸 수 있을 거야!"라고 확신하면서 외워보십시오.

이때 생생한 기억을 위해서는 '오감'을 잘 활용할 수 있어야 합니다. 오감을 총동원해서 마음속으로 생생하게 그리면서 기억해야 합니다. 눈을 감고 눈앞에 암기해야 할 대상을 선명히 그려보십시오. 그리고 만져보고 느껴보십시오. 오감을 활용해서 실감나게 기억한다면 기억은 훨씬 오래갈 것입니다.

이렇게 몰입하여 기억한 다음에 모든 것을 내려놓고 잊어버리십시오. 그리고 항상 최고의 기분을 유지하면서, 슈퍼의식에게 모든 것을 맡겨놓으면 됩니다. 진짜 망각하는 것이 아니라 잠시 내 의식에서 내려놓는 겁니다. 내 내면에 스스로 안착할 수 있는 시간을 주는 것입니다.

그리고 몰입 상태를 유지하시면서 일정 시간이 지났을 때, 외웠던 내용을 다시 떠올려보십시오. 기억이 나는지 확인해보십시오. 내면에 잘 안착했는지 확인해보십시오. 혹시라도 기억이 나지 않는다면 스트레스를 받지 말고 몰입하여 다시 집중적으로 외우십시오. 외운 정보들은 정기적으로 기억해내지 않으면 깡그리 사라지게 됩니다.

이 사실을 명심하십시오. 수시로 확인하여 정보들이 잘 안착되었는지 확인하고, 혹시 잊어버린 부분이 있다면 다시 몰입하여 암기하십시오. 잊어버린 기억 때문에 스트레스를 받지 마십시오. "몰라!" "괜찮아!"로 마음을 리셋하고, 기분 좋게 미소를 지으며 몰입하여 암기하십시오. 몰입을 통해 정보들을 하나하나 머릿속으로 그려보고 그 생생한 느낌을 저장해두면, 필요한 순간에 활용하기 좋은 상태로 저장될 것입니다.

• 몰입의 달인 •
니콜라 테슬라

'지구에 잘못 태어난 외계인'이라고까지 불리는 천재적인 과학자 니콜라 테슬라(1856~1943)는 몰입에 있어서도 천재적이었습니다. 그는 자라면서 자연스럽게 몰입을 통해 슈퍼의식을 각성시킬 수 있었습니다. 이러한 재능은 그의 위대한 발명에 큰 역할을 차지했습니다. 그는 몰입 상태에서 이미지를 시각화하는 능력이 탁월했는데, 머릿속으로 미리 발명품을 세세한 부분까지 설계하고 작동도 시켜본 뒤에 제작에 들어갔다고 합니다.

이 모든 신비한 능력은 슈퍼의식의 활용에 다름 아닙니다. 선천적으로 이런 재능이 있는 경우도 있겠으나, 누구나 후천적인 노력으로 몰입 상태를 유도할 수 있는 만큼, 테슬라와 같은 천재의 재능에 주눅들 필요는 없을 것입니다. 테슬라의 라이벌이었던 에디슨이 천재는 99%의 노력과 1%의 영감으로 이루어진다고 했던 충고를 잊지 맙시다.

• 선비들에게 배우는 몰입 노하우 •

몰입 상태에서는 항상 깨어있다
포저浦渚 조익趙翼(1579~1655)

대개 마음을 붙잡아 챙기고 있을 때는
이 마음은 하나가 되니,
이것이 바로 마음을 하나로 몰입하는 것이다.
이러한 상태에서는 마음이 저절로 안으로 수렴되어
한 물건도 다른 대상은 용납하지 않는다.
또한 이때에는 정신이 저절로 혼미하지 않게 되니,
이것이 바로 항상 깨어있는 것이다.

(『포저집』)

• 창의적 아이디어 노트 • *

사안	내용
깨어있음	지금 이 순간 깨어있는가? (정신 차림)
정보수집(박학博學, 심문審問)	이 문제를 해결하기 위해 이미 알고 있거나, 질문, 독서, 검색을 통해 수집한 핵심적인 정보는 무엇인가? 문제를 풀기에 정보가 충분한가? 신뢰할 수 있는 정보인가?
분석(신사愼思)	수집된 정보를 통해서 분석한 결과 문제의 원인은 무엇이며 몇 가지 대안/아이디어/경우의 수가 도출이 되는가?
아이디어(신사愼思)	산책, 휴식, 명상 중 '아하!' 하는 자명한 아이디어나 해결책이 있었는가?
논의·양심분석(신사愼思)	다양한 이해관계자와 정신 차리고 논의해본 결과 자명한 것은 무엇인가? 혹시 양심(인의예지)에 어긋나는 것은 없는가?
답안(명변明辨)	이상의 과정을 통해서 도출된 가장 자명한 답안은 무엇인가?
피드백(독행篤行)	도출된 답안으로 실행해본 뒤 결과 및 배울 점은 무엇인가?

* 5단계 연구법을 응용하여 창의적 아이디어의 도출과 문제 해결을 돕는 노트입니다.

• 양심잠良心箴 • *

1. 몰입 : 마음을 리셋했는가?

2. 사랑 : 상대방의 입장을 내 입장처럼 진심으로 이해하고 배려했는가?

3. 정의 : 내가 당하기 싫은 일을 상대방에게 가하지는 않았는가?

4. 예절 : 처한 상황을 있는 그대로 진심으로 수용하고, 생각과 언행이 겸손하며 상황과 조화를 이루었는가?

5. 성실 : 양심의 인도를 따르는 데 최선의 노력을 기울였는가?

6. 지혜 : 나의 선택과 판단은 찜찜함 없이 자명한가?

유튜브(YouTube): 양심성찰 가이드

* 우리 내면에 존재하는 슈퍼의식(양심)을 일깨우는 글입니다. 6가지 질문을 통해 내면의 양심을 밝혀내시기 바랍니다. 양심잠의 구체적 분석은 '양심노트'를 활용하십시오.

• 양심노트 • *

　　년　월　일

....

사안 |

....

몰입 | 지금 이 순간 깨어있는가?

　　　 당시에는 깨어있었는가?

....

사랑 | 상대방의 입장을 내 입장처럼 진심으로 이해하고 배려했는가?

....

정의 | 내가 당하기 싫은 일을 상대방에게 가하지는 않았는가?

....

예절 | 처한 상황을 있는 그대로 진심으로 수용했는가?

　　　 생각과 언행이 겸손하며 상황과 조화를 이루었는가?

....

성실 | 양심의 인도를 따르는 데 최선의 노력을 기울였는가?

....

지혜 | 나의 선택과 판단은 찜찜함 없이 자명한가?

....

최종
결론 |

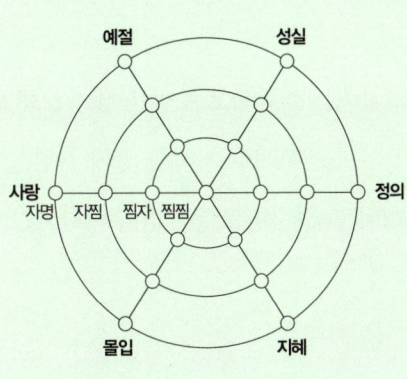

*네이버 카페 홍익학당(www.hihd.co.kr)에서는 양심노트 파일을 무료로 제공해드리고 있으며, 본 카페에 소개된 홈페이지(http://hihd.cafe24.com)에서 노트 형태로 제작한 양심노트를 구입하실 수 있습니다.

• 양심노트의 사례 •

● 사안

이번 주말 가족들과 함께 보내기로 했는데, 갑자기 급작스런 회사 일이 생겨 출근을 하게 되었다. 이 일로 아내가 매우 상심하여 내게 짜증을 냈다.

❶ 몰입

지금 이 순간 깨어있는가? 예.
당시에는 깨어있었는가? 예. 계속 깨어있으려 했다.

❷ 사랑

상대방의 입장을 내 입장처럼 진심으로 이해하고 배려했는가?

아내는 계획대로 주말을 함께 보내길 원한다.
나도 계획대로 가족과 함께 주말을 보내길 원한다. 그렇지만 내가 해야 할 회사일도 문제없이 처리하길 원한다.

❸ 정의

내가 당하기 싫은 일을 상대방에게 가하지는 않았는가?

아내는 가족과 사전에 계획을 세웠는데 나 때문에 계획이 틀어지는 것을 원하지 않는다.

나는 아내에게 원망 받는 게 싫지만, 회사 상사나 동료로부터 싫은 소리 듣는 것도 원하지 않는다.

❹ 예절
처한 상황을 있는 그대로 진심으로 수용했는가?

그렇다. 깨어있다 보니 상황을 받아들일 수 있었다. 아내가 화를 내고 짜증내는 마음에도 공감이 갔고, 회사 상황도 이해가 갔다.

생각과 언행이 겸손하며 상황과 조화를 이루었는가?

그렇다. 일단 아내가 짜증내는 것을 최대한 진지하고 성의 있게 충분히 들어 주었다. 그리고 내 입장과 내가 원하는 점도 성의 있게 말했다. 좋은 대안을 찾아 다시 계획을 짜자고 말했다.

❺ 성실
양심의 인도를 따르는 데 최선의 노력을 기울였는가?

그렇다. 깨어있는 상태에서 아내의 입장과 내가 처한 상황을 이해하고 최선을 다해 응대하려 했다.

❻ 지혜
나의 선택과 판단은 찜찜함 없이 자명한가?

주어진 상황에서 최대한 자명하게 판단하려 하였다.

● 최종결론

어려운 상황이었지만 깨어서 양심대로 처리하려 하니, 아내도 불만은 있지만 내 입장을 이해하게 되었다. 아내의 마음을 풀어 줄 다른 대안을 함께 고민하기로 했다.

율곡에게 배우는 몰입사고의 비결

율곡 이이의 『성학집요聖學輯要』

선비는 모름지기 항상 '몰입'(敬)을 주로 하여 경각이라도 잊어버려서는 안 됩니다. 일을 처리해야 할 때에는(대상에 대한 몰입) 정신을 하나로 모아 깨어있으면서 마땅히 몰입하는 대상에 머무르게 할 수 있어야 합니다. 또한 일이 없이 정좌靜坐하고 있을 때에는(나에 대한 몰입) 생각이 일어난다면 반드시 무엇에 대한 생각인가 알아차려야 합니다(몰입으로 양심성찰).

> 몰입에는 2가지가 있으니, ① 나에 대한 몰입과 ② 대상에 대한 몰입이 있습니다. 일을 처리할 때는 처리해야 할 대상에 몰입하며 슈퍼의식을 활용해야 하며, 일이 없을 때는 고요히 앉아서 나에 대한 몰입을 통해 슈퍼의식과 하나가 되어, 몰입력을 충전할 수 있어야 합니다. 2가지 몰입을 자유자재로 활용할 수 있어야 몰입의 달인이 될 수 있습니다. 또 한 생각이 일어나면 반드시 몰입하여 알아차려서, 양심성찰을 통해 자명한 생각인지 찜찜한 생각인지를 검토하여, 선과 악을 판정할 수 있어야 합니다.

그것이 만약 '악한 생각'(惡念)일 것 같으면 곧 용맹하게 단절시켜("몰라!" "괜찮아!") 털끝만큼이라도 다시 나타날 실마리를 남겨두지 말아야 합니다. 만약 '선한 생각'(善念)이면서 마땅히 생각해야 할 만한 것이라면, 그 원리를 연구하여 풀리지 않은 바를 풀어서 원리를 더욱 밝혀야 합니다(몰입사고로 창조적 해답 찾기). 만약 선한 생각이라고 하더라도 그 적당한 때가 아니면 이것은 잡생각입니다.

> 한 생각이 ① 악한 생각이면 곧장 "몰라!" "괜찮아!"를 통해 차단해야 합니다. 만약 한 생각이 ② 선한 생각이면 2가지로 구분하여 대처해야 합니다. 먼저 그 생각이 지금 이 시점에서 반드시 자명한 결론을 내야 할 대상이라면 반드시 역량이 되는 한 창조적 해결책을 찾아내야 합니다. 그러나 만약 그 생각이 지금 이 시점에서 불필요한 잡생각이라면 단호히 대처해야 합니다.

'잡생각'(浮念)이 일어나는 것을 싫어하는 생각을 내면 더욱 어지럽게 됩니다. 이 싫어하는 마음 또한 잡생각인 것입니다. 잡생각인 것을 알아차린 뒤에는 다만 가볍게 추방하고("몰라!" "괜찮아!") 이 마음을 잘 챙겨서 잡생각을 따라가지만 않으면 그런 생각이 일어나더라도 곧 그치게 됩니다(나에 대한 몰입으로 복귀하여 몰입력 충전).

> 잡생각은 곧장 차단해야 하는데, "잡념을 없애야지…."라고 잡생각과 싸워서는 더욱 잡생각이 치성해지게 됩니다. 그냥 곧장 잡생각을 무

> 시하십시오. 잡생각과 싸우지 말고 그냥 모르쇠로 일관하십시오. "몰라!" "괜찮아!" 하고 무시하다 보면 자연스럽게 그런 생각들을 떨쳐 낼 수 있습니다. 잡생각을 내려놓고 나에 대한 몰입으로 돌아가십시오. 한 생각이 일어나면 언제든지 위와 같은 방법으로 대처하십시오.

이와 같이 공부를 하여 아침저녁으로 씩씩하게 하되, 속히 이루어지기를 바라지 말고 게으른 생각을 내지 말 것입니다. 만약 몰입하는 힘을 얻지 못하여 혹 가슴이 답답하고 우울한 생각이 들 때에는, 반드시 정신을 가다듬어 일으키고, 마음을 정결하게 하여 한 생각도 없게 하고, 기상을 맑고 평화롭게 하여야 합니다(나에 대한 몰입으로 몰입력 충전).

> 2가지 몰입을 자유로이 활용하여, 언제 어디서나 슈퍼의식을 활용할 수 있어야 참된 선비의 삶을 살 수 있습니다. 중요한 것은 당장에 효과가 나기를 바라는 성급한 마음을 버리고, 쉬지 말고 꾸준히 지속적으로 연습하는 것입니다.

이렇게 하기를 오래하여 순수해지고 익어가면, 정신이 모이고 안정되어서 항상 이 마음을 깨어서 알아차릴 수 있게 될 것입니다. 정신이 우뚝 서있게 되어 사물에 이끌려 더럽혀지지 아니하고(몰입으로 슈퍼의식의 각성), 사물이 나의 부림을 받아 뜻대로 되지 않는 것이 없게 될 것입니다(슈퍼의식이 주도하는 깨어있는 삶). 본체의 '광명함'이 훤히 드러나게 되고(슈퍼의식의 각성), 밝은 지혜가 훤히 비추어 매사의 일처리에 어긋남이 없게 될 것입니다(몰입사고의 극치).

차차 숙달되어 2가지 몰입에 능수능란해지면, 일이 있을 때나 없을 때나 늘 슈퍼의식과 함께 깨어있는 삶을 살 수 있게 됩니다. 언제나 슈퍼의식이 훤히 드러나서 삶의 주인공이 될 수 있습니다. 그리고 매사에 슈퍼의식의 자명함에 바탕을 둔 지혜로운 판단을 할 수 있게 됩니다. 몰입과 몰입사고의 달인이 될 때 참된 선비가 될 수 있습니다.

유튜브(YouTube): 율곡선생에게 배우는 몰입사고의 비밀

원효에게 배우는 몰입사고의 비결

원효(617~686)의 『금강삼매경론金剛三昧經論』

만약 정신이 하나의 대상에 머물러 있는데, 흐리멍덩하고 어두워서 정신을 차려 자세히 살필 수 없다면, 이것은 바로 '혼침'(정신이 혼미한 상태)이다.

> 대상에 대한 몰입에 있어서 마음이 산란하거나 혼침에 빠지게 되면 몰입 4단계에 도달할 수 없습니다. 1가지 대상만 마음에 품고 있더라도 혼침에 빠지면 '매몰'일 뿐입니다.

만약 정신이 하나의 대상에 머물러 있는데, 정신이 어두워지지도 않고 들뜨지도 않으면서 정신을 차려 자세하고 바르게 생각하고 살필 수 있다면, 이것은 바로 '삼매'(정신이 고요하되 또렷한 상태)이다.

> 산란과 혼침을 극복하고 대상에 대한 '몰입'이 선명하게 유지되면, 몰입 4단계에 도달하게 됩니다. 몰입 4단계에 도달하면 의식과 무의식을 초월하여 고요하되 또랑또랑한 슈퍼의식이 드러나게 됩니다. 이

렇게 슈퍼의식이 각성된 상태를 '삼매'라고 합니다. 이 상태에서는 뇌가 활성화되어 창조적인 사고와 판단을 할 수 있습니다. 올바른 '몰입사고'가 가능해집니다.

따라서 '생각하고 살필 수 있음' 때문에 저 '혼침'과 구별된다. 그러므로 '정신이 하나의 대상에 머무는 것'과 '여러 가지 대상으로 옮겨 다니는 것'으로써 '삼매'와 '혼침'이 구별되는 것이 아님을 알아야 한다.

혼침에 빠지면 무의식에 빠져서 '몰입사고'를 할 수 없게 됩니다. 몰입 4단계에 바탕을 둔 신바람이 나는 몰입사고가 가능하면, 아무리 많은 생각을 하더라도 평정심과 영감을 유지할 수 있습니다. 그러니 1가지 대상만 보고 있다 하여 삼매라고 할 수 없으며, 여러 가지 대상을 옮겨 다닌다고 삼매가 아니라고 할 수 없습니다.

1가지 대상만 보고 있더라도 혼침에 빠지면 '매몰'이 되며, 여러 가지 대상에 몰입하더라도 늘 신바람이 흐르면 '삼매'인 것입니다. 처음에는 한 가지 대상에 집중하기도 힘들겠지만, 차차 몰입사고가 익숙해지면 마음이 여러 가지 주제를 넘나들더라도 몰입 상태를 잃어버리지 않게 됩니다. 이러한 경지에 도달해야만 우리는 진정으로 자유로워질 수 있습니다.

유튜브(YouTube): 원효스님에게 배우는 몰입사고의 비밀

대승기신론에서 배우는 몰입사고의 비결

대승기신론 大乘起信論

앉아서 '나에 대한 몰입'에 전념할 때를 제외하고는, 일체의 때에 ① '응당 해야 하는 것'(선)과 ② '응당 해서 안 되는 것'(악)을 마땅히 남김없이 관찰해야 한다(몰입사고). 가고 머무르며, 눕고 일어날 때 모두 응당 '몰입'과 '몰입사고'를 함께 행해야 한다.

> 아무 일이 없을 때는 '나에 대한 몰입'을 통해 몰입력을 충전해야 합니다. 그 외에는 언제나 자신이 하는 일에 집중하여 '대상에 대한 몰입'을 바탕으로 '몰입사고'를 해야 합니다. 몰입사고를 통해 '양심성찰'을 닦아야만, 지혜를 얻어 옳고 그름을 자명하게 판단할 수 있습니다. 이렇게 '몰입'과 '몰입사고'를 자유롭게 활용할 수 있어야만, 진정한 보살의 삶을 살 수 있습니다.

유튜브(YouTube): 대승기신론에서 배우는 몰입사고의 비밀

나의 몰입 이야기

- **양심노트와 3박자 사고로 삶을 개혁하다**
  정우준(35, 회사원)

회사에 다니며 처음에는 어렵고 힘든 일도 반복할수록 익숙해져서 그럭저럭 할 수 있게 되었습니다. 하지만 업무 진행 방향이 예상과 다르게, 그것도 피하고 싶던 쪽으로만 급변하면서 출근해서 앉아 있는 것만으로도 마음이 힘들었습니다. 그즈음 예전에 읽었던 『5분, 몰입의 기술』을 다시 읽던 때라 지푸라기라도 잡는 심정으로 이를 실생활에 적용해보기로 했습니다.

회사에서 업무 시작 전에 "몰라, 괜찮아!"를 5~10분 정도 반복해서 마음을 정리하고 업무를 시작했습니다. 업무를 시작하면서 '양심노트'에 그날의 할 일을 적어 일을 빠트리지 않고 자명하게 처리하려고 노력했습니다.

싫은 일을 해야 할 때에도, 몰입을 통해 불필요한 마찰을 좀 더 줄이고 업무를 진행할 수 있어 업무를 시작하는 데 걸리는 시간을 많이 줄일 수 있었습니다. 『5분, 몰입의 기술』 안의 내용을 실생활에 적용해보기 전에는 속으로 불평을 하면서 딴짓을 하느라 많은 시간을 보냈던 것 같습니다.

중요한 보고서를 작성해야 하거나 의사 결정을 내리기 전에는 '양심노트'에 하나하나 풀어 써가면서 실수하지 않도록 노력했습니다. 상대방이 어떤 결과를 바라는지 이해하는 데 많은 도움이 되어, 좀 더 좋은 보고서를 작성하고 결정을 내릴 수 있었습니다. 특히 양심노트를 작성하면서 사내에서의 대인 관계 문제가 조금 더 좋아졌습니다. 모든 사람과 잘 지내게 된 것은 아니지만 불필요한 마찰은 많이 줄일 수 있었습니다.

회의를 하거나 아이디어를 내고 문제를 해결할 때에도 책의 내용이 많은 도움이 됐습니다. '5단계 연구법'을 많이 참고했는데 5단계 중 2단계인 '정보의 정확성'을 확인하는 것만으로도 불필요한 논쟁을 줄이고 회의 시간을 단축할 수 있었습니다. 아이디어 회의에서나 문제 개선을 위한 의견을 모으는 자리에서는 부정적인 의견이 나오면 보통 소모적인 논쟁이 시작되거나 좀 더 좋은 아이디어가 나올 싹이 잘리고 마는데, '5단계 연구법'과 '3박자 사고'를 통해 회의를 좀 더 긍정적인 방향으로 이끌 수 있었습니다. '양·음·합'의 3박자 사고를 적용하면서 반대 의견이 나와도 이를 통해 '합'을 이끌어내 보려 했던 게 도움이 됐던 것 같습니다. 여럿이 하는 회의뿐 아니라 혼자 검토할 때에도 많은 도움이 됐습니다.

요 몇 년 사이에 프로젝트 진행 상황에 큰 변화가 많았는데 원하지 않던 변화가 생겨 심지어 화가 나더라도 "모른다!"를 통해 감정과 나를 분리해서 상황을 온전히 이해하고, 제가 관여할 수 없는 부분은 받아들이려고 노력했습니다. 잘 안 될 때도 많았지만 그래도 계속 화가 난 채로 지냈으면 몸도 마음도 정말 힘들었을 것 같습니다.

『5분, 몰입의 기술』을 처음 읽었을 때에는 "좋은 내용이네."라고만 생각하고 말았는데, 몇 년 뒤에 책의 내용을 회사 생활에 적용하면서 실제로 해보니 된다는 것을 확인했습니다. 회사 생활이 크게 변한 것은 아니지만 조금씩 좋은 쪽으로 바뀌고 있는 것 같습니다. 여전히 잘 안 되는 부분도 많지만 그래도 전보다 조금씩이나마 나아지고 있어 다행이라고 생각합니다. 다른 분들도 이 책을 읽어보시고, 실제로 적용하시면서 많은 도움이 되길 바랍니다.

• 몰입과 양심계발로 신바람 나는 삶을 열다
이종원(41, 감정평가사)

저는 직장에서 회사 운영과 관련한 대내외적 제도의 기획과 심사 및 내부통제를 지원하는 업무를 담당했습니다. 업무의 성격상 매일같이 야근, 민원과 상담에 시달리면서, 한편으로는 회사의 실적 달성을 방해하지 않으면서도 적절한 내부통제를 유도하고 심사를 해야 한다는 부담에 늘 스트레스를 받았습니다.

특히 경영진과 영업담당 직원들이 영업실적을 승인해 달라며 매일같이 다양한 수단으로 압력을 행사하는 속에서, "규정과 양심을 지켜가며 내부통제와 심사업무를 수행하기는 어려운 것 아닌가?"라며 마음속으로 늘 찜찜함을 가지고 하루하루를 보냈습니다.

그러나 홍익학당의 몰입 프로그램과 양심계발 관련 강의들을 들으며 "양심과 지혜를 지키면서도 얼마든지 업무와 회사생활에 즐겁게 몰두하며 살 수 있다."는 확신을 얻었습니다. 그리고 '양심노트'를 쓰면서 업무상의 문제나 압력을 냉철하게 분석하고 해체하여, 지혜롭게 처리하는 방법을 조금씩 계발해 나갔습니다.

몰입에 대하여 올바른 개념을 정립하고 이를 틈틈이 훈련해 나가면서 업무와 회사, 동료들에 대한 집중력과 이해력이 높아졌고, 양심계발 훈련을 해 나가면서 같은 입장에 처한 팀 동료들, 경영진 및 영업담당 직원, 대내외의 민원인들에 대한 '역지사지易地思之' 수준도 자연스럽게 성장하고 있음을 느꼈습니다.

민원에 대처할 때는 상대방이 처한 입장을 충분히 이해하면서 객관적인 시각으로 합리적인 설명을 통해 남들보다 빨리 문제를 해결할 수 있었으며, 외부의 압력에 대해서는 팀 동료들과의 상담과 협의, 공유를 통해 집단적으로 대처하는 한편 유사 사례에 대한 정보, 법률적 지식을 틈틈이 연구하여 대응능력을 높여나갔습니다. 그 결과 몰입과 양심에 대한 공부를 시작한 지 1년여 만에 팀 동료들에게 인정받을 만큼 업무처리능력이 증대된 반면, 업무에 대한 고민과 스트레스는 많이 줄어들게 되었습니다.

특히 과거에는 심사나 민원업무 한 건 한 건이 모두 마음의 역량을 깎아먹는 커다란 장벽처럼 여겨졌었는데, 몰입과 양심에 대한 공부 이후 오히려 한 건 한 건이 모두 양심노트의 분석 대상이 되어 스스로의 양심계발 역량을 강화하는 도구가 되었다는 사실에 큰 기쁨을 얻고 있습니다. 한마디로 발상의 전환이 매우 긍정적으로 일어난 것으로 받아들여졌습니다.

• **몰입으로 여는 활기찬 직장생활**
이용학(33, 연구원)

저는 홍익학당에서 권하는 대로 매일 '양심노트'를 쓰고 있습니다. 양심노트 작성에 있어 특히 "몰입했는가?" 부분에 많이 마음이 걸렸습니다. 저는 회사에서 업무에 몰입을 못하고, 혹은 어쩌다가 몰입을 하더라도 거의 대부분 어쩔 수 없이 하거나 억지로 시간을 보낸 적이 많았습니다. 억지로 업무를 할 때는 마음도 좋지 않고 많은 시간 앉아있어도 진척은 별로 없으며, 불행하다 느껴지며 "다른 직장을 구해야 하나?"와 같은 잡생각이 나서 더욱 업무에 진척이 없는 악순환이 계속되었습니다.

처음 '양심노트'를 쓰면서 '몰입' 부분에 반성을 하고, 내일은 정말 몰입하리라 다짐했지만 잘 되지 않았습니다. 지금 생각해보면 "꼭 해야만 하는 일을 앞두고 최대한 미루는, 그리고 기한이 다가오면 그건에 대해서 쉽게 포기하고 다음을 기약하는…." 그런 행동패턴은 어릴 때부터 저의 문제점이자 습관이었던 것 같습니다.

그래서 그 부분을 고쳐보려고 책상에도 "몰입하기!"라고 써 붙이기도 하고 이렇게 저렇게 노력해봤지만 효과가 크지 않았습니다. 그 후 최근에 "몰입 강의 동영상"을 다시 보고 다시금 감을 잡아 이 슬럼프 아닌 슬럼프를 극복했습니다.

몰입 강의 중 가장 마음에 와 닿았던 것은 "반드시 해야 할 것인지를 빨리 결정해서 받아들여야 한다!"라는 것이었습니다. 해야만 하는 일이라면 마음속에 "반드시 해야 할 일이다!"라고 결정을 빨리 내려야 몰입이 된다는 것입니다. 그렇지 않으면 제 마음은 계속 더 재미있는 일이나 그 일을 피할 핑계를 찾는 것 같았습니다. 그런 면에서 전에는 상투적으로 느껴졌던 "업무를 자신의 일이라고 생각하라!", "적극적인 태도를 취하라!", "일을 사랑하라!" 등의 선배들의 말들이 아주 틀린 말은 아니었음을 느끼기도 했습니다.

특히 제 스스로 마음속을 관찰해보면 해보지 않은 일, 혹은 익숙하지 않은 일을 해야 하는 상황이 오면, 그 일을 하는 것을 마음속으로 두려워하는 것 같았습니다. 그러나 실제 해보면 제가 두려워했던 것보다 훨씬 손쉽고 수월한 경우가 많았습니다. 그런 경우 과감하게 부딪쳐보면 의외로 일이 쉽게 풀리고 결국엔 몰입을 하게 되는 경우가 종종 있었습니다.

또 이런 경우가 있습니다. 여러 가지 업무가 많아서 마음에 혼란이 와서 소위 말하는 '멘붕'이 올 때가 있습니다. 어떤 업무를 하기보다 그저 "어떻게 하지? 어떻게 하지" 하고 고민, 걱정만 할 때가 있습니다. 특히 한 가지 업무가 있을 때보다는 큰일, 작은 일, 오래 걸리는 일, 금방 하는 일, 급한 일, 천천히 해도 되는 일, 익숙한 일, 생소한 일 등이 혼재되는 상황에 특히 그러기가 일쑤였습니다.

그럴 때 오히려 마음속에는 인터넷의 낚시성, 흥미성 기사나 어제 본 드라마, 웹툰, 회사 동료들과 잡담 등에 마음이 끌리기 쉽더군요. 제 마음을 관찰해보면, 고민이나 생각 등으로 몰입이 되지 않은 상황에 있으면, 마음은 몰입하기 쉬운 대상을 떠올리는 경향이 있는 것 같습니다. 그 몰입하기 쉬운 대상은 주로 현재하고 있는 공부나 일보다는 재미는 있으나 일과 공부와는 거리가 먼 일들이 대부분이고요.

저는 그런 상황에 부딪히면 그냥 끌려가서 시간을 낭비한 적이 많았는데, 반성하고 몰입하려 노력하니 조금씩 요령이 생기면서 상황이 나아졌습니다. 유혹적인 생각이 오면, "모른다!"라는 방법을 써서 막아내고 마음을 가라앉힙니다. 그리고 몰입하려는 대상을 마음속으로 되뇌며 몰입하려 애씁니다. 그러면 어느새 업무에 몰입하게 되더군요. 물론 항상 이렇게 잘되진 않았지만, 점점 몰입요령에 익숙해지는 느낌입니다.

그리고 해야 할 많은 종류의 일이 있을 때는 저는 가장 해결하기 손쉬운 일부터 해나갑니다. 그렇게 하면 해야 하는 일의 종류가 줄어들어 마음이 점점 편안해지고, 마지막에 비교적 어렵고 양이 많은 일이 있어도 "이것 하나만 하면 된다!"라는 맘이 들어서 그런지 자신감이 생기고 몰입이 잘되는 것 같습니다.

'몰입'은 '행복'하더군요. 일을 안 하고 몰래 인터넷을 하는 등 딴짓을 할 때는, 깨어있는 주인정신이 아니라 노예정신으로 끌려다니죠. 그러면 마음속에는 찜찜함이 있어 마음이 안 좋고, 그만큼 해야 할 일을 안 했기 때문에 나중에 일이 몰려서 하면 다급함에 마음에 힘들고, 급하게 한 일은 완성도가 떨어져 질책, 핀잔 등을 받으면 마음이 안 좋습니다.

완성도 떨어지는 일은 두 번, 세 번 타의적으로 수정, 보완을 해야 해서 결국 시간도 많이 들고 다른 일할 시간을 잡아먹어 결국 '불행'의 악순환이었습니다. 반면 '몰입'을 해서 일을 마치면 다른 사람이 알아주지 않아도 먼저 자신이 뿌듯하고 몰입하는 시간 동안 행복합니다. 일을 행복하게 하면서 일의 완성도는 높아지고 소요시간은 적어져서 퇴근을 일찍 하게 될 수 있습니다. 남는 시간은 취미, 여가생활, 자기계발을 할 수 있고요. 아직 항상은 아니지만, 저는 몰입요령으로 직장에서의 행복에 좀 더 가까이 다가가게 된듯합니다.

6장
몰입으로 부정적인 습관 버리기

긍정적인 자아를 만들려면 슈퍼의식의 각성을 통해, 무의식에 저장된 과거의 부정적인 습관을 씻어버리고, 풍요로운 삶을 사는 데 필요한 긍정적인 습관들을 익히는 것에 몰입할 수 있어야 합니다. 습관을 개조할 수 있으면 운명을 개조할 수 있습니다.

1 긍정적 자아 만들기

우리는 항상 자신이 보다 '긍정적인 모습'을 갖게 되기를 진심으로 바랍니다. 그러나 그러한 바람이 현실로까지 이어지는 경우는 매우 드뭅니다. 이유는 간단합니다. 우리의 '무의식'에 저장되어 있는 '생각·감정·오감'의 '습관'들 때문입니다. 무의식은 의식보다 훨씬 강

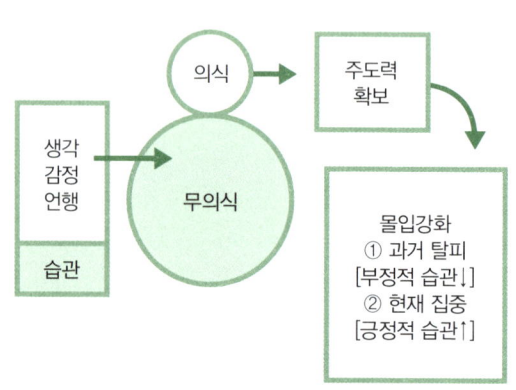

:: 몰입을 통한 습관의 교정 ::

대한 힘을 가지고 있습니다. 그래서 의식이 아무리 긍정적인 결정을 내려도 무의식이 호지부지하게 만들어버리는 것입니다.

그렇다고 방법이 없는 것은 아닙니다. '몰입'은 의식·무의식의 영향을 받지 않는 '슈퍼의식'을 각성시킵니다. 그래서 의식을 '긍정적'으로 만들어주며, 무의식을 '협조적'으로 변화하게 만듭니다. 긍정적으로 변화한 의식은 새로운 습관을 익힐 수 있으며, 협조적으로 변화한 무의식은 기존 습관을 버리고 새로운 습관을 저장합니다. 다시 말해서 온갖 부정적인 습관들을 버리고 긍정적인 습관들을 익혀, '긍정적인 자아'를 만드는 비밀이 '몰입'에 있는 것입니다.

우리의 '무의식'에는 우리가 평소에 습관적으로 행했던 무수한 생각들과 감정들, 행동들의 패턴이 모두 저장되어 있습니다. 무의식에 저장이 되었다는 것은, 조건만 갖춰지면 거의 자동적으로 실행된다는 의미입니다. 하기 싫은 생각을 늘 하게 만들고, 하기 싫은 말과 행동을 자꾸 하게 만드는 것이 바로 '무의식의 힘'입니다. 우리가 아무리 "지금부터는 잘 살아보겠다!"라고 선언하고 긍정적으로 마음을 먹더라도, 무의식상에 저장되어 있는 막대한 양의 묵은 습관들이 방해를 하는 것입니다. 그러한 무의식적 습관들이야말로 부정적인 자아상을 만들어내고 스스로를 포기하게 만드는 주범입니다.

이런 무의식의 낡은 고리·묵은 습관을 단호히 끊고 새롭게 나아가기 위해서는 오직 '몰입'이 답입니다. 우리 인생에 도움이 되는 방향으로, 내 업무·내 공부·내 건강에 도움이 되는 방향으로 살아가고자 한다면 몰입에 의지해야 합니다. 몰입을 통해 '슈퍼의식'의 도움을 받아야만 합니다. 항상 긍정적이고 항상 행복하며 무한한 영감의 자리인 슈퍼의식의 도움을 받을 때, 우리는 무의식에서 올라오는 과거의 부정적인 습관을 단호히 끊을 수 있으며, 현재 의식이 익히고자 하는 긍정적인 습관을 쉽게 뿌리내리게 할 수 있습니다.

긍정적인 습관을 익히는 것도, 부정적인 습관을 버리는 것도 오직 '몰입의 힘'에 의해 가능합니다. 담배를 끊고 싶다면, "담배를 끊어야 하는데…" 하는 어설픈 마음으로는 담배를 끊을 수 없습니다. 그런 어설픈 각오와 집중에는 슈퍼의식이 반응하지 않습니다. 담배를 끊는 것을 즐겨야 합니다. 담배를 끊는 행위에 신바람이 나야 합니다. 그래야 슈퍼의식이 반응하여 내면에서부터 변화가 일어나 담배를 끊을 수 있는 최적의 조건을 만들어줍니다. 다른 모든 부정적 습관을 버리고 긍정적 습관을 익히는 요령도 이것과 동일합니다. 그 비밀은 바로 '몰입'에 있습니다.

2
운명을 바꾸는 비결

우리가 몰입을 통해서 슈퍼의식을 각성시켜서, 무의식에서 밀려오는 나쁜 습관들을 막으면서 긍정적인 '생각'과 '감정' 그리고 '언행'을 실천에 옮길 수만 있다면, 우리는 우리 자신의 '운명'을 새롭게 개척할 수 있습니다. 과거와의 고리를 끊고 현재에 전념하는 '몰입'을 통해, 새로운 생각을 하고 감정과 언행을 바꾼다면, 우리의 인생은 필

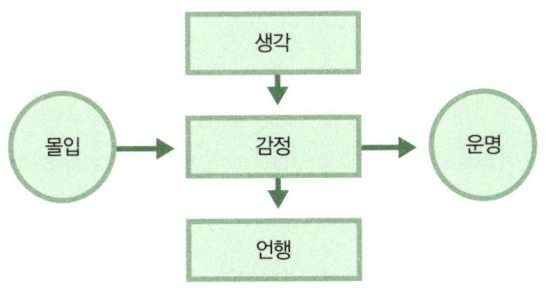

:: 몰입으로 운명 바꾸기 ::

연적으로 변화하게 될 것입니다.

　우리가 몰입을 통해 가장 먼저 바꿔야 하는 것은 바로 '생각'입니다. 우리가 어떤 대상을 대했을 때, 기존에 그 대상에 대해 부정적인 생각들을 해왔다면, 습관적으로 "저 친구는 싫어!"라고 하는 부정적인 생각이 일어날 것이며, 그 판단에 상응하여 부정적인 감정들이 우리 내면을 지배할 것입니다. 이때 생각을 바꿀 수만 있다면 부정적이던 감정도 바뀌게 됩니다. 그토록 미워했던 대상들도 어느 날 '한 생각'을 바꿔서 "아, 저 친구가 원래 좋은 사람이었구나!"라고 긍정적으로 생각하는 순간, 우리의 부정적인 감정들은 사라져버리고 호감이 샘솟게 됩니다. 이런 사실은 우리가 일상에서 익히 겪는 일입니다.

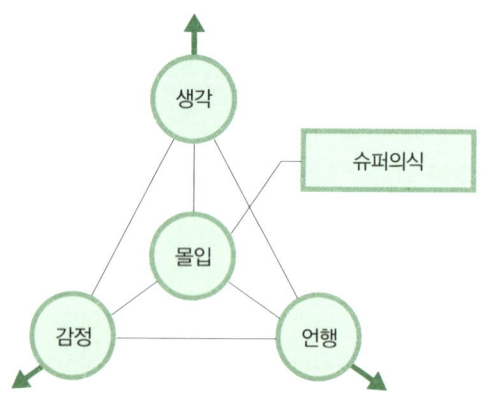

:: 몰입으로 생각 · 감정 · 언행 경영하기 ::

　생각은 감정을 지배합니다. 그리고 감정은 온몸을 지배합니다. 그래서 일단 나쁘다고 판단한 대상을 보면 실제 기분이 나빠지게 되고, 에너지의 흐름과 혈액순환이 나빠지며, 뇌에서도 부정적인 호르몬이 나와서 온몸의 세포 하나하나가 그 대상을 거부하게 됩니다. 반대로 호감을 지닌 대상을 보면 기분이 좋아질 뿐만 아니라, 에너지의 흐름과 혈액순환이 좋아지며, 뇌에서 긍정적 호르몬이 분비되어 온몸으로 상대방을 받아들이게 됩니다. 이렇게 생각이 감정을 통해, 호르몬을 통해 몸으로 표현된다는 사실을 정확히 숙지해야 우리의 살림살이를 긍정적으로 변화시킬 수 있습니다.

생각이 바뀌면 감정도 바뀌고 온몸도 바뀐다는 사실을 잘 활용할 수만 있다면, 우리의 운명을 바꾸는 것도 어려운 일이 아닐 것입니다. "나는 할 수 있어!"라는 긍정적인 생각을 하면 긍정적인 감정이 생기고 몸도 건강해집니다. 반면에 "내가 할 수 있을 리가 없어!"라는 부정적인 생각을 하면 좌절과 절망감이 일어나고 몸도 병들게 됩니다. 일은 미세할 때·작을 때 처리하는 것이 최선입니다. 일이 작을 때는 쉽게 고칠 수 있으나, 일이 커진 뒤에는 바로잡는 데 무척 힘이 듭니다. 그러니 무엇보다 자신의 '한 생각'을 잘 관리하시기 바랍니다.

항상 '몰입'을 활용하여 마음을 긍정적인 상태로 유지할 수 있도록 하십시오. 들이쉬는 숨과 내쉬는 숨을 관찰하여 '호흡'을 고르게 만드십시오. 5분 정도의 집중만으로도 큰 효험을 볼 수 있습니다. 그리고 잡념이 일어나면 "모른다!" "내 이름도 모른다!"라고 마음속으로 크게 외쳐서 잡념이 발붙이지 못하게 하십시오. 부정적인 생각과 감정이 우리 마음에 뿌리를 내리지 못하게 하십시오. "괜찮다!", "즐겁다!", "너무 행복하다!", "지금 이 순간이야말로 최고의 순간이다!"라고 강력히 선언하여 자신의 감정을 최고의 상태로 만드십시오.

그래서 실제적인 '감정'이 바뀌게 되면 또한 '말'과 '행동'이 변화합니다. 싫은 감정에서는 '좋은 말'·'좋은 행동'이 나오지 않습니다. 그런데 내가 기분이 좋으면 남한테도 자연스럽게 좋은 말이 나가게 되고 좋은 행동이 나가게 됩니다. 내가 좀 손해 보는 일도 기분 좋게 하게 됩니다. 내 마음이 즐겁다면 말입니다. 이런 변화를 통해 말과 행동이 바뀌면 운명이 바뀔 수밖에 없습니다.

내 자신의 생각·감정·언행의 습관이 바뀌면, 나를 대하는 남들의 태도가 바뀝니다. 이게 '운명'이 바뀌었다는 것입니다. 그래서 처음에는 미세한 생각이 바뀌지만, 나중에는 거대한 운명의 흐름이 바뀌는 것입니다. 운명을 바꾸는 작업은 몰입을 통해 작은 생각 하나 바꾸는 것부터 시작하면 됩니다. 기존에 해오던 습관적인 생각들을 물리치고 새롭고 긍정적인 생각을 하면 됩니다. 몰입을 통해 지금 이 순간에 떠오르는 생각들을 계속 긍정적으로 만들 수만 있다면 우리 운명은 자연히 바뀔 것입니다.

3
몰입하여 분석하기

몰입 상태에서 자신의 참모습을 분석해보는 것은 우리 자신을 긍정적으로 만들어 가는 데 참으로 중요한 작업입니다. 몰입을 통해 자신을 분석할 경우, 무엇보다 주의할 것은 '분석'은 반드시 '몰입 상태'에서 해야 한다는 것입니다. 슈퍼의식이 각성되어 분석 대상을 초연하게 바라볼 수 있는 몰입 상태가 아니고서는, 분석 대상을 객관적으로 바라보기가 힘들어 공정하고 자명한 분석이 불가능합니다. 그래서 분석 대상에 끌려다니게 됩니다.

몰입이라는 상태는 슈퍼의식이 각성된 상태이며, 다른 잡념 없이 분석해야 할 대상만 바라보는 상태입니다. 그래서 몸과 마음이 모두 편안한 상태에서 여유롭게 대상을 분석할 수가 있습니다. 강 건너 불구경 하듯이, 나에게 일어나는 나쁜 일조차도 남의 일 보듯이 냉정하게 분석할 수 있는, 넓고 객관적인 시야가 갖추어집니다. 이것이 몰입의 효능입니다. 좁은 시야가 아닌 넓은 시야를 확보해놓고 분석을 해야 긍정적인 결론을 도출해낼 수가 있습니다.

우선 자신의 '기본적인 성격'과 '재능'에 대해 분석해야 합니다. 자신의 기본적인 캐릭터를 모르면 모든 분석이 공염불이 되기 쉽습니다. 평소 무의식중에 드러나는 생각·감정·언행을 통해 자신의 기본적인 성격과 자신이 잘하는 것·못하는 것을 분석해낼 수 있습니다. 그래서 자신의 성격과 재능의 장점은 최대한 발휘할 수 있도록 돕고, 단점은 최대한 발현되지 않도록 제어해야 합니다. 기본적 성격과 재능은 잘 바뀌지 않으며, 언제 어디서나 우리가 일관된 방식으로 생각하고 말하고 행동하게 만듭니다.

오히려 남들은 우리의 기본 성격과 재능을 객관적으로 파악하고 있는데, 자신만 자신의 캐릭터를 모르는 경우가 허다합니다. 그래서는 계속 같은 실수를 반복할 뿐입니다. 성격에 맞지 않고 재능이 없는 분야에만 계속 시간·돈·정력을 투자하고, 정작 자신이 잘할 수 있는 분야에 투자를 하지 않아서는, 제대로 된 인생의 답이 나오질 않습니다. 남과 나는 캐릭터가 다르기 때문에 남의 성공모델을 그대로 차용해서는 곤란합니다. 먼저 '자신'을 명확하게 분석하십시오.

자신이 잘할 수 있는 것은 방치하고, 잘 안 되는 것에 공을 들이며 허송세월을 보내서는 안 됩니다. 인생은 한정되어 있습니다. 지금 당장이라도 몰입을 통해 자신의 정확한 모습을 분석해보십시오. 평소 드러나는 자신의 기본적인 성격을 바탕으로 "나는 무엇을 하고 싶은 가?"(소원), "나는 무엇을 할 수 있는가?"(성격·재능)를 반드시 점검 하고 분석해보십시오. 남은 인생의 향방이 달라질 것입니다. 자신이 잘할 수 있는 분야에 최대한 투자를 하십시오. 그러나 자신이 잘하지 못하는 분야에는 투자를 최대한 아끼십시오.

:: 몰입을 통한 자아분석 ::

자신이 '가지고 있는 것'과 자신이 '원하는 것'이 크게 차이 날 때 우리는 고통스러워집니다. 자신이 '가지고 있는 것'(성격·재능)과 자신이 '원하는 것'(소원)을 조화시킬 수 있어야 합니다. 그리고 이러한 분석을 할 때는, 자신이 이미 가지고 있는 성격과 재능은 잘 변화하지 않는다고 가정해야 합니다. 따라서 일단은 자신이 가진 성격과 재능을 바탕으로 자신이 원하는 것의 성공 여부를 판단해야 합니다.

이때 자신이 가진 성격과 재능과 너무 차이가 나는 것을 원하면 '몰입'이 잘 되지 않고 부정적인 상념에 휩싸이게 됩니다. 자신이 가진 것을 바탕으로 조금만 더 노력하면 가능할 것 같은, 몰입이 용이한 목표가 바로 '최적의 목표'입니다. "나를 알고 적을 알면 백번 싸워도 지지 않는다."라는 『손자병법』의 가르침을 잊어서는 안 될 것입니다.

물론 자신의 성격을 변화시키고 재능을 늘리는 것도 불가능하지는 않습니다. 다만 그러한 경우에 있어서도, 자신이 현재 지니고 있는 기본적인 성격·재능과, 자신이 원하는 성격·재능 간의 격차를 잘 파악하고 계획적인 노력을 기울여야 할 것입니다. 항상 지금 현재 자신이 '가진 것'에 대한 정확하고 객관적인 분석이 선행해야 하는 것입니다.

이러한 자신의 '정확한 모습'에 대한 분석을 바탕으로 매일매일 자신의 여러 모습에 대해 분석하십시오. '고정관념'과 '이해관계'에 의해 제약된 자아, 생각·감정·언행의 습관에 의해 제약된 자아를 분석해보자는 것입니다. "나는 오늘 어떤 생각을 하고 살았지?", "나는 오늘 어떤 감정의 변화를 보였지?", "나는 오늘 누구에게 무슨 말을 하고 다녔지?", "내가 오늘 무슨 행위를 하고 다녔지?" 하고 스스로에게 물어보십시오. 당연히 '몰입 상태'에서 말입니다.

'나에 대한 몰입'이든 '대상에 대한 몰입'이든 항상 몰입 상태에서 대상을 분석하십시오. '호흡'에 대한 몰입도 좋습니다. "들이쉰다!" "내쉰다!"라고 암송하십시오. 그 상태에서 "괜찮아!" "괜찮아!"라고 자신을 다독거리면서, 오늘 자신이 했던 일들, 오늘 자신이 했던 말들, 오늘 자신이 했던 생각이나 감정들을 돌이켜 보십시오. 잠자리에 들기 전에 편안한 마음으로 하는 것도 좋을 것입니다.

그날 있었던 일을 몰입 상태에서 분석해보십시오. 이때 절대로 자신을 속이면 안 됩니다. 자신을 합리화해서는 안 됩니다. 자기 자신을 합리화하려는 시도조차 냉정히 알아차려야 합니다. "내가 또 이런 말로 나를 합리화하려고 하는구나!", "나를 포장하려고 하는구나!" 하고 냉정히 알아차릴 수 있어야 합니다. 이게 되지 않는다면 '몰입 상태'가 아니라 흐리멍덩한 '매몰 상태'에 빠져 있는 것입니다. 슈퍼의식이 아니라 무의식적으로 자아를 분석하고 있는 것입니다.

'몰입 상태'에서 자신을 바라보면, 자신의 뿌리 깊은 '고정관념'이나 '편견', '집착' 등이 선명히 파악됩니다. "내가 이런 고정관념을 가지고 있었구나!"라는 생각이 절로 들게 됩니다. 일반적인 의식 상태나 무의식 상태에 매몰되어서는 이런 선명한 인식이 오지 않습니다. 이들을 넘어서 존재하는 '슈퍼의식'이 각성되었기 때문에 가능한 일입니다.

몰입이 단계별로 잘 이루어져 몸과 마음이 편안해지고 초연해지는 경지까지 들어가면, 자신이 지닌 고정관념이나 편견들로부터 자유로워지게 됩니다. '나=고정관념·편견'으로 살다가 '나≠고정관념·편견'의 상태로 변화하는 것입니다. 자신이 가졌던 고정관념이나 편견, 집착이 객관적으로 보이게 됩니다.

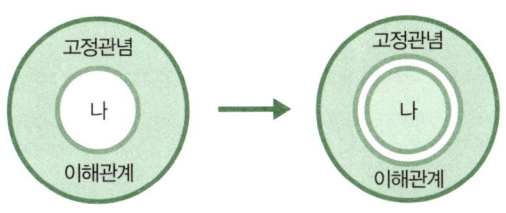

:: 고정관념·이해관계에서 초연해지기 ::

동시에 자신이 골몰해 있는 '이해관계'도 잘 보이게 됩니다. "내가 모든 문제를 내 입장에서만 생각하고 있구나!"라는 깨달음이 내면에서 일어납니다. "남도 그 사람의 입장이 있을 것인데, 내가 내 입장만 주장해서는 좋은 답이 나오지 않겠구나!" 하는 것도 명확히 파악될 것입니다. 몰입을 통해 몸과 마음이 이완된 상태에서, 제3자가 돼서 나와 남을 공정하게 바라보십시오.

바둑도 바둑을 두는 당사자들보다 훈수하는 사람이 더 냉정하게 봅니다. 당사자들이 보지 못하는 것도 훈수하는 사람 눈에는 잘 보입니다. '내 일'이 아니거든요. '남의 일'은 잘 보입니다. 객관적인 시야를 잃어버리지 않기 때문이죠. 만약 내 일이라고 생각하면 절대로 질 수 없다는 '욕심' 즉 '이해관계'에 걸려서 시야가 좁아집니다. 항상 넓은 시야를 유지할 수만 있다면, 인생의 중요 고비마다 지혜로운 선택을 할 수 있을 것입니다. '몰입'은 이것을 가능하게 해줍니다. 몰입을 통해 객관적 시각으로 자신의 인생을 돌아보십시오. 우리 인생을 좀 더 멋지게 만들어줄 소중한 힌트를 줄 것입니다.

이제 자신이 오늘 했던 생각·말·행동을 분석해보십시오. 이때 너무 자신을 자책하거나 심판해서는 곤란합니다. 스트레스나 절망감이 발생하여 몰입 상태가 깨지게 됩니다. "미쳤지! 넌 죽일 놈이야!", "너는 답이 없어!", "어떻게 그런 짓을 할 수가 있어!" 이런 생각에 빠져 있는 것은 우리를 파멸과 절망으로 인도할 뿐입니다. 우리에게 도움이 되지 않습니다. 이런 후회와 자책이 드는 것은 당연한 일이지만, 이 상태에 매몰되어 있어서는 안 됩니다. 이러한 후회와 자책감을 긍정적으로 활용할 수 있어야 합니다.

    스트레스나 절망감으로 몰입 상태가 깨지면, 제대로 된 분석이 불가능해져서 긍정적인 답안을 조금도 얻을 수 없게 됩니다. 잘못 생각하고 말하고 행동한 것도 안타까운 일이지만, 이런 잘못으로부터 어떠한 긍정적인 해답을 찾지 못했다는 것은 더욱 안타까운 일입니다. 중요한 것은 "지금 이 순간부터 어떻게 긍정적인 미래를 만들어 갈 것이냐?"이지, 과거를 끝없이 심판하자는 것이 아닙니다. "좋은 결론을 내기 위해 과거를 어떻게 긍정적으로 활용할 것인가?"가 핵심입니다. 이것이 바로 우리가 몰입을 통해 자신을 분석하는 이유입니다.

    "음, 네가 이런 짓을 했구나!", "네가 아직 철이 없어서 그런 말을 했구나!" 이렇게 남을 바라보듯이 객관적이고 냉정한 시각으로 그날 중에 있었던 자신의 생각과 감정, 언행을 돌아보십시오. 팝콘을 먹으며 영화를 보는 기분으로 편안한 상태에서 자신의 모습을 바라보십시오. 그중 건질만한 것을 건져서 내일 일에 활용하십시오. 몰입 상태에서 슈퍼의식(양심)의 울림을 잘 느껴보십시오. "내가 봐도 저런 행동은 좀 아니다!"라는 생각이 든다면, 절대로 내일은 반복하지 마십시오. "저건 내가 봐도 기특한 짓이다!"라는 생각이 든다면, 내일도 반드시 실천하십시오. 이렇게 매일매일 자아를 분석해가면서, 슈퍼의식이 보내는 신호를 정밀하게 알아차려야 합니다. 오늘 배운 것을 내일 활용해보십시오. 하루가 달라지면 한 달이 달라지고, 결국에는 한평생이 달라질 것입니다.

'몰입'은 즐거운 행위입니다. 몰입 상태에서 자신을 분석하라는 것은, 즐거운 기분을 깨지 않는 범위 내에서만 자신을 분석하라는 말입니다. 기분이 나쁘거나 우울할 때는 자신을 분석하지 마십시오. 득보다 실이 많습니다. 부정적이고 절망적인 답만 잔뜩 나올 것이 분명하니까요. 자신을 분석하다가 부정적인 상태에 빠지게 된다면, 분석을 하지 않는 것만 못한 일이 될 것입니다. 부정적인 분석은 당장 멈추십시오! 스스로 독약을 들이키는 것과 다를 것이 없습니다. 항상 몸과 마음이 이완된 '몰입 상태'에서만 분석하십시오. 그래야 공정한 안목으로 나와 남을 바라보고 분석할 수 있습니다.

유튜브(YouTube): 참나의 꿈, 에고의 꿈(자녀교육을 생각하는 부모님께)

4
생각 바로잡기

　우리가 새로운 운명을 개척하고자 한다면, 생각·감정·언행을 바로잡아야 합니다. 그중에서 '생각'을 바로잡는 것이 가장 중요합니다. 한 생각만 올바르게 할 수 있다면, 감정이나 언행은 쉽게 바로잡을 수 있습니다. 생각이 잘못되어 있으면, 좋은 감정과 좋은 언행을 하고자 하여도 되질 않습니다. 생각이 우리 인격의 대표자이기 때문입니다.

　그래서 지금 우리가 '생각하는 수준'이 바로 우리의 '인격'을 그대로 보여주는 것입니다. 생각을 바로잡는다는 것은 우리 인격을 바로잡는다는 것이며, 우리 인생을 바로잡는다는 것입니다. 우리가 일상에서 흔히 일으키는 생각들은 무의식에 의해 자극을 받아 일어나는 생각들이 태반입니다. 어제까지 한 고민들을 습관적으로 오늘 또 하고 있습니다. "술 한 잔 할까?", "인터넷이나 할까?", "좀 더 자극적인 것은 없나?" 등 수많은 생각들이 우리 내면을 순간순간 스치고 지나갑니다. 모두 내 의식이 주체적으로 일으키는 생각 같지만, 사실은 무의식에 저장되어 있던 습관들이 조건만 갖춰지면 샘솟듯이 수면 위로 올라오는 것이 많습니다.

그래서 습관적으로 하던 생각에서 벗어나 가끔 기특한 생각을 할지라도, 기존의 막강한 힘을 지닌 무의식에 의해 좌절되기 쉽습니다. 무의식은 의식을 향해 "너는 그런 사람이 아니잖아, 살던 대로 살아!"라고 외칩니다. 새로운 인생을 살고자 했던 시도는 이렇게 쉽게 좌절됩니다. 이때 필요한 것은 무엇일까요? 생각을 바로잡기 위해서는 무엇이 필요할까요?

맞습니다. 바로 '몰입'이 필요합니다. 의식을 긍정적으로 변화시키고 무의식을 협조적으로 만들고자 한다면, 무조건 '슈퍼의식'을 불러내야 합니다. 무의식에 의해 의식이 끌려가는 상태가 일반적인 생각의 상태라고 한다면, 슈퍼의식이 등장하여 무의식의 방해공작을 차단하고 의식이 긍정적인 생각을 발전해가도록 돕는 상태가 바로 몰입의 상태입니다.

특정한 몰입 대상이 없으면, 자신의 '호흡'에 몰입하십시오. 어떤 대상이든 몰입만 할 수 있다면 슈퍼의식이 나오니, 일단 무조건 몰입부터 하십시오. 그냥 들이쉬고 내쉬는 숨만을 모든 것을 잊고 바라보십시오. 처음에는 호흡에 집중이 잘 안 되겠지만, "들이쉰다!" "내쉰다!" 하면서 호흡만 바라보고 느끼다 보면, 모든 심사를 괴롭히는 잡념들이 하나둘씩 사라져가게 될 것입니다.

곧장 '나'에 대한 몰입을 해도 좋습니다. "내 이름을 모르겠다!"라고 선언하시고 그래도 "괜찮다!"라고 선언해보십시오. 그리고 모든 관심을 '나라는 존재감'에게만 모아보십시오. 오직 자신이 존재한다는 느낌만 흐르게 하고, 일체의 잡념이 사라지게 될 것입니다. 고요하되 또랑또랑한 슈퍼의식이 훤히 드러날 것입니다.

우리는 몰입을 통해 슈퍼의식을 각성시켜야 합니다. 모든 제약조건에서 자유로우며, 항상 행복하고 무한히 긍정적인 의식인 슈퍼의식만 불러낼 수 있다면, 우리는 생각을 냉정히 바라보되 생각으로부터 자유로워지는 몰입 상태를 유지할 수 있게 됩니다. 이 상태가 생각을 바로잡을 수 있는 최적의 상태입니다. 생각을 나와 구분하지 못하던 '생각=나'인 상태에서, 생각으로부터 자유로워지는 '생각≠나'의 상태로 들어갈 수 있습니다.

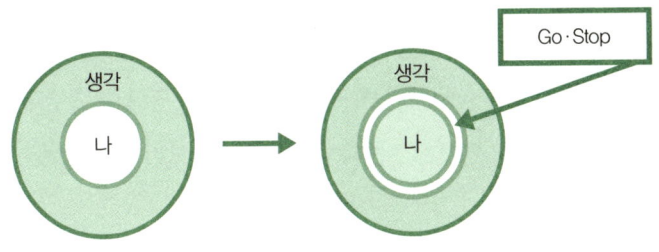

:: 생각에서 자유 얻기 ::

슈퍼의식이 각성되면 자신의 모든 생각을 한눈에 꿰뚫어 볼 수 있을 정도로 뇌가 기민해집니다. 그래서 초연한 시각을 유지하면서 얼마든지 자신의 생각들을 검토해볼 수 있는 여유가 생깁니다. 생각과 자신을 구분하지 못할 때는 생각이 그대로 자신인 줄로 착각하고, 생각에 맹목적으로 끌려다니기 쉽습니다. 그러나 생각과 자신을 구분할 수 있게 되면, 자신이 생각을 주체적으로 경영할 수 있는 능력이 생깁니다.

나와 생각이 구분되었다는 것은, 위의 그림처럼 나와 생각 사이에 'Go·Stop'을 선택할 수 있는 여유 공간이 생긴 것을 말합니다. 그래서 지금 자신이 하는 생각이 긍정적인 결과를 가져올 생각이라면 "Go!"를 외칠 수 있고, 자신의 생각이 부정적인 결과를 가져올 생각이라면 "Stop!"을 외칠 수도 있는 여유가 생깁니다.

몰입하지 못하는 삶을 사는 한, 우리에게 이 'Go·Stop'의 여유 공간은 주어지지 않습니다. 항상 무의식에 입력된 익숙한 패턴대로만 생각하고 고민하고 판단합니다. 하지만 몰입하는 순간, 우리는 우리의 생각을 주체적으로 결정할 수 있게 됩니다. '한 생각'만 바로잡을 수 있다면, 우리는 새로운 인생을 경험하게 될 것입니다. 생각이 바뀌면 감정이 바뀌고 언행이 바뀝니다. 이 놀라운 체험을 하루하루 쌓아가시기 바랍니다. 인생이 바뀌는 것을 체험하시기 바랍니다.

5
감정 바로잡기

　우리의 마음을 가만히 바라보면, 쉼 없이 희로애락의 감정이 오고 가는 것을 관찰할 수 있습니다. 우리 마음은 늘 어떤 감정에 지배되어 있습니다. 특히 우울하고 불행한 감정, 누군가를 향한 분노의 감정은 우리 마음을 쉽게 지배합니다. 남보다 잘나지 못해서 우울하고, 동료보다 월급이 적어서 우울하고, 목표를 이루지 못해서 우울합니다. 또 소득이 늘지 않아서 불행하고, 가족들이 나를 무시하여 불행합니다. 아파트를 사지 못해서 불행하고, 주식이 떨어져서 불행합니다. 그리고 이 모든 것들이 우리를 분노하게 합니다.

　이렇게 우울하고 불행한 감정과 분노의 감정들이 우리 마음을 온통 지배하게 되면, 나 자신이 그대로 우울함 자체가 되는 '우울함=나'의 상태에 빠지게 되며, 불행과 자신을 구분 짓지 못하는 '불행함

=나'의 상태에 빠지게 됩니다. 또한 분노를 자신에게서 조금도 분리시킬 수 없는 '분노=나'의 상태에 빠지게 됩니다. 일체의 '감정'들에 푹 빠져서, 그러한 감정들과 나 자신을 동일시하는 것이 모든 감정적 문제들의 '뿌리'입니다.

따라서 '감정'을 바로잡기 위해서 가장 먼저 할 일은 감정에서 빠져나오는 것입니다. 이것은 오직 '몰입 상태'에서만 가능합니다. 의식과 무의식을 초월한 '슈퍼의식'이 각성될 때만, 우리는 자신의 기뻐하고 분노하고 슬퍼하고 즐거워하는 각종의 감정을 초연한 시각에서 냉정히 바라볼 수 있습니다. "통을 굴리려면 통에서 벗어나야 한다."는 말이 있습니다. 감정을 조절하고자 한다면, 과감히 감정에서 벗어날 수 있어야 합니다. 감정과 자신이 한 덩어리로 뭉쳐져 혼동된 '감정=나'의 상태에서는 어떠한 감정도 바로잡기 힘듭니다. 감정과 분명히 선을 긋고, 감정과 나 자신이 분명히 구분되어 있는 '감정≠나'의 상태를 만들어내야 합니다.

감정은 우리 마음에 오고 가는 '손님'일 뿐입니다. 우리 마음의 주인은 '나'입니다. 감정은 우리가 머물기를 허락해야만 머물 수 있는 손님일 뿐입니다. 손님에 불과한 감정이 주인 행세를 하는 상태가 바로 감정과 우리 자신을 동일시하는 상태입니다. 우리는 집의 진정한 주인이 제자리를 찾을 수 있도록 '몰입'을 통해 지원해줘야 합니다. 진정한 '나'인 '슈퍼의식'이 다시 각성되면, 손님에 불과한 온갖 오고 가는 감정들은 힘을 잃고 주인의 통제를 받게 됩니다. 이것이 바로 '감정 바로잡기'입니다.

아무리 우울한 감정, 부정적인 감정이 우리 마음을 공격해올지라도, 우리는 "지금 이 순간이야 말로 최고의 순간이다!" "모른다!" "괜찮다!"를 단호히 선언하면서, 들이쉬고 내쉬는 우리의 '호흡'에 마음을 모을 수만 있다면, 어떠한 부정적 잡념도 우리 마음을 지배하지 못하게 막을 수 있습니다. 우리가 일체의 판단을 중지하고, 자신의 호흡만 바라보며 몰입할 수 있다면, 우리 내면에서는 이유가 없는 신바람이 나며, 엔도르핀 · 세로토닌 등의 신경전달물질 · 호르몬이 분비되면서 몸과 마음을 최고의 컨디션으로 만들어줍니다.

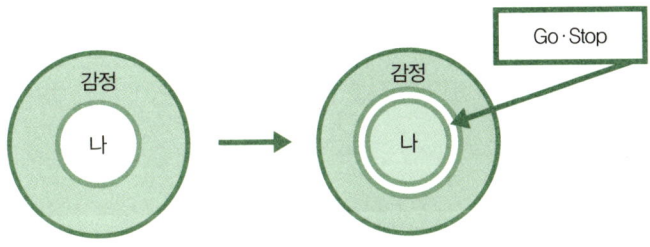

:: 감정에서 자유 얻기 ::

곧장 '나'에 대한 몰입을 해도 좋습니다. "몰라!" "내 이름을 모르겠다!"라고 선언하시고 그래도 "괜찮다!"라고 선언해보십시오. 그리고 모든 관심을 '나라는 존재감'에게만 모아보십시오. 오직 자신이 존재한다는 느낌만 흐르고, 일체의 잡념이 사라지게 될 것입니다. 고요하되 또랑또랑한 슈퍼의식이 훤히 드러날 것입니다.

이런 상태에서는 '나'와 '감정' 사이에 분명한 벽이 있다는 것을 알 수 있습니다. '감정=나'가 아니라 '감정≠나'라는 사실을 체험적으로 분명히 알 수 있는 것입니다. 그래서 지금 우리 자신을 압박해오는 감정에 대해 'Go · Stop'을 선택할 수 있는 여유가 생깁니다. 지금 이 감정을 취해도 별문제가 없다고 판단되면 "Go!"를 외칠 수 있고, 이 감정이 자신에게 큰 문제를 일으킬 것이라고 판단된다면 "Stop!"을 외칠 수 있는 여유가 생깁니다. 감정을 조절할 수 있게 되는 것입니다.

이렇게 우리 자신과 감정을 분리시킬 수 있으며, 스스로 슈퍼의식의 각성을 통한 내면의 무한한 희열을 유도해낼 수 있다면, 우리는 매 순간 부정적 감정을 잘라낼 수 있습니다. 우리는 모든 우울하고 불행한 감정으로부터 자유로울 수 있습니다. 이 모든 비밀은 '몰입'에 달려있습니다. 슈퍼의식이 각성된 몰입 상태에서 우리 감정을 초연한 시각으로 바라볼 수만 있다면, 우리는 얼마든지 자신의 감정을 효과적으로 다스릴 수 있는 것입니다.

6
몰입으로
화 다스리기

　몰입으로 분노의 감정인 '화'를 다스리는 한 사례를 살펴보겠습니다. 한 친한 친구가 우리에게 말실수를 했다고 가정해보십시오. 우리는 몹시 화가 날 것입니다. 머릿속에서는 친구의 실수를 계속해서 곱씹으며, 내면에서는 분노의 감정이 금방이라도 터져나갈 듯이 이글거리는 심각한 상태가 벌어질 것입니다. 이때 우리가 감정을 다스릴 수 없다면, 이성의 필름이 끊기면서 곧장 우리의 분노를 표출하고 말 것입니다. 우리는 평소에 해오던 대로 습관적으로 화를 낼 것입니다.

　만약 '운명'을 바꿔보고 싶다면, 이러한 위기의 순간을 '기회로' 활용할 줄 알아야 합니다. '전화위복轉禍爲福'을 막연히 기다리지 말고, 몰입을 통해 스스로 쟁취하십시오! 누구나 다 화낼 일에 화를 내지 않을 수 있다면, 우리 인생은 누구나 걷는 길로부터 벗어나 새로운 길로 접어들 것입니다. 만약 조금이라도 "운명을 고치고 싶다!" "습관적으로 살고 싶지 않다!"는 마음이 든다면, 새로운 방법을 모색하십시오. 방법은 분명히 있습니다. 분노를 다스리고 싶다면, 일단 자신의 들이쉬고 내쉬는 '호흡'을 한 5분간 집중해서 바라볼 수 있어야 합니다.

들이쉬고 내쉬고, 들이쉬고 내쉬고, 이런 호흡의 오고 감만을 5분 정도 집중적으로 바라보십시오. 지금 화가 났다는 사실조차도 잊어버리고, 오직 내가 숨을 고요하게 쉬는지 거칠게 쉬는지 살펴보십시오. 이러한 '호흡에 대한 몰입'을 통해서, 우리는 자신이 화내던 대상을 곱씹어 보는 행위를 멈출 수가 있습니다.

그리고 분노·화와 자신을 동일시하는 '분노=나'의 상태에 빠지는 것을 피할 수 있습니다. 그리고 화로 인해 거칠어진 호흡을 고요하게 다스릴 수 있습니다. 마음이 요동하면 호흡이 거칠어지며, 호흡이 고요해지면 마음도 고요해집니다. 이 원리를 이용하여 호흡을 통해 마음을 다스릴 수 있습니다.

그 다음 친구에 대한 부정적인 생각과 분노의 감정이 마음에 밀려오면, 곧장 "모른다!"라고 5분 정도 단호히 선언하십시오. 오직 모르겠다는 자세로 나가면, 어떠한 부정적인 생각과 감정도 우리 마음을 점령하지 못합니다. 아니면 "괜찮다!"를 반복하면서 지금 이 순간에 깊이 만족하십시오. "모른다!"와 "괜찮다!"를 이용한 '판단중지'를 이용하여 화로 인해 좁혀진 시야를 다시 넓힐 수 있습니다.

'호흡'과 '판단중지'를 통해서 깊은 '몰입 상태'에 들어갈 수 있어야 합니다. 몰입 상태에 충분히 들어가서 슈퍼의식이 선물해주는 몸과 마음의 이완과 평화, 희열을 충분히 만끽하십시오. 이러한 몰입 상태에 도달하면, '나'와 '분노'를 분명히 구분할 수 있게 됩니다. '분노≠나'란 사실이 명확해집니다. 우리 마음이라는 집의 주인은 바로 '나'이며, 분노는 '손님'일 뿐이라는 사실을 명확히 알게 됩니다.

"분노가 내가 아니야!", "내가 분노해야만 하는 수많은 이유를 내게 들이대도, 나는 분노를 선택하지 않을 권리가 있어!", "친구가 내게 실수한 지금 이 순간에도, 나에게는 '분노' 대신 '기쁨'을 고를 수 있는 선택권이 있어!"라는 사실을 기억하십시오. 이렇게 여유롭게 자신의 감정을 바라볼 수 있다면, 그 마음에는 'Go · Stop'의 창이 뜹니다. 화를 낼 수도 있고, 안 낼 수도 있는 여유가 생긴다는 말입니다.

무조건 화를 참으라는 말이 절대 아닙니다. 화를 내야 할 때는 내야 합니다. 다만 화를 낼지 안 낼지를 차분하고 고요한 몰입 상태에서 결정하라는 말입니다. 그래야 뒤끝 없는 화, 서로에게 긍정적인 결과를 남기는 화를 낼 수 있습니다. 습관적으로 무의식적으로 깊은 고려 없이 화를 내는 것은, 나에게도 상대방에게도 모두 좋지 않은 결과를 낳을 뿐이니까요.

"지금 화를 내는 것이 옳을까?", "아니면 화를 내지 않는 것이 옳을까?", "내가 화를 내는 것이 단순한 나의 분노의 표출에 불과한 것이 아닐까?", "화를 낸다면 어떤 방식으로 어느 수준에서 내는 것이 서로에게 긍정적인 도움이 될까?", "친구의 입장이라면 내가 화를 내는 것을 어떻게 받아들일까?" 등등을 차분하고 고요한 몰입 상태에서 충분히 생각해보고 명확한 결론을 내리십시오.

분노와 우리 자신을 동일시하지 않는, 충분히 여유로운 몰입 상태에서 결론이 나야 합니다. 몰입이 안 된 상태에서 내린 결론은 지극히 좁은 시야에서 내린 결론에 불과할 것이니, 결국 우리 자신에게도 친구에게도 큰 상처만 안기고 끝날 것입니다. 몰입을 통해 발현된 무한한 충족감과 행복감을 이용하여, 충분히 분노를 중화시켜 가라앉힌 뒤에 결론을 내리고 소신껏 행동하십시오. 그리고 항상 이런 감정의 문제가 생긴다면 이런 패턴을 반복하시면서 습관화하십시오. 그러면 감정의 '주인공'이 될 수 있습니다. 나와 남을 모두 행복으로 인도할 수 있습니다.

7
말과 행위 바로잡기

몰입 상태에서는 기존의 우리가 습관적·무의식적으로 해오던 '말과 행동'에서 초연해질 수 있습니다. 분리될 수 있습니다. 들이쉬고 내쉬는 '호흡'과 "모른다!" "괜찮다!"의 '판단중지'를 통해, 호흡을 고요하게 만들고 시야를 넓게 유지할 수 있다면, 슈퍼의식이 각성되게 됩니다. 슈퍼의식이 일단 각성되면, 말과 행동을 나와 동일시하는 '언행=나'의 상태에서 빠져나와, 내가 하는 말과 행동은 오고 가는

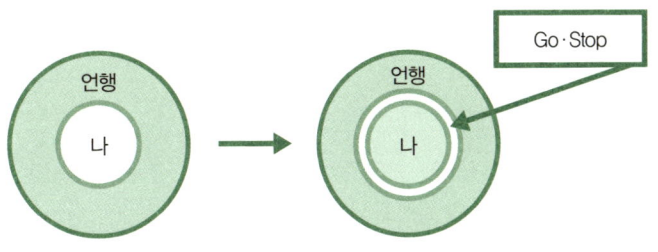

:: 언행에서 자유 얻기 ::

'손님'일 뿐이며, '나'야말로 '주인'이라는 '언행≠나'의 인식이 생겨납니다.

이런 몰입 상태에서는 '언행'이 주는 자극이 최소화됩니다. 어떤 말과 행동을 못 참을 정도로 하고 싶은 충동으로부터 벗어나서, 나 자신의 상태를 객관적으로 바라볼 수 있습니다. 지금 하는 언행을 계속할 것인지를 묻는 'Go·Stop'의 창이 뜹니다. 이런 상태에 머물 수 있다는 것은 정말 황홀한 일입니다. 그야말로 자신의 말과 행동의 진정한 '주인공'이 되는 것이니까요. '몰입'의 상태에서는 이것이 모두 가능합니다. 자기 자신은 물론 자신이 하는 말과 행동 또한 한 걸음 떨어져서 객관적으로 바라봐집니다. "내가 무슨 말을 하려고 준비하는 구나." "이런 행동을 하려고 하는 구나." 하는 것들이 그냥 알아차려집니다. 몰입 상태라면 말입니다.

'슈퍼의식'은 우리의 의식과 무의식의 미묘한 변화도 곧장 알아차립니다. 그래서 우리의 말과 행동을 조절할 수 있는 '힘'을 가지고 있습니다. 몰입 상태에서 자신의 '업무'에 도움이 되는 평소 언행의 습관과 도움이 되지 않는 습관을 차분히 구분해보십시오. 반드시 몰입 상태에서 이런 분석을 해야 합니다. 그렇지 않으면 잘못되고 치우친 결론을 내리기 쉽습니다.

"내가 가진 언행의 습관 중 업무에 방해가 되는 부정적인 습관은 무엇인가?", "업무에 도움이 되는 긍정적인 습관은 무엇인가?"를 진지하게 물어보십시오. 자신이 가진 언행의 습관들을 하나씩 꺼내서 살펴보십시오. 이런 말과 행동은 이런 결과를 낳았고, 저런 말과 행동은 저런 결과를 낳았다는 사실을 '있는 그대로' 바라보십시오. 충분히 살펴본 다음 자신의 업무에 도움이 되는 습관과 방해가 되는 습관을 분명히 구분하십시오.

양자를 분명히 해야만 앞으로의 언행에 '원칙·기준'이 생깁니다. 시간을 충분히 투자해서 명확한 결론을 내리십시오. 여유를 가지고 결론이 명확해질 때까지 몰입 상태에서 충분히 검토하십시오. 이렇게 해서 결론이 한번 내려지게 되면, 이 결론을 철저히 준수하십시오. 업무에 도움이 되는 언행은 몰입을 해서 신바람이 난 상태에서 실행에 옮기십시오.

그리고 도움이 되지 않는 언행은 그것을 실천하지 않는 것에 몰입하십시오. 예를 들어 불필요한 '변명'을 하는 것이 업무에 방해되는 언행이라고 판단된다면, 단순히 부정적인 판단만 내리고 말 것이 아니라, 변명을 하지 않는 것을 즐기며 몰입해서 실천해야 합니다. 즐기면서 해야 슈퍼의식이 발동되어 우리의 판단을 지원해줄 것입니다. 부정적인 언행의 습관을 교정하는 것을 도와줄 것입니다.

부정적인 습관을 끊는 것도 몰입해서 즐기는 마음으로 하지 않으면, 작심삼일로 멈추고 말 것입니다. 긍정적인 습관을 실천에 옮기는 것도, 부정적인 습관을 깔끔하게 끊는 것도 모두 '몰입'으로 가능합니다! 신바람이 난 상태에서 긍정적인 습관을 실천에 옮기고, 신바람이 난 상태에서 부정적인 습관을 끊으십시오. 그리고 자신을 칭찬해

주십시오. 뿌듯한 마음을 한껏 만끽하십시오.

'건강'도 마찬가지입니다. 몰입 상태에서 건강에 도움이 되는 자신의 습관과 건강을 해치는 습관들을 명확히 구분하십시오. 각각의 습관들이 가져오는 긍정적인 결과와 부정적인 결과를 명확히 인지하십시오. '인간관계'에 있어서도, 자꾸 남과 사이를 멀어지게 하는 습관과 남과 화합하게 만드는 습관들을 명확히 구분하십시오. 어떤 언행을 습관적으로 표출했을 때 남과 어떤 결과에 도달했었는지를, 경험을 반추해보면서 실감나게 인지하십시오.

결론이 명확해지면 지금 당장 '몰입'해서 실천하십시오. 긍정적인 습관들을 익히는 데 신바람을 내서 하십시오. 그리고 부정적인 습관들을 버리는 데 신바람을 내서 하십시오. 이보다 더 좋은 답은 없습니다. 노력한 만큼 반드시 그 대가를 얻게 될 것입니다. 담배가 해롭다고 판단된다면, 담배를 끊는 것에 몰입하십시오. "담배를 피우면 안 되는데…"라고 걱정하는 정도로는 몰입이 안 됩니다. 그래서는 절대로 습관을 교정할 수 없습니다.

담배를 피우는 것은 너무나 즐겁고, 피우지 않는 것은 극도로 우울하다면, 누군들 즐거운 일을 피하고 우울한 일을 택할 수 있겠습니까? "담배를 끊으니 너무 즐겁다!" "담배를 끊어서 너무 기쁘다!"라고 생각하면서, 담배를 피우지 않는 것을 신바람이 나서 즐겨야만 담배를 끊을 수 있습니다. 긍정적으로 몰입을 해서 덤비면, 긍정적인 습관은 내 것이 될 것입니다. 여러분의 운명이 지금 이 순간부터 달라질 것입니다. 새로운 습관을 가진 새로운 운명이 펼쳐질 것입니다.

8
몰입을 통해 부정적 습관을 버리는 요령

몰입을 통해 부정적인 습관을 버리는 요령을 살펴보겠습니다. 물론 긍정적인 습관을 익히는 요령도 동일합니다. 업무나 공부 중에 게임이나 술·담배·스포츠 등 지금 하는 일을 방해하는 생각이 나면, 우리는 심하게 요동하게 됩니다. 지금 이 순간, 해야 하는 업무·공부를 방해하는 생각들은, 우리의 진보를 막는 부정적인 생각들입니다.

그 생각 자체가 해로운 것이 아니라, '지금 이 순간'에 해로운 것입니다. 당연히 다른 때 다른 장소에 만난다면 상황은 달라졌을 것입니다. 이런 부정적인 생각들에 유혹당해 제어할 수 없는 상태에 빠져버리면, 모든 것이 흐트러지고 말 것입니다. 그런데 이런 생각들은 솔직히 자극적입니다. 그래서 지금 내가 하는 일보다 훨씬 유혹적입니다.

우리는 곧장 유혹에 넘어가기 일보 직전에 도달하게 됩니다. 이 상태에서 잘 막아내야 합니다. 이 상태를 더 방치하면 다시 돌아오기 힘든 지경에 빠지고 말 것입니다. 이런 마음이 들었을 때는, 무조건 들이쉬고 내쉬는 '호흡'에 집중할 수 있어야 합니다. 기쁜 마음으로 미소를 지으면서, 들이쉬고 내쉬는 호흡에 몰입해야 합니다.

절대로 형식적으로 호흡을 해서는 안 됩니다. 진심으로 즐겁다고 상상하며 숨을 들이쉬고 내쉬어야 합니다. 게임을 하면 정말 좋겠다는 생각이나, 술·담배를 하고 싶다는 생각이 일어난다면, 곧장 "모른다!"라고 하여 모르쇠로 일관하십시오. 무조건 딱 잡아떼고 모른 척하십시오. 조금이라도 생각이 일어나거든 무조건 "모른다!"라고 선언하십시오. 5분 정도만 전념해서 물리치면 어떠한 잡념도 모두 막아낼 수 있습니다.

"괜찮다!"라고 생각하면서 '지금 이 순간'에 철저히 만족해도 동일한 효과가 납니다. 일체의 판단이 중지되면서, 지금 자신이 하는 일에만 전념할 수 있습니다. "지금 내가 이 일을 하고 있어서 너무나 행복하다!"라고 단호히 선언하십시오. 모든 잡념이 사라지면서 슈퍼의식이 발동하여, 점차 신바람이 나는 상태에 들어갈 것입니다. 포만감을 느껴버린 사람만이 음식의 유혹을 이겨낼 수 있습니다. 이미 신바람이 난 사람에겐 어떤 유혹도 초연하게 바라볼 수 있는 힘이 생깁니다.

이때 마음에 지금 하는 생각·행위를 계속할 것인지 멈출 것인지를 묻는 'Go·Stop'의 창이 뜹니다. 이런 창이 실제로 뜬다는 것이 아니라 스스로 상황을 주재할 수 있는 여유가 생긴다는 것입니다. "할까? 하지말까?"를 주체적으로 선택할 수 있게 됩니다. 몰입하지 못했을 때는 유혹의 대상이 떠오르는 순간, 무조건 끌려갔을 것입니다. 하지만 이제는 내가 주체적으로 선택할 수 있는 '주재력'이 생긴 것입니다.

너무나 차분하고 여유로운 상태에서, 자신이 부정적인 선택을 했을 때 겪게 될 부정적인 결과에 대해 미리 내다보십시오. 그리고 이런 부정적인 선택을 하지 않았을 때 얻게 될 긍정적인 결과에 대해 생각해보십시오. 몰입해서 실감나게 느껴보십시오. 그리고 절대로 부정적인 선택을 하지 마십시오. 부정적인 습관들의 유혹에서 승리하십시오.

이 과정에서 주의할 것은 '지금 이 순간'의 적만 상대해야 한다는 것입니다. 습관은 무섭습니다. 지금은 어떻게 막아내더라도 다음의 유혹은 막아내지 못할 것이라는 불안감이 엄습해올 것입니다. 이런 불안감은 유혹에 쉽게 넘어가게 합니다. 절대로 이런 생각을 방치하지 마십시오. 미래의 적까지 불러들여 상대하다가는 몰입력에 한계가 올 수 있습니다. '몰입 대상'은 늘 우리의 '몰입력'보다 작아야 유리합니다. 적(몰입 대상)을 키우지 마십시오. 지금의 적만 상대하여 승리를 쟁취해야 합니다.

승리의 쾌감이 한 번 두 번 쌓여 가면 우리 삶이 서서히 바뀌어 갈 것입니다. 두 번 하던 부정적인 습관이 한 번으로 줄고, 한 번 하던 긍정적인 습관이 두 번으로 늘 것입니다. 이렇게 나날이 진보할 것입니다. 하지만 방심하면 곧장 후퇴하고 말 것입니다. 항상 몰입 상태를 유지하면서, 부정적인 습관을 버리고 긍정적인 습관을 익히는 데 집중하십시오. 진보하지 않는 것은 퇴보하는 것이란 사실을 잊지 마십시오. 잠시의 방심은 공든 탑을 무너지게 할 것입니다.

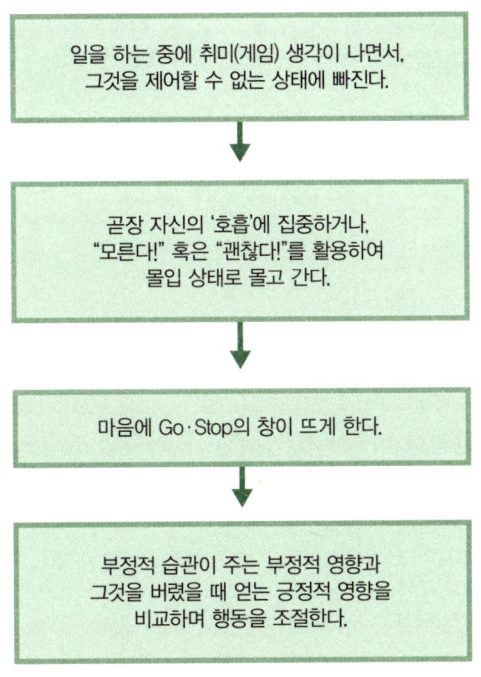

:: 몰입을 통해 부정적 습관 버리기 ::

9
습관 교정을 성공으로 이끄는 비결

　몰입을 활용하여 긍정적인 생각·감정·언행을 습관화하는 것을 더욱더 가속화시킬 비결이 있습니다. 무의식에 입력된 기존 프로그램을 새로운 프로그램으로 확실히 대체할 수 있는 보조적 기법들이 있습니다. 한마디로 슈퍼의식이 더욱더 강력하게 활동할 수 있도록 도와주는 기법들입니다. 그것은 다름이 아니라, 몰입 상태에서 '생

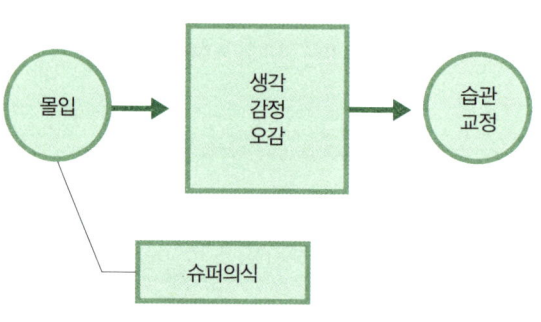

:: 몰입을 통한 습관의 교정 ::

각·감정·오감'을 적극 활용하는 것입니다.

　담배를 끊는 것을 예를 들어 설명해보겠습니다. 담배를 끊고 싶다면, 먼저 담배 생각이 날 때 몰입을 통해서 마음을 고요하고 밝고 환하게 만드십시오. 들이쉬고 내쉬는 '호흡'에 몰입하는 것도 좋고, "모른다!" "괜찮다!"를 활용하여 몰입에 들어가는 것도 좋습니다. 모두 동일한 효과를 가져올 것입니다. 그것은 바로 '슈퍼의식의 각성'입니다. 문제가 생기면 슈퍼맨을 찾듯이, 문제가 생길 때마다 슈퍼의식을 부르십시오. 그냥 불러서는 오지 않습니다. '몰입'으로 슈퍼의식을 부르십시오. 그러면 언제나 기다렸다는 듯이 곧장 달려오는 슈퍼의식을 만날 수 있습니다.

　슈퍼의식은 우리 마음에 절대적 평화와 고요 그리고 무한한 긍정을 줍니다. 이때 담배를 피우고 싶다는 부정적인 생각을 긍정적인 것으로 바꾸십시오. "담배를 끊어야 하는데…." "피면 안 되는데 어떡하지…." "이러다가는 또 피고 말 텐데…." 등등의 망설임으로는 담배를 끊을 수 없습니다. 담배를 피우고 싶다는 생각은 무의식의 강력한 지지를 받으며 기세등등한데, 이런 소소한 망설임으로 어떻게 그 큰 대해를 막겠습니까?

　단호히 선언하십시오. "나는 담배를 모른다!" "담배가 싫다!" "담배를 피우고 싶지 않다!" "담배를 보는 것만으로도 기분이 최악이다!" "담배를 피우지 않으면 정말 기분 좋다!"라고 확고히 선언하십시오. 이미 이루어졌다는 확신에 찬 긍정적인 말일수록 우리의 무의식에 깊게 박힙니다. 몰입 상태에서 단호하게 이미 이루어진 것처럼 선언하십시오. 고민만 하다가는 담배의 유혹에 끌려가기 쉽습니다. 일단 보호막을 쳐야 합니다. 뒤도 돌아보지 말고 그냥 선언을 하십시오. 이렇게 몰입을 통해서 '생각'을 바꿔버리십시오.

그 다음 '감정'을 긍정적으로 바꾸십시오. 담배를 끊게 되면 느낄 환희와 기쁨을 미리 앞당겨서 느껴보십시오. 그 황홀한 기분, 그 상쾌한 기분을 미리 실감나게 느껴보는 겁니다. "지금 이 상태가 최고다!" "담배를 끊으니 너무나 기분이 좋다!"라고 한껏 느껴보십시오.

다음으로 '오감'을 활용해보십시오. 늘 눈이 가는 곳에 "나는 담배를 끊어서 너무 행복하다!" 등의 긍정적인 확신을 주는 글귀를 써놓고 자주 눈으로 보십시오. 그리고 이 글귀를 자주 말로 선언하고 자신의 귀로 직접 들어보십시오. 또는 마음속으로 담배를 끊음으로 인해서 달라진 자신의 모습을 실감나게 그려보십시오. 환하고 밝고 즐거운 그림을 그려보십시오. 담배를 피우게 되어 불행해진 어두운 그림도 그려보십시오.

그리고 마치 끊은 사람처럼 행동하십시오. '오감'을 모두 활용하여, 담배를 피워본 적도 없는 사람처럼 행동하십시오. 존재해보십시오. 그런 기분으로 걷고, 그런 기분으로 밥을 먹고, 그런 기분으로 남들과 대화를 나눠보는 것입니다. "그래, 이런 기분이었군." 하고 상상하면서, 담배를 피우지 않는 사람의 말과 행동을 온몸으로 느껴보는 것입니다. 그러면 담배를 끊었을 때 다가올 쾌감을 미리 맛볼 수 있습니다. 이런 보조기법들을 잘 활용할 수 있으면, 담배를 끊는 몰입의 힘이 더욱 커집니다. 그럼으로 인해서 훨씬 쉽게 습관을 교정할 수 있는 것입니다.

　단순히 "나는 담배를 끊었어!"라고 외친다고 당장 끊어지는 것이 아닙니다. 그러나 이런 긍정적인 습관이 반복되다 보면, 우리 내면의 무의식이 결국 설득되어, 새로운 프로그램이 우리 내면에 쉽게 정착하는 것입니다. 무의식에 긍정적인 프로그램이 깔려있으면, 의식은 훨씬 쉽게 긍정적인 습관을 실천에 옮길 수가 있습니다. 몰입을 하되 생각·감정·오감을 자유롭게 활용할 수 있다면, 우리 앞에는 새로운 운명이 펼쳐질 것입니다. 한 술 밥에 배부르지 않습니다. 끊임없는 몰입과 습관 교정의 반복만이 새로운 미래를 열어줄 것입니다.

・ 습관교정을 성공으로 이끄는 비결 ・

❶ 몰입을 통해 마음을 긍정적으로 만들기
❷ 몰입 상태에서 생각을 긍정적인 것으로 바꾸기
❸ 몰입 상태에서 생각을 단호히 선언하기
❹ 몰입 상태에서 생각에 대해 긍정적인 감정을 부여하기
❺ 몰입 상태에서 생각을 선명한 그림으로 시각화하기
❻ 몰입 상태에서 생각을 말로 선언하고 듣기
❼ 몰입 상태에서 생각이 이미 이루어진 것처럼 행동하기

10
몰입으로 목표 이루기

　우리가 '성공하는 삶'을 살기 위해서는, 달성 가능한 '목표'를 세우고, 그러한 목표를 달성하기 위한 효과적인 '수단'을 모색한 다음 합리적인 '계획'을 작성하고, 계획을 꾸준히 '실행'하면서, 그 실행의 정도를 '평가'하며 목표 달성을 향해 나아가면 됩니다. 이렇게 목표를 세우고, 수단을 찾고, 계획을 짜고, 실행하고, 평가하는 데는 '원칙'이 있어야 합니다. 그 원칙이란 바로 목표·수단 모색·계획·실행·평가의 각 과정들이 모두 '몰입'에 용이해야 한다는 것입니다.

　아무리 원대한 목표를 세우고, 계획을 짜고, 실행하고 평가를 한다고 해도, '몰입'이 빠지면 모두 공염불이 되고 맙니다. 우리가 몰입할 수 없다면, 애초에 잘못된 목표이고 잘못된 계획입니다. 우리 자신이 몰입할 수 없는 목표는 결국 우리에게 스트레스와 좌절감·절망감만 안겨줄 것입니다.

생각만 해도 신바람이 나고 희열이 일어나는 '목표'가 아니고서는, 우리를 끊임없이 지속적으로 움직이게 할 수 없습니다. 물론 비호감인 목표도 몰입하면 되지 않겠냐고 할 수도 있습니다. 그렇다고 하더라도 당연히 평소에 호감이었던 대상을 목표로 삼는 편이 훨씬 현명할 것입니다. "이 일은 정말 하고 싶은가?"(소원)만 물어봐서는 곤란합니다. "이 일을 나는 잘할 수 있는가?"(성격·재능)도 같이 물어보고 목표를 선정해야 합니다. 자신의 '성격과 재능'을 몰입을 통해 냉정히 분석해보십시오. 여기서 한 가지 더 "이 일은 나와 남 모두에게 이로운 일인가?"(공익성)도 함께 분석하십시오. 나와 남 모두에게 해로운 일은 오래도록 몰입할 수가 없습니다.

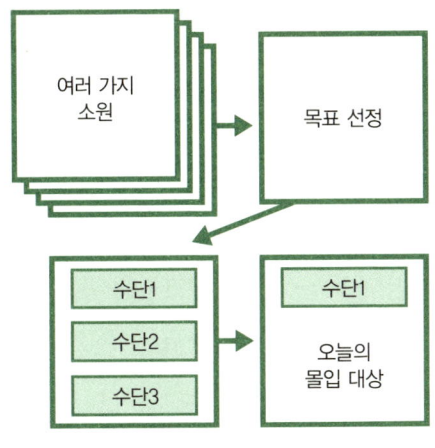

:: **목표와 수단의 선정** ::

너무 원대한 목표는 우리의 '몰입'을 방해합니다. 무리한 목표는 긍정적인 생각이 자취를 감추게 만들고 자꾸 부정적인 생각만 일어나게 만듭니다. 그래서 스트레스 상태에 빠지게 됩니다. "될까? 그게 진짜 될까?" 하는 생각을 하느라 모든 에너지를 소모하고 맙니다. 이렇게 돼서는 절대 안 됩니다. '몰입'에 용이한 '목표'를 선정하십시오. 지금 내 성격과 재능으로 달성할 가능성이 높은 그런 목표를 선정하십시오.

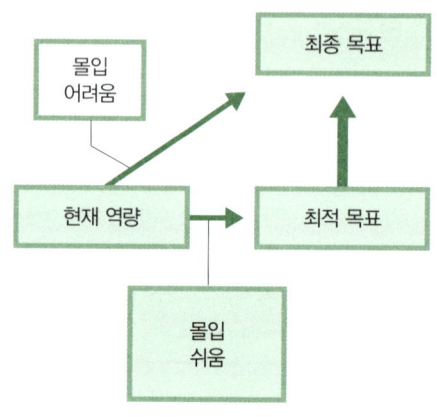

:: **최적의 목표 선정** ::

그래도 자꾸 지금은 아무래도 불가능할 것 같은 '원대한 목표'가 탐이 난다면, 원대한 목표에 도달하기 위한 '징검다리'에 해당하는 '중간 목표'인 '단계별 목표'들을 설정하면 됩니다. 그래서 그중 가장 도달하기 쉬운 목표를 지금 현재의 목표로 삼으십시오. "이 목표만 달성하면, 다음 목표는 좀 더 쉬워질 것이고, 결국 지금은 불가능해 보이는 최종 목표가 슬슬 넘봐질 것이다."라는 생각을 하면서 목표 간의 우선순위를 선정하십시오. 아무튼 지금 현재의 목표는 지금 현재의 우리 역량으로 달성 가능할만한 것이어야 합니다. 그래야 몰입이 훨씬 쉽게 이루어지고 오래 갈 수 있을 것입니다.

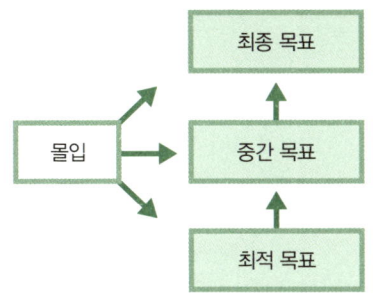

:: 중간 목표를 설정하여 몰입하기 ::

이렇게 지금 현재 역량으로 가장 몰입하기 쉬운 '목표'를 1차 목표로 선정했다면, 이제는 이 목표를 달성하는 데 꼭 필요한 '수단'들을 모색해야 합니다. 가능한 모든 수단들을 몰입해서 집중적으로 생각해보십시오. 좋은 생각이 물밀듯이 밀려오게 하고 싶으면, 절대로 이런 분석에 스트레스나 짜증이 나서는 안 됩니다. "괜찮아!"라고 단호히 선언하면서 최대한 여유로운 상태를 유지하면서 자꾸 답을 향해 마음을 몰아가보십시오. 넓게 그물을 펼치고 고기를 향해 다가가는 마음으로 말입니다. 그 자리에 물고기가 있다면 반드시 걸려들게 되어있을 것이라는 여유로운 마음으로 답을 향해 몰아가십시오.

이런 '몰입사고'를 통해서 가능한 '수단'들이 최대한 모색되었다고 판단한다면, 이제는 각종 수단들 간의 '우선순위'를 정하십시오. 몰입해서 찾아보십시오. 어느 것이 먼저이고 어느 것이 나중이어야 가장 몰입에 용이하며, 목표 달성에도 효과적일지를 깊이 따져보십시오. "어느 것이 더 긴급한가?" "어느 것이 더 중요한 것인가?"를 따져보다 보면, 자연스럽게 수단들 간의 자연스러운 '순서'가 선명히 보이게 될 것입니다.

선명하게 답이 보일 때, 이 사물의 자연스러운 결을 바탕으로 '계획'을 짜십시오. "오늘은 이것을 하고 내일은 저것을 하겠다!"라고 분명히 선언하십시오. 이러한 계획이 현실로 이루어졌을 때 얼마나 행복할지를 한번 실감나게 상상해보는 것도 아주 좋을 것입니다.

'계획표'를 보십시오. 오늘은 무엇을 하기로 되어있습니까? 오늘 무엇을 해야 우리의 목표가 이루어지게 계획되어 있나요? 바로 그것에 오늘의 모든 시간·정력·노력을 아낌없이 투자하십시오. 오늘 하루 그것을 가지고 최대한 즐거운 시간을 보내십시오! 오늘 하루는 그것만 생각하고, 그것만 바라보고, 그것만 실천하십시오. 오직 그것에만 몰입해야 합니다. 책을 읽을 때 지금 읽는 페이지에만 집중해야 하듯이, 오늘 할 일에만 집중하십시오.

그리고 자신이 짠 계획표를 얼마나 몰입해서 실천하고 있는지를, 하루·일주일·한 달 단위로 '평가'를 해보십시오. 정확한 평가가 없이는 목표의 달성도 없습니다. 이론과 실전은 다릅니다. 지금 내가 세운 목표가 나에게 알맞은지, 수단의 선정은 정확했는지, 목표를 이루기 위한 수단은 매일매일 몰입 상태에서 실천되고 있는지, 하나하나 실제 경험을 바탕으로 점검해야 합니다.

무리한 목표를 세웠다면 매일매일 좌절감과 절망감만 쌓여갈 것입니다. 우리를 우울하게 만들고 부정적으로 만들고 좌절하게 만드는 계획이라면 당장 찢어버리십시오. 그리고 자신의 역량을 최대한 정확히 고려하여, 오늘 최대한 몰입할 수 있는 그런 계획을 짜십시오.

그리고 실행하십시오. 무리하고 거창한 계획을 짜서 좌절하고 절망하는 것 보다는, 조그마한 계획이라도 매일매일 즐거운 기분으로 성취감을 맛보면서 실행하는 것이 훨씬 소중합니다. 이 작은 목표들을 기분 좋게 성취해가다 보면, 반드시 원대한 목표에 도달하게 될 것이니까요.

• 몰입의 달인 •

이휘소

한국인 중 가장 강력한 노벨상 후보였던 천재 물리학자 이휘소(1935~1977) 박사는 한번 공부에 몰입하면 잘 일어나지 않아서 동료들로부터 '팬티가 썩은 사람'으로 불렸다고 합니다. 또 한번 아이디어가 떠오르면 며칠이고 앉은 자리에서 논문을 완성시켰다고 합니다. 이런 무서운 몰입력 때문에, 살아있었다면 노벨상을 100% 탔을 것이라는 학계의 인정을 받을 정도로 남다른 업적을 쌓을 수 있었을 것입니다.

• 선비들에게 배우는 몰입 노하우 •

항상 깨어있어라

면우(俛宇) 곽종석 郭鍾錫(1846~1919)

일이 없을 때는 마땅히 정신을 바짝 차려서
깨어있게 해야 하니,
어둡고 나태하게 해서는 절대 안 된다(나에 대한 몰입).
한 생각이 막 발동하면,
곧바로 그 낌새를 성찰하여 올바른 것이면
확충하고 사악한 것이면 막아서(양심성찰),
방탕하고 안일하게 해서는 안 된다(대상에 대한 몰입).

(『면우집』)

원하는 것을 끌어당기는 비결

우리가 원하는 것을 끌어당기는 최고의 비결이 있을까요? 불경에 보면 부처님은 신통력을 부리는 기초훈련으로 4가지를 꼽습니다. 이것들은 '사신족四神足', '사여의족四如意足'이라고 불리는 것들인데, 우리말로 풀이하면 '신통력을 가능하게 해주는 4가지 토대·기초'입니다. 사실 신통력이란 다른 것이 아니라 우리가 원하는 것을 끌어오는 것일 뿐입니다. 그러니 부처님께서 말씀하신 이 비결을 활용하면, 역량이 허락하는 한에서 우리가 원하는 것을 끌어당길 수 있습니다.

① '욕신족欲神足'은 "간절히 원하라!"라는 것입니다. 원하는 대상을 얻고 싶다면, 먼저 진심으로 간절하게 원해야 합니다. 원하는 대상을 간절하게 원하지 않으면 결코 끌어당길 수 없습니다.

② '근신족勤神足'은 "정성껏 노력하라!"라는 것입니다. 원하는 대상을 얻기 위해 필요한 일이라면, 최선을 다해 노력해야 한다는 것입니다. 이 세상에서 노력을 하지 않고 얻을 수 있는 것은 없습니다. 부지런히 원인을 쌓아가야만 그 결과를 얻을 수 있습니다. 예수님의 말씀

처럼 뿌린 대로 거두는 법이니까요.

③ '염신족念神足'은 "일념으로 몰입하라!"입니다. 언제 어디서나 원하는 대상을 얻기 전에는 포기하지 말고, 자나 깨나 그것에만 몰입해야 합니다. 그래야만 결실을 얻을 수 있습니다. 아무리 씨앗을 뿌렸더라도, 계속해서 관심을 기울여주지 않는다면 원하는 결실을 얻지 못할 것입니다. 몰입하는 중에 영감과 창조력이 나옵니다. 결코 몰입을 멈추지 마십시오.

④ '관신족觀神足'은 "연구하고 분석하라!"라는 것입니다. 몰입을 바탕으로 한 '몰입사고'만이 우리에게 창의적이고 자명한 해답을 줄 것입니다. 원하는 대상을 얻을 수 있는 방법을 투철히 연구하고 분석해야만, 오차를 줄이고 시행착오를 줄여서 원하는 대상을 얻을 수 있게 될 것입니다. 세상의 모든 일들은 이 4가지 기초를 갖추어야만 자신의 뜻대로 끌어당길 수 있습니다. 시험이든, 취직이든, 사업이든, 연애든 이 4가지 기초가 튼튼할 때 이루어집니다. 이것을 잘 기억해두세요.

• 습관교정을 성공으로 이끄는 비결 •

❶ 간절히 원하라!
❷ 정성껏 노력하라!
❸ 일념으로 몰입하라!
❹ 연구하고 분석하라!

나의 몰입 이야기

• **몰입으로 습관을 교정하다**
  안현(38, 주부)

나에게는, 정말 고치고 싶지만 이것만은 못 고칠 것이라고 포기했던 습관이 한 가지 있다. 일을 미루는 버릇이다.

학창 시절에는 항상 벼락치기였다. "공부는 머릿속에 넣고 싶지 않은 정보들을 마구 쑤셔 넣어야 하는 것"이라고 생각했기 때문에, 시험을 2~3일 앞두고서야 겨우 책을 잡았고, 시간이 모자라 늘 밤을 새웠다. 그 시간 동안 스트레스가 크기 때문에, 학교를 떠난 지 오랜 시간이 지난 지금까지도 그 상황이 꿈에 나타난다. 시간이 모자라 공부를 제대로 못해서 시험을 망치는 꿈이다.

직장에서도 처리가 어렵거나, 하지 않고 싶다고 생각되는 일은 마지막까지 미루곤 했다. 그런 나의 습성을 스스로 잘 알기 때문에, 하기 싫지만 중요한 일이 생기면, 자질구레한 일들까지 미리 해두었다. 그것 말고는 할 일이 전혀 없게 되면 어쩔 수 없이 그 일을 시작하게 되기 때문이다.

최근까지도 그랬다. 가끔 번역을 부탁받는 일이 생기는데, 처음에는 "심심한데 잘 됐다." 싶다가도 곧 지루했던 과거의 번역 작업 경험이 떠올라, "내가 왜 이걸 맡았을까?" 후회하면서 차일피일 미루게 된다. 그렇게 한동안 손도 대지 않다가 마감을 앞두고서야 부랴부랴 서두르며 밤을 지새곤 했다.

해야 할 일을 하지 않고 미루는 그 긴 시간 동안, 다른 무엇을 해도 마음 한 구석이 불안하고 편하지 않다는 것을 알면서도 고칠 수가 없었다. 왜 나는 남들처럼, 여유가 있을 때 미리 일을 해 두는 것이 잘 되지 않을까? 영원히 못 고치는 것은 아닐까?

사실 처음 『5분, 몰입의 기술』 책을 접했을 때, 나는 '집중'만큼은 자신 있다고 생각했기 때문에 큰 기대를 하지 않았다. 책을 읽거나 일하면서 집중하다가 신바람이 나고, 시간도, 나 자신도 잊고 행복했던 체험들이 종종 있었기 때문이다. 하지만 그것은 내가 정말 좋아하는 일을 할 때 잠깐뿐이었다.

하지만 이 책을 통해 나의 가장 나쁜 버릇을 고치게 되었다. 이제는 내가 싫어하는 일에도 쉽게 몰입을 할 수 있다. 몰입은 그 한 가지 대상 외에 다른 생각을 하지 않는 것에서 시작되는 것이고, 그렇게 하기 위해 내가 무슨 방법을 사용하면 되는지를 잘 알게 되었기 때문이다.

"이것은 꼭 해야만 하는 일이다."라는 사실을 빨리 받아들이고, "우선 놀고 나중에 열심히 하면 되지."와 같은 다른 생각들에 대해 과감하게 "모른다!"를 해 보았다. 놀랍게도 마음이 금세 편안해졌다. "내가 왜 이런 일을 해야 하지?"와 같은 생각도 떠오르지 않았다. 과거에 그렇게 지겨워하던 번역 작업을 하는데, 몇 주 걸릴 일을 며칠 만에 아무런 스트레스 없이 끝내버리는 자신을 보고, "이게 내가 알던 내가 맞나?"라고 되묻기도 했다. "하기 싫은 일도 이렇게 쉽게 몰입을 할 수 있는데, 내가 앞으로 하지 못할 일이 뭐가 있겠나?"라는 자신감도 생겼다.

어찌 보면 사소한 습관 한 가지를 바꾼 것이지만, 나는 새로 태어난 느낌이다. "미루지 않고 모든 일을 제때에 처리하는 나"는 그동안 상상도 못 해봤고, 나는 원래 그런 사람이 아니라고 생각해왔기 때문이다. 나처럼 무언가를 미루는 습관으로 힘들어하는 분이 계시다면 꼭 읽어보시기를 권한다.

• 몰입학습법으로 과탑이 되었다
윤동현(25, 대학생)

저는 공부에 대한 큰 고정관념이 있었습니다. 공부를 할 때는 무조건 책상에 오랜 시간 앉아 철저히 집중하여 공부해야 한다고 생각했고, 또 공부기간에는 절대로 놀지 말고 괴로워도 꾹 참으며 공부만 해야 하는 것으로 생각했습니다.

이런 생각을 굳히게 된 것이 고등학교 2학년 말 수능을 대비한 공부를 시작할 때부터였습니다. 너무 잘하고 싶은 욕심에 이런 저런 공부법 책들을 읽다가 그런 생각을 가지게 된 것이었습니다. 그런데 오히려 이런 생각을 가지고 공부에 임하자 점점 공부가 잘 되지 않게 되었습니다. 내가 만들어 놓은 "공부를 할 때는 이렇게 해야 해!" 하는 모습에 집착하기 시작하자, 그 이상적인 모습대로 공부가 안 되는 것에 스스로 스트레스를 받았습니다.

자꾸 공부에서 스트레스를 받으니 점점 공부가 싫어지고 세운 계획대로 공부를 하지 못하게 되었습니다. 그러나 저는 뭐가 문제인지 모르고 번민만을 거듭하며 해결은 하지 못하고 있었습니다. 그렇다고 고3인데 공부는 안 할 수 없으니 억지로 계속 하기는 했습니다. 하지만 사람이 어떻게 싫어하는 것을 계속 할 수 있겠습니까? 계속 공부하다 말고 딴짓을 하거나 자거나 멍하니 책만 들여다보고 있곤 했죠. 그러면서 그렇게 했다는 자책감 때문에 또 스트레스를 받는 악순환에 빠져버렸습니다. 그 결과 성적은 점점 내려가고 수능에서는 주변의 기대보다 훨씬 낮은 점수를 받았습니다.

내 본래 실력은 이게 아닌데 하는 아쉬움이 너무 컸습니다. 그래서 재수를 하게 되었습니다. 10개월 동안 재수학원을 다니며 다시 공부를 했습니다. 하지만 아직 저의 고정관념들은 그대로였습니다. 재수까지 했다는 초조한 마음에 더욱 시야가 좁아져 버렸습니다. 놀지 말아야 한다는 강박관념 때문에 토·일요일에도 하루 종일 학원에 박혀서 꾸역꾸역 공부를 했습니다. 학원 내에서 친구가 많아지면 또 놀 것 같다는 생각에 친구도 거의 만들지 않았습니다.

하지만 여전히 공부 계획은 제대로 이뤄지지 않고 조금이라도 계획이 어그러지면 더욱 큰 스트레스를 받았습니다. 계속 그렇게 지내니까 심한 우울증까지 앓게 되었습니다. 공부는 안 되고, 왜 안 되는지는 모르겠고, 친구도 없고…. 그러다 그해 여름쯤에 서점에서 『5분, 몰입의 기술』을 사보게 되었습니다. 그러나 당장은 어떻게 적용해야 할지 모르겠더군요. 그렇게 시간이 흘러 다시 수능을 쳤는데 오히려 작년보다 성적이 더 내려가 버렸습니다. 결국 정말 안 좋은 대학에 가게 되었습니다. 그곳을 반년 다니다 휴학을 하고 군대를 공익으로 가게 되었습니다.

공익요원은 집에서 근무지로 출퇴근하기 때문에 퇴근 후와 주말에 시간이 좀 있어서 다시 수능에 도전을 해보게 되었습니다. 또 실패할 것 같아서 재도전을 결정하기 쉽지 않았지만 안 하면 후회할 것 같아서 했습니다. 그러나 여전히 저의 습관들은 어디 가지 않고 그대로더군요. 또 똑같았습니다. 그러던 도중 다시 『5분, 몰입의 기술』을 보기 시작했습니다.

당시의 저는 책만 펴면 소름이 끼칠 정도로 공부가 비호감으로 느껴졌습니다. 이 정도 상태까지 되어버리니 책에 나와 있는 방법 '나에 대한 몰입'으로 마음을 고요하고 기분 좋게 만든 뒤 공부하는 방법으로도 쉽지가 않았습니다. 물론 제가 그때 나에 대한 몰입에 능숙하지 않았기 때문인 것도 있었습니다. 열 번 중 두 번은 그 방법으로 어느 정도 공부를 할 수 있겠는데, 나머지 여덟 번은 공부에 대한 부정적인 생각·감정에서 벗어나지 못해 공부를 해나갈 수가 없었습니다. 그래서 또 똑같이 계획대로 공부를 진행하지 못하고 자꾸 스트레스만 왕창 받으면서 허송세월을 보내게 되었습니다.

하지만 '나에 대한 몰입'으로 고민을 내려놓고 쉬면서 마음을 초기화하는 것은 조금씩 되었습니다. 잡념을 상대하지 말고 "모른다!"만 마음속으로 염하니까, 차차 정신이 고요해지면서 스트레스가 서서히 날아가고 기분이 매우 상쾌해졌습니다. 그러던 어느 날 또 퇴근하고 도서관에 가서 억지 공부를 하고 있었습니다. 그런데 그날따라 더욱 공부가 손에 안 잡히고 부정적인 생각이 끊임없이 올라왔습니다.

"어째 점점 공부를 못하게 되는 것 같다. 겨우 고등학교 공부를 이렇게 못하고 있나? 남들은 별 어려움 없이 하는 공부를 난 왜 이렇게 잘 못할까? 벌써 몇 년 째인가? 나는 바보가 아닐까?" 하는 우울한 생각에 한참 사로잡혀 괴로워하고 있다가 고통에서 빠져 나오려고 눈을 감고 "모른다!"를 염하며 마음을 진정시키고 있었는데, 어느 정도 시간이 지난 후 마음이 좀 가라앉았을 때 별안간 번쩍하고 머리를 강타하는 생각이 있었습니다.

나는 항상 내 기량을 고려하지 않은 공부계획을 세우고 있다는 것이었습니다. 그때까지 저는 공부계획을 평일에 퇴근하고 3~4시간 주말에는 8~9시간 이상 세워 놓고 있었습니다. 저처럼 공부를 잘 못하고 싫어하는 학생에게는 터무니없이 버거운 계획이었던 것입니다. 게다가 평일은 근무를 하니 몸도 마음도 지쳐 있는데 휴식도 없이 퇴근 후 저녁에 3~4시간 공부라니…. 잘 안 되는 것이 당연한 것이었습니다. 너무나 당연한 것이지만 거듭된 재수로 인한 압박과 싫어하는 대상에 억지로 집중하려고 하다 생긴 심한 스트레스 때문에 시야가 극도로 좁아져서, 이런 간단한 판단도 오랫동안 내리지 못하고 있었던 것이었습니다.

그 이후로는 공부시간을 팍 줄이고 내 기량과 내 상태를 배려해서 공부계획을 짜고 실천하는 것을 연습했습니다. 물론 처음에는 잘 안 되었습니다. 계속 공부를 더 많이 해야 할 것 같고, 더 어려운 문제집을 풀어야 할 것 같고 쉬어서는 안 될 것 같고…. 그러나 내 기량을 배려해야 한다는 것에 대해 강한 내적 확신이 있었기에 조금씩 그 방향으로 계획을 고쳐나갔습니다.

평일 근무가 끝나고 많이 피곤하면 좀 쉬다가 한 시간쯤 공부, 컨디션이 괜찮으면 2시간을 공부, 주말에는 토요일에는 5시간 정도만 공부를 하고 일요일은 휴식을 했습니다. 이렇게 하니까 예전에는 계획을 세우면 그 달성률이 30~40%도 되지 않았는데 이제는 60% 정도는 확실히 지켜지는 것이었습니다. 이것은 저에게는 너무 굉장한 변화였습니다. 그러나 이러는 와중에 2년이란 시간이 훌쩍 흘러 이 방법대로 공부를 많이 하지는 못하였습니다. 그래도 마지막으로 친 수능성적은 예전의 암울한 성적보다는 많이 올라 훨씬 나은 대학에 합격할 수 있었습니다.

새로 대학에 들어오니 새 마음 새 뜻으로 열심히 공부해 모범생이 되고 싶었습니다. "전에 하던 '몰입의 기술'을 더 연마하면 장학금을 받을 정도로 공부를 잘하지 않을까?" 하는 자신감도 좀 있었고요. 시험기간 3주 전부터 준비를 했습니다. 3주 전에는 하루 2시간씩만, 2주 전에는 조금 힘이 붙었으니 4시간 씩, 1주 전에는 6시간씩 시험기간에도 6시간씩(아침 · 점심 · 저녁에 각각 2시간씩만 공부하고 휴식, 물론 강의 없는 날만), 이렇게 계획을 세우고 공부를 하니 계획의 70% 이상이 지켜지는 것이었습니다.

자신이 세운 계획을 지켜나가는 내 모습에 스스로 뿌듯해하며 준비를 하고 시험을 쳤습니다. 느낌이 아주 좋았습니다. 중간고사 시험성적을 받아 보니 제가 눈에 띄게 잘 쳤더군요. 나도 하면 된다는 생각이 들었습니다. 역시 정확한 방법으로 노력을 하면 노력한 만큼 된다는 확신이 생기더군요. 기말고사 때는 더 발전하여 내 성격의 특성과 생활패턴까지 고려해 계획을 짰습니다. 종종 계획에 차질을 주는 일들이 생기는데 매일 계획을 고쳐서 변화에 대응하는 스킬까지 터득했습니다.

기말고사를 치르고 들뜬 마음으로 성적표를 기다렸습니다. 성적표가 기다려진 건 이때가 처음인 것 같습니다. 4.19 학점으로 아슬아슬하게 과탑(과에서 1등)이더군요. 고3 때부터 공부 때문에 부모님 마음에 못을 박아왔었는데, 전액장학금을 타게 되니 부모님께서 너무 좋아하시더군요. 효도했다는 마음에 매우 뿌듯했습니다. 다음 학기에 공부를 하다 보니 문득 더 이상 공부가 싫고 괴롭지 않게 되었다는 것을 느꼈습니다.

어느새 공부에 대해 비호감으로 느끼던 습관이 정화되어 있더군요. 그래서 더욱 쉽게 공부할 수 있었습니다. 『5분, 몰입의 기술』에 있는 스킬들을 다 익히면 '공부의 신'이 되지 않을까 하는 생각에 계속 책을 참고하며 공부했습니다.

2학기에는 더욱 '몰입의 기술'이 발전하여 이제는 세우는 계획의 80% 이상을 이루었습니다. 게다가 계획을 못 지키면 스트레스를 받던 습관도 많이 사라져서 공부하다 놀고 싶은 마음에 못 이겨 놀거나 자버리더라도, 사람이 완벽할 수가 있나 하고 그냥 넘어가고, 다음에는 아무 일도 없었다는 듯이 열심히 공부를 할 수도 있게 되었습니다. 그리고 중간중간 내 상태에 맞춰 적절히 쉬거나 놀아 주어서 스트레스를 처리할 줄도 알게 되었습니다.

2학기 기말이 끝나고 받은 성적은 1학기보다 더 좋았습니다. 4.33 학점으로 또 과탑이었습니다. 과거에 계획을 세우고 거의 지키지 못했던 것 때문에 스스로 자신을 의지박약아, 천하의 게으른 놈, 바보로 여기고 살았는데, 이제는 저에 대한 생각이 완전히 바뀌었습니다. 올해 2013년에는 2학년이 되었습니다. 근래에는 1학기 중간고사를 준비하고 있습니다. 앞으로 얼마나 더 몰입 학습력이 발전할지 궁금합니다. 이제는 공부할 때 책 내용에 온전히 몰입하는 것을 연습하고 있습니다. 조금씩 늘고 있습니다.

7장
몰입으로 건강해지기

고르고 깊은 호흡에의 몰입은 생명 에너지를 극대화시켜주며, 몰입을 통해 각성된 슈퍼의식은 우리 마음을 평안하고 행복하게 해줍니다.
항상 몰입과 함께 하는 삶을 살며, 양질의 음식을 섭취하고, 생명력을 고갈시키는 생활습관을 금할 때, 우리의 몸과 마음은 최고의 컨디션을 유지하게 될 것입니다.

1
사람의 몸을 구성하는 핵심 요소

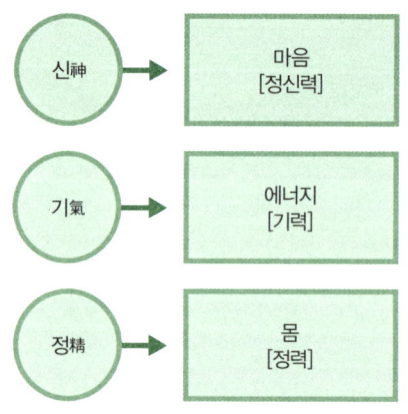

:: 인체의 3가지 핵심 요소 ::

몰입을 통해서 몸과 마음의 건강을 챙기려면, 무엇보다 우리 인체를 구성하는 주요 요소들을 잘 알아두어야 합니다. 동양에서는 전통적으로 '정精·기氣·신神'의 3가지 체계로 인체를 살펴봤습니다. 인체는 정기신으로 이루어져 있다고 생각한 것입니다. 동양의학의 최고 고전인 『동의보감東醫寶鑑』에는 다음과 같은 가르침이 전해옵니다.

'정기신'은 오장육부와 온몸의 주인이 된다.

'정기신'이 의미하는 바는 다음과 같습니다. 먼저 '정精'은 '정력' 즉 육체적인 힘을 말하는 것으로 '몸'을 대표합니다. 다음으로 '기氣'는 '기력' 즉 우리 몸이 지닌 내면의 힘인 '에너지·기운'을 말합니다. 마지막으로 '신神'은 '정신력' 즉 사물을 인식하고 생각·감정을 느끼는 우리의 '마음'을 말합니다. 육체적인 힘·에너지·마음, 이 3가지로 인체가 이루어져 있다고 보는 것이 동양의 인체관입니다.

동양에서는 우주도 동일한 3요소로 이루어져 있다고 보았습니다. 우주 넓은 공간에 존재하는 물질덩어리인 별들은 '정'에 해당하고, 그러한 별들을 감싸는 광대한 에너지는 '기'에 해당하며, 이러한 우주를 주재하며 경영하는 우주의식을 '신'이라고 보았습니다. 비록 사이즈는 작지만 인체는 엄연한 대우주의 축소판인 것입니다. 양적으로는 차이가 나도 질적으로는 동일한 우주라는 말입니다. 그래서 동양에서는 인체를 '소우주'라고 보았습니다. 우주나 인체나 이 3가지 핵심 요소들이 건강해야 오래갈 것입니다. 이 3가지 핵심 요소를 건강하게 하는 것이 동양의학에서 사람의 몸을 치유하는 핵심입니다.

2
몰입으로 마음·기운·몸 건강하게 하기

　이 3가지 핵심요소인 '정기신'을 건강하게 만드는 최고의 비법은 바로 '몰입'입니다. 몰입이 아니고서는 질병을 근본적으로 치유할 수 없습니다. 모든 질병은 생각·감정·생활습관·음식·환경 등에서 기인합니다. 이들이 끼치는 부정적인 영향으로 인해 우리 몸의 자연스러운 균형이 깨져서 질병과 통증이 발생하는 것입니다. 만약 우리가 '마음'을 고쳐먹고, '에너지'를 잘 순환시키고, '몸'과 '주변 환경'을 잘 관리한다면, 우리 몸이 지닌 근원적인 치유력이 다시 살아나게 되어, 병을 물리칠 수 있을 것입니다.

　먼저 '몰입을 통한 마음의 치유'에 대해서 살펴보겠습니다. 우리가 몰입 상태에 들어가게 되면, 마음에는 다음과 같은 변화가 일어납니다. 먼저 슈퍼의식이 각성된 상태에서는 부정적인 생각이나 감정

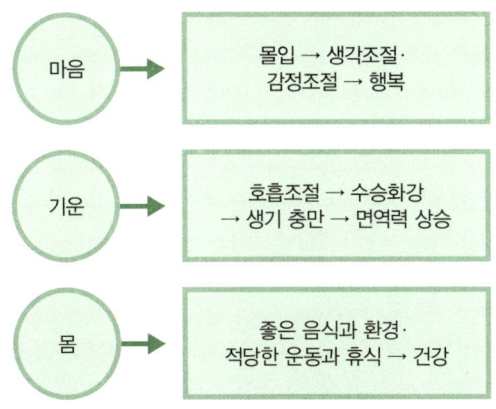

:: 마음 · 몸 · 기운 건강하게 하기 ::

이 자취를 감추게 되므로, 우리를 끝없이 괴롭히던 우울함 · 스트레스 · 고민 · 불안감 · 두려움에서 해방됩니다. 우리가 보고 듣는 5감의 정보에 대해 깊이 만족하게 됩니다. 이와 동시에 뇌파가 변화하고 기쁨의 호르몬인 엔도르핀이나 행복의 호르몬인 세로토닌 등이 분비되어, 마음 전체 즉 의식 · 무의식 모두 편안하게 만들어줍니다. 몰입을 통해 각성된 슈퍼의식은 우리 마음에 조건 없는 무한한 행복감을 선물해줍니다.

마음이 항상 스트레스에 빠져있고 뭔가 결핍된 욕망에 시달리고 있다면, 몸도 기운도 다 건강해지지 못할 것입니다. 마음이 건강할 때 기운도 몸도 모두 건강해집니다. 이 3가지 요소는 서로 깊은 연관 관계를 가지고 있습니다. 마음이 부정적이 되면 몸도 기운도 부정적이 되며, 몸이 힘들고 기운이 빠지면 마음도 부정적이 됩니다. 물론 가장 중요한 것은 '마음'입니다. 무엇보다 마음이 먼저 행복해져야 합니다. 마음이 기운과 몸을 지배하기 때문에, 특히 마음이 행복해져야 합니다.

다음으로 '몰입을 통한 기운의 치유'에 대해 살펴보겠습니다. 우리 몸의 기운은 크게 3가지로 나누어 볼 수 있습니다. 태어날 때부터 가지고 있는 '근원적인 기운'(원기元氣)과 '호흡을 통해 얻은 기운', '음식을 통해 얻은 기운'이 그것입니다. 이 중에서 우리가 쉽게 조절이 가능한 것은 바로 '호흡을 통해 얻은 기운'입니다. 음식을 하루 종일 먹을 수는 없지만, 호흡은 하루 종일 멈추는 법이 없기 때문입니다. 들이쉬고 내쉬는 숨을 통해 인체에 필요한 에너지를 끌어 모으는 것이 기운을 건강하게 하는 핵심 요령이 됩니다.

'호흡'을 통해 인체에 필요한 에너지를 모으고 싶다면, '호흡에 대한 몰입'을 하면 됩니다. 몰입을 통해서 들어오고 나가는 호흡을 잘 관찰하고 거기에 집중할 수만 있다면, 우리의 에너지 탱크가 존재하는 아랫배에 강대한 에너지를 축적할 수 있습니다. 그리고 '수승화강水升火降'(시원한 기운이 위로 올라가고 따뜻한 기운이 아래로 내려옴)이라는 현상이 몸 안에서 일어납니다. 에너지의 흐름이 균형을 찾는 것이죠.

원래 인체의 에너지는 머리 쪽이 시원하고 아랫배 쪽이 따뜻해야 합니다. 그래야 온몸이 건강할 수 있습니다. 그런데 우리가 스트레스를 받거나 근심·걱정·불안감 등에 휩싸이게 되면 이 균형이 깨어져, 머리 쪽은 불이 타오르듯이 뜨거워지고 아랫배 쪽은 얼음처럼 냉해지게 됩니다. 그리고 손과 발도 냉해지게 됩니다. 에너지와 혈액의 순환에 장애가 생긴 것입니다. 하지만 호흡에 대한 몰입을 통해 아랫배에 에너지가 축적되면 막혔던 에너지가 다시 순환하면서, 아랫배에서 뜨거운 열기가 발생하며 머리 쪽은 시원해지게 됩니다. 이것을 시원한 물이 하늘(머리)로 올라가고 따뜻한 불이 땅(아랫배)로 내려간다고 해서 '수승화강'이라고 합니다. 동양에서 머리는 하늘이고 배는 땅이니까요.

이렇게 배가 따뜻해지고 머리가 시원해지면, 우리의 생명 에너지가 활기차게 변화하여 자연적인 치유력을 발휘할 수 있게 됩니다. 생명 에너지가 충만해지고, 온몸에 영양소를 공급하고 노폐물을 처리하는 혈액순환이 활발해지며, 각종 세균이나 바이러스를 막아내는 힘인 면역력이 높아집니다. 이런 모든 긍정적인 변화들이 '호흡에 대한 몰입' 하나로 일어날 수 있습니다. 들이쉬고 내쉬는 호흡에 전념할 수만 있다면, 에너지가 충전되고 온몸이 건강해질 것입니다.

마지막으로 '몰입을 통한 몸의 치유'에 대해 살펴보겠습니다. 우리가 몸을 건강하게 잘 관리하고 싶다면, 우리 몸에 직접적인 영향을 주는 제반 요소들을 잘 관리하면 됩니다. 즉 좋은 생활습관을 지니고 좋은 음식을 먹고, 좋은 환경 즉 좋은 공기·좋은 땅·좋은 햇빛·좋은 물을 누리며, 적당한 노동·운동과 휴식을 취하며 살면 됩니다. 과다한 노동이나 운동은 몸에 무리를 줍니다. 물론 과다한 휴식도 안 됩니다. 이 2가지가 모두 우리 몸을 망칩니다. 그래서 좋은 음식, 좋은 환경, 적당한 노동·운동과 휴식, 이것들이 적절하게 균형을 이루면 건강해집니다.

몸의 건강도 결국은 몰입해야 이루어집니다. 좋은 생활습관, 좋은 음식과 좋은 환경 그리고 적당한 운동과 휴식이 건강에 좋다는 것을 모르는 사람은 없을 것입니다. 그러나 실제로 그러한 것들을 매일매일 관리해가는 사람은 무척 드뭅니다. 우리의 기존 습관이 이런 건강에 좋은 습관들을 방해하기 때문입니다. 지금 이 순간부터 긍정적인 습관들을 새롭게 만들어갈 힘이 없다면, 아무리 건강에 좋은 비방들이 있어도 우리 몸에는 어떠한 긍정적인 영향도 줄 수가 없습니다.

좋은 생활습관을 지속적으로 유지하는 것도 몰입해야 가능한 일이며, 좋은 음식을 가려먹고 나쁜 음식을 먹지 않는 것도 몰입해야 가능한 일이고, 좋은 환경을 선택하고 관리하는 것도 몰입해야 가능한 일입니다. 아무리 좋은 음식도 즐겁게 몰입해서 먹지 않으면 우리 몸에 긍정적인 영향을 주기 어려울 것이며, 아무리 좋은 환경도 진심으로 만족하고 즐기지 않으면 오히려 스트레스가 될 것입니다. 운동이나 휴식도 마찬가지입니다. 즐거운 마음으로 신바람이 나서 몰입할 때 효과가 있습니다. 마음은 부정적이고 우울하고 불안한 생각과 감정으로 가득 차 있는데, 운동만 한다고 휴식만 취한다고 건강해질 리가 있겠습니까? 운동도 스트레스가 될 것이며, 휴식도 스트레스가 될 것입니다.

오직 '몰입'이 답입니다! 마음의 평화와 행복도, 기운의 충전과 원활한 소통도, 몸의 건강과 화평도 모두 몰입 상태에서만 가능할 수 있습니다. '대상에 대한 몰입'도 좋고 '나에 대한 몰입'도 좋습니다. 몰입으로 슈퍼의식을 각성시켜 무한한 행복감을 누리십시오. '나에 대한 몰입'으로 푹 쉬면서 심신을 충전하십시오. 그리고 '호흡에 대한 몰입'으로 에너지를 충전하십시오. '건강에 도움이 되는 습관에 대한 몰입'과 '운동과 휴식에 대한 몰입'으로 몸을 건강하고 활기차게 만드십시오. 아무리 좋은 약도 복용하지 않으면 도움이 되지 않습니다. 지금 당장 몰입하십시오. 몰입은 마음·기운·몸에 건강을 선물해줄 것입니다.

3
건강에 관한 동양고전의 가르침

 의학에 관한 동양고전 중에는 『황제내경黃帝內經』·『동의보감東醫寶鑑』이 가장 유명합니다. 이 두 고전에 실려 있는 건강에 관한 핵심적인 가르침을 살펴보겠습니다. 조선시대 최고의 명의로 '의학의 성인'(의성醫聖)이라 불리는 허준許浚(1539~1615)이 편찬한 『동의보감』에는 다음과 같은 가르침이 전합니다.

 도가道家에서는 '청정淸淨'·'수양修養'을 근본으로 삼으며, 의문醫門에서는 '약물 치료'·'침·뜸 치료'로써 치료하니, 도가는 그 정밀한 것을 얻었고 의가는 그 거친 것을 얻은 것이다.

 우주의 진리인 '도道'를 수련하는 도사들은 '호흡에 대한 몰입'이나 '나에 대한 몰입'을 수련하여 마음과 기운과 몸을 청정하게 닦아서 질병이 생기지 않게 미리 막는 것을 가장 중요시합니다. 반면에 환자들의 몸을 치료하는 의사들은 약물이나 침과 뜸을 이용하여 질병을 치료하는 것을 가장 중요시합니다. 그런데 이 둘을 비교하자면, 도사들은 정밀한 것 즉 핵심을 얻었고, 의사들은 거친 것 즉 말단을 얻었다는 것입니다.

물론 이 말이 의사들의 치료행위가 중요하지 않다는 말은 절대 아닙니다. 당연히 둘 다 중요한 것이지만, 병을 미리 막는 것이 병이 생긴 뒤에 치료하는 것보다 중요하다는 말일 뿐입니다. 마음과 기운과 몸을 청정하게 닦아서 질병을 예방하는 것을, 병이 난 뒤에 약물과 침과 뜸을 써서 치료하는 것보다 더 우선시해야 한다는 것입니다.

모든 것을 내려놓고 "나!" "나!"를 암송하면서 '나'에 대해 몰입하는 것, 들이쉬고 내쉬는 '호흡'에 대해 몰입하는 것, 또는 "모른다!"와 "괜찮다!"를 활용하여 모든 부정적 상념을 제거하는 것은, 스트레스를 없애고 에너지를 충전해주며 활기찬 몸을 만들어주는 최고의 예방의학입니다. 질병이 침투할 틈을 주지 않는 것입니다. 『동의보감』은 평상시에 스스로 스트레스를 관리하고, 호흡을 관리하여 질병을 미리 막는 것이 가장 최선이라고 말하고 있는 것입니다. 이런 원리를 잘 얘기해주는 것이 『황제내경』입니다.

마음을 편안하고 텅 비게 하면 참된 기운이 저절로 따라온다. 정신이 안을 잘 지키면 병이 어디서 오겠는가?

마음을 평안하고 텅 비게 하는 것은 '나에 대한 몰입'과 '호흡에 대한 몰입', "모른다!"와 "괜찮다!"를 활용한 판단 중지를 통해 얼마든지 가능합니다. 이런 마음 다스림을 통해 슈퍼의식이 각성하게 되면 우리 내면에는 깊은 희열이 넘치고, 우리의 '근원적인 생명 에너지'(진기眞氣, 원기)를 다시 회복할 수 있습니다. 여기에 '호흡에 대한 몰입'을 활용할 수만 있다면 생명 에너지는 더욱 강대해질 것입니다.

　　근원적인 기운은 청정하고 광명한 것이다.

　『황제내경』은 우리의 '근원적인 생명 에너지'는 청정하고 광명하다고 말합니다. 이 청정하고 광명한 에너지가 우리의 부정적인 생각·감정·오감의 활용에 의해 가려지면서, 온갖 질병이 우리 몸을 침범하는 것입니다. 하지만 우리의 근원적인 생명 에너지는 본래 청정하고 광명하기에, 우리가 마음을 고요히 하고 텅 비게만 할 수 있다면, 본래의 생명 에너지를 드러나게 하여 온몸의 자연치유력을 극대화할 수 있습니다.

　부정적인 잡념이 다가올 때마다, 미소를 지으며 "나는 너를 모른다!", "나는 너에게 조금도 관심이 없다!", "나는 지금 너무 행복하다!", "지금 내 모습에 만족한다!"라고 단호히 선언하십시오. 그리고 지켜보십시오. 잡념들이 흔적도 없이 사라지고 말 것입니다. 우리의 관심을 받지 못한 부정적인 잡념들은 불타는 화로에 떨어지는 눈송이처럼 흔적도 없이 사라지고 말 것입니다. 이렇게 부정적인 생각과 감정이 완전히 사라진 마음에는 어떠한 장애도 있을 수 없습니다. 부정적인 생각과 감정에서 자유로워진 생명 에너지는 다시 살아나게 됩니다. 다시 순환하게 됩니다. 그래서 자연치유력과 면역력이 강해집니다.

현대인들의 병의 60~70% 이상은 마음에서 오는 병들입니다. 스트레스로 오는 병들입니다. 따라서 건강관리에서 제일 중요한 것은 '마음'을 관리하는 것입니다. 그리고 마음을 관리하는 가장 핵심적인 처방은 '몰입'하는 것입니다. 자신이 지금 이 순간 하는 일을 몰입을 해서 하고, 쉴 때도 몰입을 통해 충분한 휴식을 취하는 것이, 건강에 대한 최고의 처방입니다. 지금 자신이 하는 일을 즐겁고 신나게 하십시오. 즐거운 마음으로 몰입하면서 호흡을 하십시오. 몰입을 통한 슈퍼의식의 각성은 우리의 마음·에너지·몸을 생명력으로 가득 채울 것입니다. 질병이 침입할 틈을 주지 않을 것입니다.

4
몰입으로 에너지 충전하기

공부를 하거나 업무를 하다보면, 에너지의 심각한 고갈을 느끼게 됩니다. 에너지를 몰아서 많이 쓸수록 그 갈증은 더욱 커집니다. 이러한 상황을 타개하기 위해서는 어떤 요령을 취해야 할까요? 잠시도 쉬지 않고 우리의 몸에 에너지를 공급하는 '호흡'에 그 답이 있습니다. 호흡은 인체 내에 에너지를 불어넣어 주는 도구입니다. 호흡을 잘 활용한다면, 우리의 지친 심신에 손쉽게 에너지를 충전시킬 수 있습니다.

우리의 생각이나 감정도 많은 에너지를 소모합니다. 그러니 몸과 마음에 에너지를 제대로 충전하기 위해서는, 일체의 생각과 감정을 멈추는 것이 좋습니다. 핸드폰을 빨리 충전하기 위해서는 잠시 꺼두는 것이 좋듯이 말입니다. 이때 필요한 것은 "모른다!"라는 단호한 선언입니다. 어떠한 생각과 감정도 무관심을 당할 수는 없습니다.

오직 모를 뿐입니다. 몰라서 너무 행복합니다. 알려고 하는 것이 병입니다. 그냥 모른 채로 존재해보십시오. 엄청난 자유와 만족이 밀려올 것입니다. "괜찮다!"라고 선언하십시오. 지금 이 순간 부족한 것은 없습니다. 쓸데없는 에너지의 소모는 차단되었습니다.

자, 이제 본격적으로 에너지를 충전합니다. 자신의 들어오고 나가는 '호흡'에만 집중하십시오. 숨이 들어올 때 무한한 신선하고 건강한 에너지가 들어온다고 상상하십시오. 숨이 나갈 때 탁하고 오염된 에너지가 나간다고 상상하십시오. 들이쉬고 내쉬고를 반복할수록 우리 몸의 에너지는 점차 강대해집니다. '호흡'에 집중하면서 "나는 점점 충전된다!"라고 선언해보십시오. 실제로 온몸에 에너지가 충만해짐을 느낄 수 있을 것입니다. 5분이면 충분합니다.

5
올바른 호흡법

　에너지의 충전을 고도화하고자 한다면, '단전'에 기운을 잘 모으는 구체적인 호흡법을 익혀야 합니다. 호흡에 대한 몰입을 바탕으로 하되, 배꼽에서 5~6cm 아래에 위치한, 인체의 에너지 탱크인 단전에 에너지를 축적할 수 있어야 합니다. 단전에 에너지가 충만하게 되면, 온몸에 에너지가 충만하게 되어 늘 건강한 삶을 살 수 있습니다.

　먼저 눈을 지그시 감고 단정히 앉은 다음, 입은 다물고 코로만 숨을 쉬십시오. 그 상태에서 들이쉬고 내쉬는 호흡에 집중하십시오. 숨이 들어올 때 숨이 코로 들어와 온몸으로 퍼지는 느낌을 하나하나 느끼며 관찰하십시오. 나갈 때도 마찬가지입니다. 이때 마음속으로 "들이쉰다!" "내쉰다!"라고 암송하면서 호흡을 한다면 훨씬 집중이 잘 될 것입니다. 호흡에 집중하는 외에 어떠한 생각도 필요 없습니다. 잠시만 내려놓으십시오. 오직 숨을 쉬고 내쉬는 것만을 즐기십시오. "이 순간이야말로 내 인생 최고의 순간이다!"라고 단호히 선언하면서 진심으로 호흡을 즐기십시오.

만약 호흡에 대한 몰입을 방해하는 잡념이 공격해온다면, "들이쉰다!" "내쉰다!"를 더욱 강력히 선언하거나, "모른다!"라고 단호히 선언하십시오. 5분 정도만 투자하면 상상할 수조차 없는 마음의 평화가 찾아올 것입니다. 잡념을 제거하고 막는 것이 아무리 어려워 보일지라도 절대로 포기하지 마십시오. 아무리 어렵고 힘들어 보이는 일도 꾸준히 지속적으로 시도하면 반드시 이루어집니다. "정말 힘들지만 한 번 더!" 하는 자세로 한 걸음 한 걸음 목표에 다가가시기 바랍니다.

호흡에 대한 몰입이 어느 정도 이루어지면, 단전에 기운을 모으는 보다 고차원적인 호흡 기법을 익혀보겠습니다. '단전'에 기운을 모으는 요령은 어렵지 않습니다. 들이쉬고 내쉬는 숨이 '단전'까지 도달한다고 생각하기만 하면 됩니다. 단전에 기운을 모으기 위해 숨을 억지로 멈춘다거나, 몸에 무리한 힘을 준다거나 하는 어리석은 행위를 하지 마십시오. 몸에 미세한 충격이 가해지더라도 반드시 후유증을 남기게 됩니다. 작용에는 반드시 그 반작용이 존재합니다. 자연스럽지 않은 무리한 행위는 자연스러운 에너지 충전에 방해가 됩니다.

그냥 배꼽 아래에 있는 단전까지 숨이 들어갔다가 나간다고만 생각하면서 들이쉬고 내쉬면 됩니다. 어디까지나 자연스럽게 말입니

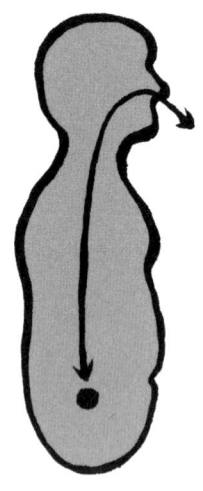

:: 단전까지 이르는 호흡 ::

다. 몸에 조금이라도 불필요한 힘이 들어가서는 안 됩니다. 횡격막의 움직임을 의식한다거나, 아랫배의 움직임을 의식할 필요도 없습니다. 그냥 자연스럽게 호흡하되 숨이 단전까지 들어갔다가 나간다고만 생각하십시오.

단전까지 숨이 들어가고 나간다고 의식하면서 호흡을 하다보면, 자연스럽게 단전에 에너지가 축적되어 갑니다. 에너지는 물체가 아닙니다. 물체의 안팎을 관통하며 움직이는 것이 에너지입니다. 그런데 신기하게도 '몰입하는 마음'에 반응하는 것이 에너지입니다. 마음을 모으는 곳에 에너지도 집결합니다. 그러니 단전을 의식하면서 숨을 쉬기만 하면 단전에 에너지가 모이는 것입니다.

그리고 항상 호흡은 고요하게 들어와서 고요하게 나가야 합니다. 거칠게 들어오고 나가서 파문을 남겨서는 안 됩니다. 있는 듯 없는 듯 고요하게 들어오고 미세하게 나가야 합니다. 또한 중간에 끊어짐도 없어야 합니다. 뚝뚝 끊어지는 호흡으로는 단전에 맑은 에너지가 모이지 않습니다. 고요하고 미세하며 끊어짐 없는 부드러운 호흡을 해야만 단전에 맑은 에너지가 차곡차곡 쌓입니다.

이때 한 가지 주의할 것이 있는데, 들이쉬는 숨의 길이와 내쉬는 숨의 길이를 같게 할수록 더욱 좋다는 것입니다. 호흡은 인체의 '음陰·양陽'입니다. 내쉬는 숨이 '양'이라면, 들이쉬는 숨은 '음'입니다. 이렇게 음과 양이 균형을 이뤄가면서 움직이는 중에, 우리 생명이 진행되어 갑니다. "하나, 둘" 하면서 숨이 들어왔다면, "하나, 둘" 하면서 숨을 내쉬면 됩니다. 들숨이 길거나 날숨이 길면 뭔가 몸에 음양이 불균형을 이루었다는 것입니다. 몸의 균형을 다시 회복하고 싶다면, 먼저 에너지의 균형을 회복하면 됩니다. 에너지의 균형을 회복하는 가장 손쉬운 비법이 들숨과 날숨의 길이를 맞추는 것입니다.

또한 짧은 호흡보다는 긴 호흡이 여러분의 몸과 마음을 훨씬 더 쉽게 충전시킵니다. 이것은 호흡을 짧게도 쉬어보고 길게도 쉬어보면서 그 차이점을 몸으로 확인해보면 아주 쉽게 알 수 있습니다. 짧은 호흡은 마음도 쉽게 요동하고 에너지의 충전도 더딥니다. 반면에 긴 호흡은 마음을 금방 안정시켜 주며 에너지의 충전도 빠릅니다. 그리고 더 많은 에너지를 단전에 쌓이도록 해줍니다. 그래서 여유가 있는 선에서 긴 호흡을 고르게 하는 것이 좋습니다. 단전에 호흡이 도달한다고 생각하는 것, 고르게 호흡하되 되도록 길게 하는 것, 이것이 바로 고차원 호흡의 핵심 기법입니다.

6
호흡에 대한 몰입의 긍정적 영향

'호흡에 대한 몰입'의 긍정적인 영향은 다음과 같습니다. 먼저 인체의 에너지 탱크인 단전에 기운을 가득 채워서, 온몸에 '생명 에너지'를 충만하게 만들어주기 때문에, 자연치유력과 면역력을 최고도로 만들어줍니다. 그래서 온갖 질병이 침투할 틈을 안 주게 됩니다. 질병을 미리 막아주는 것입니다. 또한 질병에 걸렸다고 하더라도, 호흡을 통한 생명 에너지의 충전을 통해서 최대한 빨리 치유할 수 있습니다.

두 번째로 '혈액'의 순환을 도와줍니다. 우리가 호흡을 깊게 고르게 편안하게 할 수 있다면, 우리 몸의 혈액도 활발하게 뛰면서 손끝·발끝까지 더 활발하게 움직이면서 순환합니다. 혈액순환이 잘 되면 산소와 영양소의 공급이 잘 이루어져서, 에너지 생산이 활발해질 것이며 노폐물의 배출도 원활해질 것입니다. 대부분의 병은 혈액순환이 제대로 이루어지지 않으면서 시작됩니다. 혈액만 잘 순환한다면 병이 저절로 예방될 것입니다.

세 번째로 마음의 스트레스를 한 방에 풀어줍니다. '호흡'에 몰입해서 열심히 들어가고 나가는 호흡만 바라보다 보면, 어느덧 모든 스트레스와 우울한 마음, 불행한 마음이 모두 사라지고 없어지게 됩니다. 마음은 호흡에 영향을 주고, 호흡은 마음에 영향을 줍니다. 마음이 요동하면 호흡이 거칠어지고, 호흡이 고요해지면 마음도 고요해집니다. 호흡을 통한 몰입으로 슈퍼의식이 각성되고 에너지가 충전되면, 아무런 이유 없이 기분이 좋아지고 신바람이 나게 됩니다. 들이쉬고 내쉬는 호흡을 바라본 것만으로도 우리는 최고의 행복감을 맛보게 되는 것입니다.

네 번째로 '수승화강水升火降'이 이루어집니다. 즉 머리는 시원해지고 배는 따뜻해집니다. 스트레스로 인한 두통과 상기증상을 씻은 듯이 날려버릴 수 있습니다. 고민을 하고 스트레스를 받으면 머리에 열이 나고, 빠져나가지 못한 열기가 머리에 고장을 일으킵니다. 이때 뇌에 열이 나면서 두통이 일어납니다. 우리가 단전을 바라보면서 호흡을 할 수만 있다면, 뜨거운 열기는 단전으로 모이게 되고 시원한 기운이 머리 위로 올라가 뜨겁게 달궈진 머리를 식혀줄 것입니다. 특히 아랫배가 냉해지기 쉬운 여성분들에게는 아주 좋은 효과를 가져올 것입니다.

또한 '호흡에 대한 몰입'을 일반 몰입에도 응용할 수가 있습니다.

우리가 공부할 때도 있고, 일할 때도 있고, 특수한 취미생활을 즐길 때도 있습니다. 그런데 어떤 일이든 하루 종일 할 수는 없습니다. 그러나 호흡만은 잠시도 멈추는 법이 없습니다. 심지어 잠을 잘 때도 멈추지 않습니다. 호흡은 죽는 그 순간까지 절대로 멈추지 않을 것입니다.

따라서 아무런 일을 하지 않더라도 우리는 '호흡'에 대한 몰입을 통해 언제 어떠한 상황에서도 손쉽게 슈퍼의식을 각성할 수 있는 것입니다. 호흡에 대한 몰입을 통해 늘 몸과 마음의 에너지를 충전해놓고 기다린다면, 다른 일이 생기더라도 즉시 몰입할 수 있을 것입니다. 이미 호흡을 통해 슈퍼의식이 드러난 상태이니 말입니다. 최고의 컨디션으로 즉각 공부에 투입될 수도 있고, 즉각 업무에 투입될 수도 있으며, 취미생활을 하더라도 즐거운 기분으로 손쉽게 몰입할 수 있을 것입니다. 이것이 또한 호흡에 대한 몰입이 지닌 효능입니다.

7
몸에 몰입하는 요령

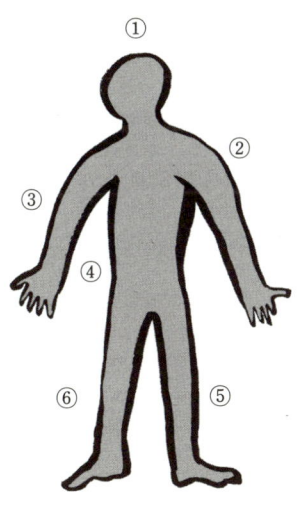

머리 → 왼팔 → 오른팔 → 몸통 → 왼다리 → 오른다리
:: 몸 관찰의 순서 ::

'몸에 대한 몰입'은 우리 몸의 자연치유력과 우리 몸의 세포 하나하나를 깨워서 건강체로 만들어주는 비법입니다. 우선 몸에 대한 몰입이 우리에게 즐거움과 기쁨을 가져올 것이라는 것을 확신하고 환한 '미소'를 지으십시오. 몰입의 전 과정은 항상 즐거운 마음, 미소 띤 얼굴로 진행해야 합니다. 미소는 엔도르핀과 세로토닌의 분비를 촉진합니다. 몸이 먼저 즐거워지면 마음도 즐거워집니다. 미소를 지은 것만으로도 이미 행복함에 접어든 것입니다.

만면에 미소를 띤 채로 단정히 앉거나 최대한 편안한 자세를 취하면서 자신의 몸을 의식해보십시오. 머리에서부터 시작해서 왼쪽 팔, 오른쪽 팔, 그 다음에는 몸통, 그리고 왼쪽 다리, 오른쪽 다리를 순서대로 느껴보십시오. 신체 각각의 부위에서 느껴지는 촉감이나 맥박이 뛰는 느낌, 진동하는 느낌 등 어떤 것도 좋습니다. 느껴지는 모든 것에 마음을 열고 몰입해서 관찰해보십시오.

진지하게 집중하여 바라보다 보면, 세포 하나하나가 힘차게 살아나듯이 느껴질 것입니다. 우리가 그동안 세포와 각각의 장기들이 우리 몸에서 하는 일에 무관심하지 않습니까? 왼팔에서 일하는 세포들, 오른팔에서 일하는 세포들, 몸통에서 일하는 세포들, 장기들, 모두에게 진지한 관심을 기울여주십시오. 이런 저런 생각은 필요 없습니다. 그냥 '진지한 관심'이면 충분합니다. 이러한 관심 자체로도 몸이 충만해지고, 건강해집니다.

여기에 상상의 힘을 더하면 효과는 더욱 좋아집니다. 우리가 집중하는 부분에 맑고 빛나는 물이 흘러 다닌다고 상상하거나, 우리 마음의 가는 길을 따라 환한 빛이 머리에서부터 온몸으로 퍼진다고 상상하는 것도 좋습니다. 빛이 온몸으로 퍼지면서 온몸 구석구석 모든 병이 치유된다고 상상해보십시오.

 이때 '옴'을 암송하면 더욱 효과가 좋습니다. "옴~" 하고 최대한 몸 전체에 진동이 일어나게 소리 내어 보십시오. 입을 가볍게 다물고 해도 좋습니다. 이 소리는 머리부터 시작하여 온몸에 진동을 일으킵니다. 이 진동에 몰입해보십시오. 머리에 집중할 때는 머리에서 옴의 진동을 느껴보고, 팔에 집중할 때는 팔에서 옴의 진동을 느껴보십시오. 이 진동이 온몸의 에너지를 일깨워주며 막혔던 에너지를 시원하게 뚫어줄 것입니다.

 이렇게 몸의 각각의 느낌에 몰입한 뒤, 마음속으로 "건강하다!" "편안하다!" "행복하다!" "감사하다!"라고 단호히 선언하면 몸은 빨리 회복됩니다. 이러한 방식으로 5분 정도 몸에 몰입하고 몸의 변화를 관찰해보면, 실제로 온몸이 편안해졌음을 느낄 수 있을 것입니다. 또한 몸에 대한 몰입을 방해하는 잡념이 떠오를 때마다 "모른다!" "괜찮다!"라고 암송하여 생각을 멈추십시오. 몸에 대한 몰입만으로 우리의 마음은 편안해질 것이며, 우리의 몸과 에너지는 새롭게 태어날 것입니다. 몸에 대한 몰입을 마무리할 때는 반드시 "이 평온과 충만, 너무도 감사합니다!"라는 선언으로 마무리하십시오. 우리는 이미 다시 태어났습니다!

유튜브(YouTube): 윤홍식의 10분명상(30분용)

8
몰입으로
아픈 몸 치유하기

생각·감정·생활습관·음식·환경 등으로 인해 우리 몸의 자연스러운 균형이 깨지면 '에너지'(氣)와 '혈액'(血)의 순환에 장애가 발생합니다. 에너지의 흐름이 막히고 혈액의 흐름이 막히면, 그 자리에서 온갖 질병이 자라게 됩니다. 통증이 일어납니다. 만약 우리가 '마음'을 고쳐먹고, '에너지'를 잘 순환시키고, '몸'과 '주변 환경'을 잘 관리한다면, 우리 몸이 지닌 근원적인 치유력이 다시 살아나게 되어, 어떠한 병도 물리칠 수 있을 것입니다.

몰입으로 아픈 몸을 치유하는 구체적 요령을 살펴보겠습니다. 에너지와 혈액의 흐름이 막혀 아픈 몸을 스스로 치유하는 요령은 크게 4가지로 나누어볼 수 있습니다. 첫째로 '무심'을 유지하는 방법이 있습니다. '나에 대한 몰입'을 통해 통증과 병에 대한 두려움과 불안감을 내려

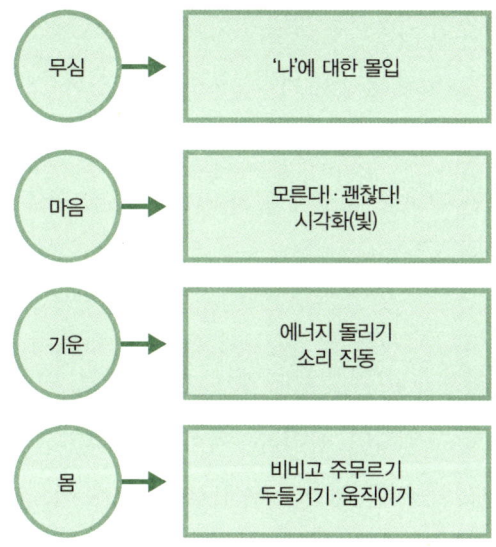

:: **아픈 몸 치유하기** ::

놓고서 슈퍼의식에게 모든 것을 맡기고 푹 쉬는 방법입니다.

'슈퍼의식'은 우리의 의식과 무의식을 최고의 컨디션으로 만들어주기에, 몰입 상태에 존재하기만 해도 생명 에너지가 다시 충전되고 온몸의 자율신경이 균형을 회복하면서, 자연치유력과 면역력이 살아나게 됩니다. 몸이 스스로를 돌볼 수 있는 시간을 주는 법이 바로 나에 대한 몰입으로 아픈 곳을 치유하는 방법입니다.

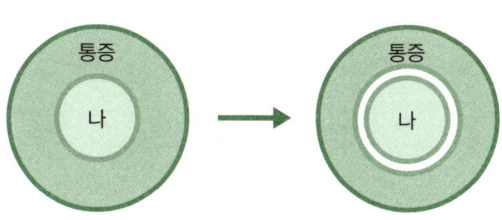

:: **통증에 몰입하기** ::

둘째로 '마음'을 활용하는 방법이 있습니다. 통증을 마음으로 치유하기 위해서는, 남의 통증을 바라보듯이 초연한 시각을 유지하면서 통증의 느낌에 몰입할 수 있어야 합니다. 통증의 느낌에 매몰되거나 흔들려서는 안 됩니다. 통증에 끌려다니지 않으면서 통증 자체만을 바라볼 수 있어야 합니다.

어떤 상황에서도 '미소'를 짓는 것이 중요합니다. 미소를 지으면서 통증에 몰입할 수 있다면, 슈퍼의식에 의해 발생하는 무한한 행복감과 몸에서 분비된 엔도르핀에 의해 통증이 중화되어, 통증에 끌려다니지 않을 수 있습니다. 이렇게 단단히 통증에 몰입한 뒤에 통증의 느낌을 향해 "모른다!" "괜찮다!" "편안하다!" "기운이 넘친다!"라고 단호히 선언하십시오.

"모른다!"를 반복하며 통증과의 접속을 끊거나, "괜찮다!" "편안하다!" "기운이 넘친다!"를 반복하며 마음과 몸과 기운을 최고의 컨디션으로 인도함으로써, 억눌리고 핍박받았던 생명 에너지와 자연치유력·면역력을 다시 회복시킬 수 있습니다. 또한 통증에 '환한 빛'을 비추며 어둠(통증)을 물리치는 상상을 하는 것만으로도 우리 몸은 살아나게 됩니다. 마음에 의해 억눌렸던 몸의 자생력을 다시 살려줄 수 있습니다.

셋째로 '기운·에너지'를 활용하는 방법이 있습니다. 물론 이것은 '마음'을 적극적으로 사용해야 합니다. '에너지'는 '마음'에 의해 움직이니까요. 자신의 들어오고 나가는 '호흡'에 집중하는 것이 가장 간

편한 에너지의 운용법입니다. 들어오고 나가는 호흡에 집중하되, 밖에서 들어온 에너지가 배꼽 아래에 위치한 '단전'에 모인다고 상상하면 됩니다. 실제로 에너지가 모이는 것을 느껴보십시오. 상상이 현실이 됨을 분명히 확인할 수 있습니다.

이렇게 단전에 모인 에너지를 활용하여 아픈 부위를 치유할 수 있습니다. 아픈 것은 에너지가 막히고 혈액의 흐름이 막혔기 때문입니다. 단전에 충전된 생명 에너지를 아픈 부위에 보내서 몸의 자연치유를 돕겠다고 상상해보십시오. 방법은 어렵지 않습니다. 에너지는 집중된 마음에 반응합니다. 마음을 하나로 모은 뒤, "아픈 부위로 기운이 흘러가서 막힌 곳을 뚫는다!"라고 단호히 선언하십시오. 5분 정도 선언한 뒤 실제로 몸의 느낌이 어떻게 변화했는지, 통증이 어떻게 변화했는지 살펴보십시오. 분명히 변화가 일어날 것입니다.

막힌 에너지를 뚫고 혈액순환을 원활하게 하는 데는 '소리'를 이용하는 방법도 좋습니다. 소리는 에너지의 진동을 일으킵니다. 소리의 진동은 유리창도 깨뜨릴 수 있습니다. 의도적으로 소리를 일으켜서 우리 몸을 진동시킴으로써, 막혀서 응어리진 에너지와 혈액의 흐름도 다시 살아나게 할 수 있습니다. 대표적인 방법이 입을 가볍게 닫고 "옴~"이라고 울리도록 소리를 내는 방법입니다. 머리부터 시작에서 온몸으로 그 진동이 퍼지는 것을 몰입 상태에서 느껴주면 됩니다. 특히 아픈 곳이 있다면, 통증을 향해서 진동을 일으킬 수 있습니다. 스스로 소리를 내면서 하는 몰입이라서 몰입도 아주 용이합니다. 금방 몰입에 들어갈 수 있으며, 몸도 쉽게 변화시킬 수 있습니다.

넷째로 직접 '몸'을 활용하는 방법입니다. 직접 손과 발을 사용하여 여기저기 막혀있는 에너지와 혈액의 흐름을 잘 뚫어주고 인도해주는 법을 활용하는 것입니다. 동양에서는 이를 에너지·혈액을 잘 '인도'하는 방법이라고 해서 '도인법導引法'이라고 부릅니다. 아픈 부위 즉 에너지와 혈액의 흐름이 단단히 막힌 곳과 에너지의 주요 센터가 되는 경락의 '혈穴'들을 손으로 두들겨주거나 뜨겁게 비벼주고 주물러주면서 "모른다!" "괜찮다!" "편안하다!"를 반복함으로써 몸과 마음과 에너지를 편안하게 하고 슈퍼의식을 각성시키는 방법입니다.

'슈퍼의식'이 각성되면 마음과 몸과 기운의 부정적인 때가 단숨에 사라지며, 몸을 관장하는 '자율신경'이 긴장과 이완의 균형을 회복하게 됩니다. 자율신경이 균형을 찾게 되면, 암과 같은 무서운 질병도 예방하거나 치유할 수 있는 막강한 자연치유력·면역력을 갖추게 됩니다.

몸을 움직여 에너지·혈액의 흐름을 원활하게 하는 가장 간단한 동작으로는, 팔을 가볍게 들어 올려서 천천히 앞뒤로 혹은 좌우로 흔들어주거나, 발을 가볍게 천천히 들어 올렸다 내려놓는 동작을 반복하는 방법이 있습니다. 최대한 힘을 빼고 천천히 움직이면서, 손과 발의 미세한 느낌·근육의 움직임에 온 마음을 모으며, "괜찮다!" "편안하다!"를 반복하면서 하면 효과가 아주 좋습니다. 5분 정도만 실시해도 몸의 에너지가 살아나는 느낌을 받을 것입니다.

'무심'과 '마음'과 '에너지' 그리고 '몸'을 활용하여, 간단하게 자신의 몸의 자연치유력·면역력을 극대화시켜, 질병의 예방이나 치유를 돕는 요령들을 살펴봤습니다. 물론 이것이 만병통치는 아닙니다. 하지만 병원에서 치료를 받더라도, 이 방법들을 함께 활용하면서 질병을 치료한다면 큰 효험을 볼 수 있을 것입니다. 의사가 질병을 치료하고 약이 질병을 치료하는 것이 아닙니다. 질병은 우리 몸이 스스로의 힘으로 극복했을 때 진정으로 치료되는 것입니다. 의사나 약은 그것을 도울 뿐입니다.

그러니 몸의 자연치유력·면역력을 살려내는 것은 환자의 큰 임무입니다. 몸이 아프다면 당장 이 방법들을 시행하여 몸이 스스로의 힘으로 질병을 극복할 수 있도록 돕는 것이 몸의 주인인 우리의 주요 책임입니다. 제일 좋은 방법은 아프기 전에 미리 예방하는 것입니다. 에너지가 막히지 않고 혈액이 멈추지 않게 미리 예방하는 것이 최선입니다.

9
숙면을 취하는 몰입

　우리가 일상에서 취하는 모든 행위들은 몰입의 대상이 되며, 몰입을 통해 그러한 행위들을 보다 완벽하게 만들 수 있습니다. 우리의 삶에서 아주 중요한 부분을 차지하는 '잠' 또한 마찬가지입니다. 우리는 몰입을 통해 보다 완벽한 숙면을 취할 수 있습니다. 하루의 피로를 풀고 다음날을 살아갈 에너지를 충전하는 잠을 몰입해서 잘 수 있다면, 우리는 더욱 행복한 삶을 살 수 있을 것입니다.

　몰입해서 숙면을 취하고자 한다면, 잠들기 전에 '몸에 대한 몰입'과 '나에 대한 몰입'을 활용하면 됩니다. 자신의 몸에 몰입한 상태에서 잠에 빠져들 수 있습니다. 우선 모든 몰입 행위가 우리에게 즐거움과 기쁨을 가져올 것이라는 것을 확신하고 환한 '미소'를 지으며 몰입하면, 미소만으로도 마음과 몸이 모두 편안해질 것입니다.

이렇게 미소를 띤 채로 잠자리에 누워서 자신의 몸을 순서대로 의식하면 됩니다. 머리에서부터 시작해서 왼쪽 팔, 오른쪽 팔, 그 다음에는 몸통, 그리고 왼쪽 다리, 오른쪽 다리를 순서대로 느껴보십시오. 온몸에서 느껴지는 미세한 감각들에 집중하면서, 환한 빛이 온몸을 훤히 비추는 상상을 하거나 "옴~"이라고 암송하면서 온몸의 막힌 에너지를 뚫어 주십시오.

몸의 각각의 느낌에 몰입한 뒤, 마음속으로 "괜찮다!" "편안하다!" "행복하다!"라고 단호히 선언하십시오. 그러면 몸은 극도로 편안해질 것이며, 그날의 스트레스로 막혔던 에너지(氣)와 혈액(血)의 흐름이 다시 살아날 것입니다. 온몸이 편안해졌을 때 자연스럽게 '나에 대한 몰입'으로 들어가서 일체의 생각·감정을 내려놓고 푹 쉬십시오. 오직 '나라는 존재감'에만 집중하면서 심신을 충전하십시오. 잠을 방해하는 잡념에 일체 접속하지 않으면서, 몸과 마음의 행복감만을 충분히 누리십시오.

이미 여러분의 몸과 마음은 회복되고 있습니다. 잠 때문에 스트레스를 받지 마십시오. 잠이 오건 안 오건 "몰라!" "괜찮아!"라고 선언하여 그냥 무시하고, 내면의 행복감만을 충분히 느끼며 그 상태를 즐기십시오. 그런 상태에 머물다 보면 자연스럽게 숙면을 취할 수 있을 것입니다. 숙면을 통해 여러분의 몸과 마음은 빠르게 충전되고 회복될 것입니다.

10
아침에 일어났을 때의 몰입

출근을 위해 피곤이 덜 풀린 몸을 억지로 일으키는 것만큼 큰 고역은 없죠. 어떻게 바꿔볼 수는 없을까요? 기분 좋게 하루를 시작하는 방법은 없을까요? 그 방법이 있습니다. '몰입'을 활용하면 우리 마음을 '리셋'하여, 부정적인 생각과 감정들을 제거할 수 있습니다. 그러면 '세로토닌'이라는 행복 호르몬이 온몸을 적셔 행복해질 수 있습니다.

잠에서 깨면 먼저 눈을 감은 채, 자신의 팔과 다리의 느낌을 느껴보세요. 과거는 이미 사라져 존재하지 않고, 미래는 아직 존재하지 않으며, 오직 '지금 이 순간'만 존재한다는 것을 명심하세요. 마음이 과거나 미래를 향하지 않도록 오직 지금 이 순간 들어오고 나가는 '호흡'에만 몰입합니다.

어떤 생각이 일어나도 "모른다!"라고 말하며 내려놓으세요. 어떤 감정이 일어나도 "괜찮다!"라고 말하며 내려놓으세요. 생각과 감정을 어느 정도 잊게 되면 '호흡'마저 잠시 잊고, 고요하고 선명한 '자신의 존재감'만을 바라보고 느낍니다. 자신이 지금 이 순간 존재한다는 사실만을 느껴보는 것입니다. 이때 우리는 생각이나 감정, 오감에 물들지 않는 오직 '순수한 나'로서만 존재합니다. 이 기분 좋은 느낌에 푹 젖어보세요.

그 상태에서 오늘 해야 할 일을 떠올려보세요. 그리고 팔과 다리에 마음을 모으면서 온몸에 힘이 넘치는 것을 느껴보세요. 이제 일어나도 좋습니다. 오늘 해야 할 일을 시작하십시오. 활기찬 하루를 시작하십시오!

11
건강증진의
구체적 효과

몰입이 가져다주는 건강증진의 효과들을 좀 더 구체적으로 살펴보겠습니다. 과다한 몰입이나 건강을 해롭게 하는 것에 몰입하는 것이 아닌 이상, 신바람이 나서 즐거운 마음을 갖고 몰입한다면 자연히 건강증진 효과가 나타납니다. 우리가 진심으로 즐거움을 느끼게 되면, 엔도르핀·세로토닌 등 건강에 좋은 호르몬이 분비되고, 우리의 자율신경이 편안함을 느끼게 되어 온몸이 살아나고 면역력과 자연치유력이 증진됩니다. 뇌도 피로가 풀려 건강해지게 됩니다.

우리가 몰입 상태를 잘 유지할 수만 있다면, 무엇보다 모든 생명체에 존재하는 근본적인 '생명력'인 '원기元氣'가 회복되는 것을 체험할 수 있습니다. 이 원기라는 것은 '근원적 생명 에너지'입니다. 생명 에너지는 본래 자생력이 있어서 몸을 건강하게 만들 수 있는 힘이 있습니다. 그래서 『황제내경』은 우리의 "근원적 기운은 청정하고 광명한 것이다."라고 한 것입니다. 이 본래 청정하고 광명한 생명 에너지는 우리의 잘못된 마음 씀·잘못된 생활습관·나쁜 환경 등에 의해서 위축되고 억눌립니다.

모든 생각과 감정의 굴레, 오감의 굴레, 시간과 공간마저도 잊어버리는 강력한 몰입을 통해서 우리는 이 건강한 선천적 생명력을 다시 회복시켜 줄 수가 있습니다. 몰입으로 인해 우리 몸에서 슈퍼의식이 각성되어 무한한 행복감이 감돌고, 뇌에서 엔도르핀과 세로토닌을 분비하고, 자율신경이 균형을 회복할 때, 우리 몸은 신이 나서 춤을 춥니다. 모든 억눌렸던 에너지가 해방됩니다. 본래 타고난 왕성한 선천적 생명력을 회복한 우리 몸은 스스로 건강해질 것입니다.

몰입 상태의 편안함과 행복감은 우리 몸을 무의식중에 조절하는 신경인 '자율신경'을 살아나게 합니다. 자율신경은 우리 의식의 지배를 벗어나 슈퍼의식의 지배 하에서 온몸의 구석구석을 조절하는 신경입니다. 심장을 뛰게 하고 호흡을 조절하고 체온을 조절하고 소화를 원활하게 하는 모든 것을 담당한 것이 바로 자율신경입니다. 심장과 호흡, 소화 등을 우리의 요동하는 의식이 전적으로 관장한다면 우리 몸은 큰 충격을 받을 것입니다. 우리 마음의 변화에 몸이 너무 즉각적으로 반응하게 되면 우리는 정상적인 삶을 살 수 없을 것입니다. 그래서 우리 인체에는 의식을 벗어나 작용하는 자율신경이 필요한 것입니다.

무의식상에서 작용하는 자율신경은 크게 두 가지로 나뉩니다. 하나는 '긴장'을 담당한 '교감신경'이며, 하나는 '이완'을 담당한 '부교감신경'입니다. 교감신경은 공격이나 방어를 위해 우리 몸을 긴장시키는 신경으로 주로 낮에 우위를 차지하며, 부교감신경은 휴식이나 재충전을 위해 우리 몸을 이완시키는 신경으로 주로 밤에 우위를 차지합니다. 이 두 신경은 '음陰 · 양陽'이 되어 서로 균형을 이룰 때 가장 생명력을 왕성하게 해줍니다.

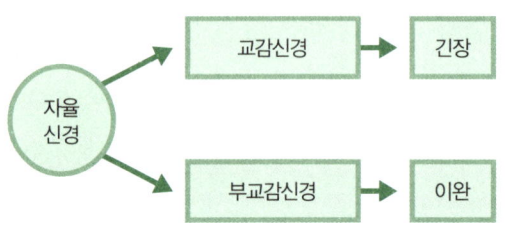

:: 자율신경의 두 가지 구분 ::

만약 긴장을 담당한 교감신경이 우위에 있게 되면 스트레스성 호르몬을 내보내 우리 몸을 긴장시키고, 이완을 담당한 부교감신경이 우위에 있게 되면 기쁨과 쾌락의 호르몬을 내보내 우리 몸을 편안하게 만듭니다. 이 둘은 자율신경의 양 측면으로 서로 균형을 이룰 때가 우리 몸을 가장 건강하게 해줍니다. 그러나 균형이 깨지면 온몸에 문제가 발생하게 됩니다.

현대 사회와 같이 우리의 생존과 생활을 위협하는 과도한 경쟁사회에서는 긴장을 담당한 교감신경이 지나치게 우위를 점하기 쉽습니다. 우리가 삶에서 지나치게 스트레스를 받아 교감신경이 우위를 차지하게 되면, 자율신경계를 통해서 우리 오장육부가 다 스트레스를 받습니다. 세포 하나하나가 긴장하게 되는 것입니다. 휴식을 취하려면 마음은 물론 온몸이 푹 쉴 수 있어야 합니다. 세포 하나까지 모두 푹 쉴 수 있어야 합니다.

그러기 위해서는 기분이 그냥 좋아서는 안 되고, 진심으로 좋아야 합니다. 몰입을 통해서 진심으로 저 내면의 무의식까지 기분이 좋아져야만, 자율신경이 긴장에서 이완으로 돌아설 것입니다. 자율신경이 이완되면, 건강에 도움을 주는 호르몬·신경전달물질인 기쁨을 주는 엔도르핀이나 노화를 막아주며 우리 몸을 성장시켜주는 멜라토닌, 행복을 주는 세로토닌 등이 분비되어, 온몸이 화평해지고 건강해집니다.

몰입 상태에서 슈퍼의식이 각성되어 스트레스나 불안감 등 부정적 감정이 사라지고 무한한 행복감에 가득 차게 되면, 자율신경이 이완되어 혈액순환이 잘 되게 됩니다. 혈액순환이 잘 되고 피가 건강해진다면 산소와 영양분이 잘 공급되어 에너지 생산이 잘 되며, 백혈구 중에서 암세포도 잡아먹는다는 T임파구 등이 활성화되어, 세균이나 바이러스를 막아내는 힘인 '면역력'이 높아집니다. 기분이 편안하고 면역력이 왕성한데, 질병이 침투할 틈이 없을 것입니다.

몸과 마음이 진심으로 편안해져서 자율신경이 균형을 회복한다면, 혈액순환이 좋아져 에너지 생산도 잘 될 뿐 아니라, 우리 몸의 오수처리시설에 해당하는 림프액도 활성화됩니다. 그래서 영양물질을 전달해주고 또한 독소를 체내에서 배출해주는 림프액이 활성화되어 체내의 독소가 빨리빨리 배출됩니다. 또한 소화력이 좋아지고 배설능력이 높아집니다. 몸과 마음을 괴롭히는 스트레스가 사라졌으니 혈압도 떨어지게 됩니다.

또한 '우울증'과 같은 마음의 병도 막아낼 수 있습니다. 자꾸 반복되는 우울한 생각도, 즐거운 생각·기분 좋은 일에 자꾸 몰입한다면 이겨낼 수 있습니다. 몰입을 통해 마음에서 스트레스를 제거하는 것은 모든 스트레스성 질병의 치료나 통증완화에 도움이 됩니다. 현대인의 질병의 60~70%는 스트레스성이라고 부릅니다. 심지어 스트레스로 인해 임신까지 잘 안 되기도 합니다. 사람의 몸은 마음에 의해 지배받습니다. 그래서 마음에 큰 병이 생기면, 몸 또한 병들게 됩니다. 스트레스로 인한 모든 질병에 몰입을 통한 슈퍼의식의 각성은 큰 효험이 있습니다.

나의 몰입 이야기

• **간단한 몰입법으로 새로운 나를 찾다**
  박우성(37, 회사원)

어려서부터 무슨 일이 닥치면 그 일을 잘하려고 노력하기보다는 항상 "내가 과연 그 일을 할 수 있을까? 내가 그 일을 어떻게 처리할까?"를 먼저 걱정하고 스트레스를 받는 성격이었습니다. 그로 인해 항상 자신감이 부족한 상태에서 일을 시작하였고, 그 과정에서 너무나도 많은 스트레스를 받으며 힘들게 일을 하게 되었습니다.

그러던 순간 우연히 '몰입'이라는 공부를 알게 되었고 몰입 공부가 더해갈수록 나의 부족하였던 부분을 객관적인 시점에서 바라보고 분석할 수 있는 시각을 가지게 되었습니다. 그로 인해 항상 편안하지 못한 상황에 불만을 가지고, 내가 처한 외부 환경을 탓하며 불평불만에만 가득 차 있는 나의 부족한 모습을 알 수 있었습니다.

그 스트레스로 인해 수년간 표현할 수 없는 스트레스성 질병으로 고통스런 날들을 무의미하게 보내고 있는 나의 현실도 볼 수 있었습니다. 문제는 그 무엇도 아닌 나 자신이었다는 것을 알게 되었습니다. 그 후로는 힘든 상황이라도 최대한 현재 상황을 받아들이고, 일을 처리하기에 앞서 걱정을 하기보다는 "나는 어떤 상황이라도 극복할 수 있다."는 자신감을 가지도록 노력하였고 실제로 그 노력을 거듭할수록 내 안에서 자신감이 나날이 커지기 시작하였습니다.

그로 인해 회사 업무도 더 효율적이고 바람직하게 처리할 수 있게 되었고, 내가 당해서 싫고 힘들었던 경험을 바탕으로 잘못된 점을 부하직원들에게 물려주지 않게 되어 부서가 더 화합이 잘 될 수 있는 계기가 되었으며, 서로 신뢰가 생기고 타 부서와는 달리 협동심이 강하고 단합이 잘 되는 업무환경이 조성되었습니다.

그리고 업무로 인한 스트레스 또한 내가 최대한으로 조절할 수 있게 되었습니다. 나의 할 일에 충실하다보니 저절로 가정에서도 더 배려가 깊어지고, 가족들 또한 그 영향으로 서로를 조금이라도 더 배려하는 좋은 습관을 가지게 되었습니다. 그리 어렵지 않은 몰입으로 인하여 우리가 당연히 돌아봐야 하는 내 자신의 모습을 정확히 볼 수 있는 계기가 되었고 그로 인해 변화된 수많은 습관과 말, 행동들이 가져온 긍정적인 결과들을 실감할 수 있었습니다.

우선 나를 괴롭혔던 질병으로부터 해방되었으며, 대인관계 또한 이전과 비교할 수 없을 정도로 원만해졌으며, 그러한 긍정적인 결과로 인한 만족감은, 무엇과도 비교할 수 없는 크고 소중한 나만의 재산이 되었습니다.

일상을 취미처럼 즐기는 삶

　인생을 살면서 생각만 해도 몸과 마음이 흥분되는 취미를 갖지 못한 사람은 드물 것입니다. 취미란 인생을 보다 살만하게 해주며 신바람이 나게 해주는 황홀한 선물이죠. 취미란 것이 도대체 무엇이기에 우리를 이토록 신명나게 하는 것일까요? '취미趣味'란 본래 대상이 지닌 아름다운 정취(趣)와 참맛(味)을 순수하게 즐기고 감상하는 행위를 말합니다. 어떠한 다른 목적 없이 순수한 마음으로 대상이 주는 행복감을 만끽하고 즐기는 행위가 바로 '취미'인 것입니다.

　취미의 대상은 참으로 다양합니다. 운동에서 참맛을 누릴 수 있다면 운동이 취미가 될 것이며, 여행에서 행복감이 샘솟는다면 그것이 취미가 될 것입니다. 또한 뭔가를 수집하는 행위에서 신바람이 나고 그 자체가 즐겁다면 그것이 취미가 될 것입니다. 음악을 듣는 행위나 영화를 즐기는 행위 또한 마찬가지입니다. 우리를 순수하게 몰입시킬 수 있는 대상이라면 그것이 무엇이든 취미의 대상이 될 수 있습니다.

　뭔가에 대해 몰입한다는 것은 그 대상을 '사랑'하는 것입니다. 시간과 공간을 모두 잊어버리고, 오직 그 대상만을 바라보고 느끼며

100% 몰입하는 상태가 바로 '사랑'이 아니겠습니까? 따라서 취미란 뭔가를 지독히 사랑하는 것을 말합니다. 대상을 순수하게 사랑하고 즐기기 위해서는, 다른 꿍꿍이를 품고 대상을 수단시하면서 접근해서는 안 됩니다. 대상 그 자체를 목적으로 삼고 온전히 대상에만 몰입할 수 있어야 합니다. 그래야만 우리는 대상을 진정으로 사랑할 수 있으며, 대상에 감추어진 묘미를 맛볼 수 있습니다.

이렇게 볼 때 '취미'가 참다운 취미가 되기 위해서는 '몰입'이 선행되어야 함을 알 수 있습니다. 대상에 100% 몰입할 수 없다면, 어떻게 대상이 우리를 신바람이 나게 할 수 있겠습니까? 대상이 주는 행복감으로 우리의 뇌에 도파민, 세로토닌, 엔도르핀 등의 긍정적인 호르몬이 터져 나오게 하기 위해서는, 대상에 온전히 몰입할 수 있어야 합니다. 다른 목적을 위한 수단으로서 대상을 다루어서는 대상의 참맛을 느낄 수 없으며, 우리 내면에서 행복감이 샘솟지 않습니다. 대상과의 만남을 위해서 모든 것을 다 포기할 수 있을 정도로 몰입할 수 있어야, 진정한 취미의 묘미를 알 수가 있습니다.

우리가 일상의 업무나 공부 외에 따로 취미를 두는 이유도 바로 여기에 있습니다. 아무래도 일상의 업무나 공부는 몰입이 잘 되지 않습니다. 업무나 공부는 의무로서 하는 것이며 특정 결과를 내야 하기에 순수하게 즐길 수 없는 것이죠. 의무감으로 억지로 하는 일이니, 그 대상 자체를 즐길 수 없는 것입니다. 그러니 정신이 이리저리 분산됩니다. 그리고 괜한 짜증이 나고 스트레스를 받게 됩니다. 재미있지 않은 일을 오직 그 결과물 때문에 억지로 하게 되니 어떻게 분노가 폭발하지 않을 수 있겠습니까?

　결과에 구애받지 않고 대상을 순수하게 즐길 수 있어야 참된 '몰입'이 이루어지며, 대상에 몰입할 수 있어야 참된 '취미'가 될 수 있습니다. 대상에 100% 몰입할 때 신바람이 나게 됩니다. 신바람이 나는 것은 우리 내면의 '슈퍼의식'이 발동하기 때문입니다. 우리가 흔히 신바람이 난다고 하는 것은 바로 내면의 슈퍼의식이 각성된 것을 말합니다.

　우리의 마음은 크게 '의식'과 '무의식'으로 이루어져 있습니다. '의식'이란 이것저것 헤아리고 따지는 우리의 표면에 드러난 마음을 말합니다. 지금 이 순간 옳고 그름을 따지고 판단하는 바로 그 마음이 의식입니다. '무의식'이란 의식과 달리 표면에 드러나지 않은 마음을 말하는 것으로, 우리의 습관과 고정관념을 담당하고 우리 몸을 조절하는 기능을 갖고 있습니다. 일정 조건에서 반복적으로 이루어지는 습관적인 사고나 행위는 우리의 무의식에 자동적으로 저장됩니다. 또한 무의식은 면역체계 · 체온의 조절 · 오장육부의 움직임 등 몸의 중요한 기능들을 담당하고 있습니다. 우리의 의식이 하나하나 신경을 쓰지 않아도 우리 몸이 알맞게 조절되고 있는 것은 모두 무의식의 공입니다.

　'슈퍼의식'이란 이러한 의식 · 무의식과는 구분되는 '초월적 의식'입니다. 슈퍼의식은 '의식'과 달라서 잡스럽지 않습니다. 그래서 이리저리 옳고 그름을 헤아리고 따지지 않습니다. 슈퍼의식은 항상 명확한 확신과 직감·영감에 의해 활동하는 자리입니다. 또한 '무의식'과도 달라서 기존의 고정관념과 습관에 구속되지 않습니다. 그래서 과거의 모든 구속에서 무한하게 자유롭습니다. 슈퍼의식은 무한한 충족감과 무한한 자유, 무한한 행복감의 자리입니다.

사실 이 '슈퍼의식'이야말로 우리의 가장 순수한 모습입니다. 가장 순수한 자아인 '참나'인 것입니다. 생각과 감정, 오감에 의해 나날이 새롭게 형성되어가는 우리의 모습은 영원불변하는 우리의 본래 모습은 아닙니다. 후천적인 환경과 인간관계 등에 의해서 수놓아진 후천적인 '나'일 뿐입니다. 반면에 의식과 무의식을 초월하여 존재하는 슈퍼의식은 우리가 태어날 때부터 항상 그 모습 그대로 존재해온 '참나'인 것입니다.

이러한 슈퍼의식이 우리의 내면에 등장하게 되면, 의식은 산란함을 멈추고 고요해지며, 무의식은 과거의 고정관념과 습관의 구속을 떠나 새로운 생각과 행위를 지지하고 돕게 됩니다. 이러한 무한한 긍정의 상태, 무한한 행복의 상태를 맛보는 것이야말로 최고의 순간이 됩니다. 이렇게 슈퍼의식이 우리의 내면을 휘감는 상태를 흔히 "신바람이 난다!"라고 합니다. 이 상태가 바로 '몰입'의 상태입니다.

대상에 몰입을 하게 되면, 우리 내면에서는 의식과 무의식을 초월하여 긍정적인 힘을 지닌 '슈퍼의식'이 발동하게 됩니다. 대상에 100% 몰입하여 내면에서 슈퍼의식이 발동하면, 우리의 의식과 무의식은 신바람이 나게 됩니다. 그러면서 시간이 가는 줄도 모르게 되고, 지금 이곳이 어느 곳인지도 까마득히 잊어버리게 됩니다. 시간·공간을 초월하여 자유로워지게 되는 것입니다.

이때 뇌는 극도로 활성화되는데, 까마득히 잊어버렸던 정보도 생생하게 떠오르게 되고, 도저히 해결할 수 없던 문제도 손쉽게 해결하게 됩니다. 또한 흐릿하던 것은 선명해지고 의심스럽던 것은 명확해집니다. 이것은 슈퍼의식이 각성됨에 따라, 의식이 명확해지고 무의식이 적극 협조하기 때문에 가능한 것입니다. '의식'은 헤매지 않고 곧장 지름길을 알아차리며, '무의식'은 기존의 정보를 최고로 활용할 수 있도록 돕게 됩니다.

이 정도 몰입 상태, 즉 신바람이 나는 상태를 체험하지 못하고서는, 대상을 제대로 사랑하고 즐긴다고 할 수 없을 것입니다. 대상에 몰입하지 못하는데 어떻게 대상을 즐기고 음미할 수 있겠습니까? 우리가 흔히 취미로 삼는 것들은, 자신이 가장 몰입하기 쉬운 대상들입니다. 우리는 흔히 대상을 즐기는 데 어떠한 방해도 받지 않는 것들을 자신의 취미로 삼습니다. 여간해서는 몰입이 잘 되지 않는 대상을 자신의 취미로 삼는 사람은 없을 것입니다. 따라서 "대상에 손쉽게 몰입이 되는가?"가 취미를 결정하는 가장 핵심적인 기준이 될 것입니다.

이와 더불어 취미의 대상을 고를 때 함께 고려해야 할 중요한 기준이 있는데, 그것은 그 대상이 "이 취미가 나의 정신과 육체의 건강에 도움이 되는가?"입니다. 나의 정신건강·육체건강에 해로운 행위를 취미로 삼아서는 불행만이 우리를 기다리고 있을 것이기 때문입니다. 나를 불행으로 이끄는 길에 어떻게 마음 편하게 몰입할 수 있겠습니까? 이와 함께 "이 취미가 많은 사람들에게도 긍정적인 도움이 되는가?"도 고려해보아야 합니다. 나 자신은 즐거우나 남에게 해가 되는 대상은 아무래도 오래도록 몰입하며 즐기기 힘드니 말입니다.

한 마디로 '취미'는 오래도록 행복한 마음으로 '몰입'할 수 있는 것이야 합니다. 그런 대상이라야 우리로 하여금 손쉽게 몰입하도록 유도할 수 있습니다. 몰입하기 쉬운 취미를 진심으로 즐길 때, 우리 내면에서는 '참나'인 '슈퍼의식'이 각성되게 됩니다. 슈퍼의식이 각성되면서 뇌에서는 엔도르핀이 터져 나와 온몸이 상쾌하고 쾌적해지며, 마음은 무한한 충족감을 갖게 되고 황홀해집니다. 이러한 상태에서 우리는 진정으로 살아있다는 선명한 각성을 체험하게 됩니다.

이것은 모두 우리의 본래 자아인 '슈퍼의식'이 전면에 드러났기 때문에 가능한 일입니다. 취미가 우리에게 숨 막히는 기쁨과 행복을 선사할 수 있는 이유는 바로 여기에 있습니다. 몰입의 순간에 느껴지는 궁극의 절정감도 바로 '슈퍼의식'에서 발생하는 것입니다. 슈퍼의식이 각성되었을 때, 우리는 우리의 본래 모습을 있는 그대로 마주할 수 있게 됩니다. 우리는 '취미'를 통해 우리의 '참 모습'을 되찾게 되는 것입니다!

취미의 대상이 달라도, 취미를 즐기는 모든 사람들이 동일한 절정감을 체험하는 이유도 바로 여기에 있습니다. 중요한 것은 '취미의 대상'이 아니라, "취미에 진정으로 몰입하느냐?"입니다! 어떠한 대상이든 그 대상에 진심으로 몰입할 수만 있다면, 우리는 그 대상에서 궁극의 행복감을 맛볼 수 있으며, 자신의 '참 모습'과 마주할 수 있습니다.

이것은 마치 '사랑의 감정'이 '연인'에 있는 것이 아니라, 우리 내면에 존재하는 것과 비슷한 것입니다. 사랑의 감정은 우리가 태어나는 순간부터 우리의 내면에 존재합니다. 연인은 그러한 사랑을 불러내주는 역할만 할 뿐입니다. 그렇다고 아무나 그러한 감정을 불러낼 수 있는 것은 아닙니다. 대상에 몰입이 되지 않아서는 사랑의 감정이 샘솟지 않습니다. 우리를 쉽게 몰입으로 유도하는 연인만이 우리 내면에 존재해왔던 숨 막히는 사랑의 감정을 불러내줄 수 있습니다. '취미'도 마찬가지입니다. 우리를 쉽게 몰입으로 유도하는 대상만이 우리를 궁극의 절정감으로 유도할 수 있습니다.

그런데 딱히 몰입이 되는 취미가 없다면 어떻게 해야 할까요? 애초에 몰입이 되지 않는 대상에 몰입한다는 것은 분명 쉬운 일은 아닙니다. 그러나 방법이 아주 없는 것이 아닙니다. '몰입의 기술'을 익히면 됩니다. "취미를 즐기는데 몰입의 기술까지 배워야 하나?"라고 생각할 수도 있을 것입니다. 그러나 몰입이 없으면 진정한 취미도 없는 것이 현실인 만큼, 우리 내면의 슈퍼의식을 손쉽게 유도해내는 몰입의 기술을 필히 익혀야 합니다.

우리가 일상의 업무나 공부 외에 별도로 취미거리를 만드는 것도, 업무나 공부에 몰입이 쉽게 되지 않아서였지 않습니까? 업무나 공부가 취미가 되지 못하는 이유는 일차적으로 바로 그 대상들이 우리에게 일정한 성과를 내도록 내몰기 때문입니다. 절대로 떨어져서는 안 되는 시험만큼 우리를 숨 막히게 하는 것이 있을까요?

마찬가지로 우리가 취미를 즐기면서 지나치게 높은 목표로 우리를 닦달해서는 안 됩니다. "왜 나는 좋은 결과를 내지 못할까?"라고 물어서는 안 됩니다. 반대로 "나는 지금 이 순간을 진심으로 즐기고 있는가?"라고 물어야 합니다. "지금 이 순간 취미의 대상만을 바라보고 느끼는가?"라고 물어야 합니다. 결과에 대한 부담을 모두 잊고 지금 이 순간 대상만을 바라보고 느껴야 합니다.

의외로 대상에 몰입하는 요령은 간단합니다. 취미의 대상을 진심으로 즐기기 위해서는, 대상을 대할 때 의식·무의식에서 일어나는 온갖 부정적인 상념에 대해 단호하게 "모른다!"라고 외칠 수만 있으면 됩니다. 어떠한 고민이 일어나고, 어떠한 부담감이 우리를 압박해 오든지, 무조건 모르쇠로 일관해야 합니다. 잡상인을 효과적으로 대처하는 요령은 애초에 그들과 말을 섞지 않는 것입니다. 말이 오가다 보면 그들의 유혹에 넘어가기 십상이죠.

부정적인 상념이 무슨 말을 걸어오건 "모른다!"라고 단호히 대처하다 보면, 자연스럽게 마음은 고요해지고 내면의 '슈퍼의식'이 훤히 드러나게 됩니다. "나는 모른다!" 하고 딱 잡아떼고 버티면 우리를 압박해오던 부정적인 상념들을 제압할 수 있습니다. 무슨 생각이 떠오르건, 무슨 말이 들려오건, 어떠한 압박이 들어오건 "모른다!"라고 외쳐보십시오. 5분 정도만 집중해서 마음에 떠오르는 상념들에게 단호히 외치다 보면, 마음은 놀랍도록 고요해지고 순수해지게 됩니다. 그리고 이런 순수한 상태에서는 어떠한 대상이든 손쉽게 몰입할 수 있습니다.

또한 미소를 지으며 "괜찮다!" "지금 이 순간이야말로 최고의 순간이다!"라고 마음속으로 암송하는 것도 몰입을 돕는 요령입니다. 마음에 부정적인 상념들이 침범하지 못하도록, 마음이 평정될 때까지 암송을 지속해야 합니다. 조심해야 합니다. 조금이라도 마음에 틈이 생기면 걱정이나 스트레스 등 부정적인 상념이 마음에 파고들게 될 것입니다. 마음이 심하게 요동할 때는 "모른다!"를 활용하면 됩니다. 마음이 고요해지며 생각이 하나로 모아지면, 자연스럽게 궁극의 절정감을 불러일으키는 '슈퍼의식'이 각성될 것입니다.

이 요령을 일상에서 응용할 수 있다면 일상의 업무나 공부 또한, 우리가 신바람이 나게 즐길 수 있는 '취미'가 될 수 있을 것입니다. 업무나 공부가 주는 각종 부담과 스트레스를 "모른다!"로 벗어버리고, 지금 이 순간 자신이 하는 일에만 몰입할 수 있다면, 어떤 일도 슈퍼의식을 불러내는 '취미'가 될 수 있습니다.

일상의 업무를 취미로 삼게 되면 매 순간 무한한 행복감과 절정감을 누릴 수 있게 될 것입니다. 취미는 일상이 될 것이며, 일상은 취미가 될 것입니다. 취미를 누리며 사는 것은 분명 행복한 삶입니다. 그러나 자신이 하는 모든 일에 몰입하여 일상을 취미처럼 누릴 수만 있다면, 매 순간 최고로 행복한 삶을 누리게 될 것입니다.

몰입 7단계 프로그램

여기서 소개하는 '몰입 7단계 프로그램'은 지금까지 배워온 몰입의 전 과정을 쉽게 익힐 수 있도록 고안된 것입니다. 한 단계 한 단계를 넘어설 때마다 '몰입의 기술'은 비약적으로 발전하게 될 것입니다. 각 단계에서 제시하는 요령을 충분히 숙지하여 삶에 젖어들게 할 수만 있다면, 우리는 몰입의 기술을 손쉽게 익힐 수 있습니다.

주의할 것은 한 단계가 충분히 숙달된 뒤에 다음 단계로 나아가야 한다는 것입니다. 한 단계 한 단계에 충분히 몰입해야 하는 것이죠. 한 단계에 소요되는 시간은 최소 하루 이상을 잡아야 합니다. 하루 단위를 기본으로 잡고 연습하되 충분히 숙달되지 않았다고 느껴질 때는, 하루를 더 연장하는 방식으로 연습하면 될 것입니다.

만약 몰입이 잘 이루어져 각 단계를 하루 만에 돌파한다면 최소 일주일 즉 7일이면 충분히 몰입 7단계 프로그램을 익힐 수도 있을 것입니다. 그리고 각 단계들은 일련의 순서를 지니고 있지만, 또한 각 단계별로 특정한 효능을 독자적으로 가지고 있는 만큼, 원하는 단계를 먼저 연습해도 좋습니다. 예를 들어 일상에서 곧장 몰입을 실천하고 싶다면 5단계인 '특정 대상에 몰입하기'를 먼저 익혀도 좋습니다. 대상에 몰입하는 요령을 매일 일상에서 공부를 할 때나 업무를 처리할 때 바로 활용하면서, 따로 시간을 내서 1단계부터 순차적으로 익혀 나가면, 대상에 몰입하는 능력이 비약적으로 향상될 것입니다.

• 몰입 7단계 프로그램 •

❶ "모른다!"에 몰입하기
❷ "괜찮다!"에 몰입하기
❸ '호흡'에 몰입하기
❹ '몸'에 몰입하기
❺ '대상'에 몰입하기
❻ 몰입하여 사고하기
❼ '나'에게 몰입하기

• 1단계 "모른다!"에 몰입하기 •

몰입을 방해하는 각종 부정적인 잡념들이 우리 마음을 소란스럽게 해서는 몰입이 이루어질 수 없습니다. 언제 어디서든 "모른다!"를 자유롭게 활용하는 요령을 터득하여, 잡념을 효과적으로 차단하고, 슈퍼의식을 손쉽게 각성시키는 것이 이번 단계의 목표입니다.

구체적인 요령은 다음과 같습니다. "모른다!"라고 단호히 그리고 지속적으로 선언하는 것입니다. 이것도 5분 단위로 연습하면 되는데, 5분씩 끊어서 연습하되 미세한 변화가 나타나면 더욱 시간을 연장하면 됩니다. 5분 동안 어떤 생각이 떠오르든, "난 너를 몰라!" "모른다!" "내 이름을 모른다!"라고 단호히 꾸준하게 선언하면 됩니다. 어떠한 부정적인 잡념도 우리의 관심을 먹고 사는 바, "모른다!"라는 강력한 무관심을 당해낼 수는 없습니다.

"모른다!"라는 생각을 지속적으로 하다보면, 점차 일체의 잡념이 사라지게 됩니다. 그래서 머릿속이 깨끗이 텅 빈 상태에 도달하게 됩니다. 이때 우리 내면에서 '슈퍼의식'이 각성되게 되는데, 몸과 마음이 상쾌해지고 무한한 행복감과 충만으로 가득 차게 됩니다. 모든 잡념이 차단된 만큼 이러한 상태에서 특정 주제에 몰입하는 것은 아주 쉽습니다. 이 상태를 잘 활용할 수만 있다면, 우리는 더 이상 불필요한 소음에 시달리지 않게 될 것이며, 맑고 투명한 삶을 살 수 있게 될 것입니다.

5분 단위로 끊어서 연습하되, "모른다!"를 통해 일체 잡념을 잠재우고, 우리 내면이 무한한 행복감과 충만감에 휩싸일 때까지 연습을 진행합니다. 이 또한 몰입의 4단계에 의해 판단되는데, "모른다!"라는 말을 암송하지 않아도 "모른다!"는 상태가 저절로 흐르는 몰입의 4단계에 도달할 수 있다면, 이 단계의 연습은 충분합니다.

• 2단계 "괜찮다!"에 몰입하기 •

1단계의 "모른다!"가 모든 것을 절대적으로 부정하는 방식인데 반하여, 2단계의 "괜찮다!"는 모든 것을 절대적으로 긍정하는 방식입니다. "괜찮다!"는 일체의 불만 섞인 마음의 소리들을 철저히 껴안는 방법입니다. 언제 어디서든 "괜찮다!"를 자유롭게 활용하는 요령을 터득하여, 잡념을 효과적으로 차단하고, 지금 이 순간에 깊은 만족감을 느끼며, 슈퍼의식을 손쉽게 각성시키는 것이 이번 단계의 목표입니다.

다른 단계와 마찬가지로 5분 단위로 연습하되, 미세한 변화가 느껴지면 시간을 조금씩 연장해가면 됩니다. 구체적 요령은 마음에서 어떠한 생각이 떠오르든지, 무조건 "괜찮다!"라고 선언하고 깊은 만족감을 느끼는 것입니다. 처음에는 몰입이 잘 되지 않을 것입니다. 그러나 미소와 여유를 잃지 않으며 "괜찮다!"라고 단호히 선언하다보면 점차 젖어들게 될 것입니다.

이렇게 몰입이 점차 강화되다 보면, "괜찮다!"라는 말을 하지 않아도 "괜찮다!"라는 상태가 저절로 흐르는 몰입의 4단계에 도달하게 됩니다. 이때 내면에서는 슈퍼의식이 각성되어 무한한 행복감과 충만감을 느끼게 됩니다. 이러한 몰입의 4단계에 도달할 때까지 연습을 게을리해서는 안 됩니다. "괜찮다!"를 통해 몰입의 4단계에 도달할 수만 있다면, 우리의 삶은 매 순간 깊은 만족감 속에서 자연스럽게 물 흐르듯이 흐르게 될 것입니다.

• 3단계 '호흡'에 몰입하기 •

　들이쉬고 내쉬는 '호흡'은 우리가 살아있는 한 멈추는 법이 없어서 언제 어디서든 몰입의 주제로 삼기 좋습니다. 그리고 호흡에 대한 몰입은 마음을 다스리고 에너지를 충전하는 최고의 비결입니다. '호흡'에 자유롭게 몰입하는 요령을 터득하여, 슈퍼의식을 손쉽게 각성시키고 에너지를 빠르게 충전하는 것이 이번 단계의 목표입니다.

　'호흡'에 대한 몰입을 연습하기 위해서는, 먼저 눈을 감고 단정히 앉아서, 입가에 미소를 지으며 몰입 대상인 호흡을 애정 어린 시선으로 바라봐야 합니다. 그리고 호흡에 대해 부정적인 마음이 일어나면 앞 단계에서 익힌 "모른다!"와 "괜찮다!"를 활용하여 제거하고, 오직 지금 이 순간 호흡만을 바라보고 느껴야 합니다. 그리고 호흡에 몰입하게 되어 너무나 즐겁다고 생각해야 합니다. 이때 자신이 어느 시간과 어느 장소에 있다는 것을 잊어버려야 합니다. "지금 몇 시인지 모르겠다!" "지금 내가 어디 있는지 모르겠다!"라고 마음속으로 선언하면 됩니다.

　이렇게 마음을 먹은 다음 오직 들어오고 나가는 '호흡'만을 바라봐야 합니다. 숨이 내 몸에 들어오는 과정을 빈틈없이 관찰해야 하며, 숨이 내 몸에서 빠져나가는 과정을 빈틈없이 관찰해야 합니다. 들이쉴 때는 "들이쉰다!"라고 암송하며, 내쉴 때는 "내쉰다!"라고 암송하면, 호흡에 대한 몰입이 강화되어 잡념을 효과적으로 차단할 수 있을 것입니다. 오직 호흡만을 생각하고 느껴야 합니다. 그리고 이러한 관찰을 즐겨야 합니다.

5분 단위로 연습하면 됩니다. 단 5분의 연습으로도 미세한 변화가 일어날 것입니다. 뭔가 변화가 있었다면 조금씩 시간을 늘려 나가면 됩니다. 처음에는 호흡에 대한 몰입이 쉽지 않을 것입니다. 그러나 미소와 여유를 잃지 않고 "들이쉰다!" "내쉰다!"를 암송하면서 호흡에 집중하다 보면, 점차 호흡에 대한 몰입에 젖어들게 될 것입니다.

그러면 몰입의 단계가 점차 깊어지게 됩니다. 잡념에 시달리던 상태에서 점차 벗어나 어느덧 호흡만을 바라보고 느끼는 상태에 들어서게 됩니다. 단 5분 동안이라 할지라도, 오직 '호흡'만 바라보고 느낄 수 있으며, 마찰이 없이 흐르는 몰입이 가능해졌다면, 몰입의 4단계에 도달한 것입니다. 이때 우리의 '슈퍼의식'이 찬란하게 드러날 것입니다. 우리의 몸과 마음에서 신바람이 나게 될 것입니다.

• 4단계 '몸'에 몰입하기 •

'몸에 대한 몰입'은 우리 몸의 자연치유력과 우리 몸의 세포 하나하나를 깨워서 건강체로 만들어주는 비법입니다. 언제 어디서든 '몸'에 자유롭게 몰입하는 요령을 터득하여, 자신의 행위에 손쉽게 몰입하며, 몸과 마음의 건강을 유도하고, 슈퍼의식을 손쉽게 각성시키는 것이 이번 단계의 목표입니다.

구체적 요령은 다음과 같습니다. 먼저 입가에 미소를 지으며 단정히 앉거나 최대한 편안한 자세를 취하면서 자신의 몸을 의식합니다. 몸 전체에 몰입할 때는 머리에서부터 시작해서 왼쪽 팔, 오른쪽 팔, 그 다음에는 몸통, 그리고 왼쪽 다리, 오른쪽 다리를 순서대로 느끼면 되고, 시간이 부족하거나 특정 부위에 통증이 있을 때는 특정 부위에만 몰입해도 됩니다.

이때 신체 각각의 부위에서 느껴지는 촉감이나 맥박이 뛰는 느낌, 진동하는 느낌 등 느껴지는 모든 느낌에 마음을 열고 몰입해서 알아차리고 관찰해야 합니다. 다른 단계와 마찬가지로 5분 단위로 연습하되, 미세한 변화가 느껴지면 시간을 조금씩 연장하면 됩니다. 팔을 바라볼 때는 "팔!" "팔!"이라고 암송하고, 발을 바라볼 때는 "발!" "발!"이라고 암송하여, 주의가 다른 곳으로 향하거나 잡념이 침범하는 것을 막아야 합니다. 자신이 집중하고자 하는 대상을 마음속으로 암송하는 것이 몰입의 첫 번째 요령이니, 이 요령을 활용하여 자신의 '몸'에 몰입합니다.

몰입이 안정을 찾게 되면, 몸에 몰입한 상태에서 마음속으로 "건강하다!" "충만하다!" "편안하다!" "행복하다!"라고 단호히 선언한 뒤 다시 몸에 대한 몰입으로 돌아오면, 몸에 대한 몰입이 더욱 탄력을 받게 됩니다. 이러한 방식으로 5분 정도 몰입하고 몸의 변화를 관찰해 보면, 실제로 온몸이 편안해지고 충만해졌음을 느낄 수 있을 것입니다. 또한 몸에 대한 몰입을 방해하는 잡념이 떠오를 때마다 "모른다!" "괜찮다!"라고 암송하여 생각을 멈추게 해야 합니다.

몸의 각 부위에 대한 암송을 하지 않아도, 몸의 느낌이 온전히 느껴지는 몰입의 4단계에 도달할 때까지는 연습을 게을리해서는 안 됩니다. 몰입의 4단계에 도달하게 되면, 슈퍼의식이 각성되어 몸과 마음이 지극히 편안하고 상쾌해질 것입니다. '몸'에 대한 몰입을 자유롭게 할 수 있다면, 우리는 우리의 행동을 손쉽게 알아차리고 통제할 수 있으며, 우리의 몸과 마음은 더욱 건강해질 것입니다.

• 5단계 '대상'에 몰입하기 •

　지금까지 익힌 '호흡'에 대한 몰입과 "모른다!" "괜찮다!"의 판단중지에 대한 몰입을 활용하여, 특정 대상(일·공부·스포츠·독서 등)에 자유롭게 몰입하는 요령을 익히는 것이 이 단계의 목표입니다.

　몰입의 구체적 요령은 다음과 같습니다. 먼저 입가에 미소를 짓고 애정 어린 시선으로 대상을 바라보며, 평소에 그 대상을 싫어했다는 생각도 잊어버려야 하며, 지금 이 순간 그 대상을 꺼려한다는 사실도 잊어버려야 합니다. 만약 지금 몰입하고자 하는 대상에 대한 부정적인 생각이 일어난다면, "모른다!"라고 단호히 선언하여 생각을 멈추고, "괜찮다!" "이걸 하게 되어 난 너무 즐겁다!" "이걸 하는 지금 이 순간 최고다!"를 반복하여 즐거운 기분을 유도해내야 합니다.

　그리고 '몰입 대상'에 대해서 마음속으로 암송하는 요령을 활용해야 합니다. 5분을 한 단위로 하여, 공부를 한다면 "공부!" "공부!"라고 암송하며, 대화를 나눈다면 "대화!" "대화!"라고 암송하여 지금 이 순간 하는 그 대상에 완전히 몰입해야 합니다. 최소 5분 동안은 한 가지 대상에만 몰입해보십시오. 마음속으로 5분간 몰입 대상을 암송한 뒤 변화를 관찰해보십시오.

　한 가지 생각만을 꾸준히 지속하는 것은 다른 모든 잡념을 차단하고 몰입을 극대화시킵니다. 이러한 요령을 활용하여 몰입의 4단계에 도달할 때까지 몰고 가야 합니다. 공부를 할 때 "공부!"라고 암송하지 않아도 공부에 푹 빠져서 함께 흐르는 단계가 바로 몰입의 4단계입니다. 이때는 슈퍼의식이 각성되어 몰입 대상에 대한 각종 영감과 아이디어를 무궁무진하게 내놓을 수 있습니다.

• 6단계 몰입하여 사고하기 •

　5단계인 '대상'에 대한 몰입이 극치에 이르면, 뇌가 극도로 활성화되며 슈퍼의식이 발동하여 무한한 영감과 아이디어가 머릿속에서 춤을 추게 됩니다. 이러한 '몰입사고'를 자유롭게 유도해내고 활용하는 것이 이번 단계의 목표입니다.

　특정 대상에 대해 '몰입사고'를 통해 창조적인 해법을 찾고 싶다면, 먼저 주어진 문제를 '대상'으로 삼아서 몰입의 4단계에 들어가야 합니다. 5분을 단위로 하여 대상을 마음속으로 암송하여 몰입을 유도해야 합니다. 모든 관심과 애정을 '문제' 자체에만 향하게 하는 것이 중요합니다. 여유를 가지고 꾸준히 문제에 대해 집중적으로 생각하면서 "자명한 답은 무엇일까?"라고 지속적으로 암송해야 합니다.

　이때 몰입 상태를 깨뜨리지 않게 하기 위해서는, '① 양陽→② 음陰→③ 합合'의 3박자 사고의 원칙을 준수하면서, 최대한 자명한 정보들을 바탕으로, 머릿속이 헝클어지지 않도록 질서정연하게 사고하는 것이 좋습니다. 또한 반드시 미소를 지으면서 문제풀이 과정 자체를 즐긴다고 스스로에게 선언해야 합니다.

　답을 얻는 것에 집착해서는 '몰입의 흐름'이 깨지게 됩니다. 최대한 여유롭고 즐거운 기분을 유지해가면서 문제의 답에 접근해가야 합니다. 문제 때문에 스트레스를 과도하게 받아서도 안 되며, 흐리멍덩한 정신으로 문제풀이에 임해서도 안 됩니다. 고요하되 또랑또랑한 슈퍼의식이 각성되어야만 문제를 잘 풀어낼 수 있습니다.

혹시라도 답에 과도하게 집착하게 되거나, 부정적인 생각이 공격해 온다면, "모른다!" "괜찮다!"라고 단호히 선언해서 말끔히 물리쳐야 합니다. "문제를 풀지 못하면 어떡하지?"라는 절망적인 생각이 엄습해올 때는 단호히 "모른다!"라고 선언하면 됩니다. "큰일 났다!"라고 선언해버리면 정말로 큰일이 일어납니다. 더 이상 창조적인 답을 찾는 것이 불가능해집니다. 항상 마음의 여유를 잃어버리지 말고, 부정적인 상념에 대해서는 '판단중지'를 활용해야 합니다.

"어떤 문제이건 최선의 답은 반드시 존재한다!", "그 답을 우리의 슈퍼의식은 분명히 알고 있다!", "우리가 문제 자체에 여유롭게 몰입할 수만 있다면 우리 내면에 최선의 답이 떠오를 것이다!"라고 확신하고 선언해야 합니다. 이러한 마음가짐으로 모든 문제풀이에 도전할 수 있어야 합니다. 문제에 대해 여유롭되 깨어있는 마음으로 몰입할 수만 있다면, 언젠가는 분명히 최선의 답이 떠오를 것입니다.

문제에 완벽하게 몰입하면, 문제가 마음속에 흐르게 됩니다. 자나 깨나 사랑하는 연인을 생각하듯이, 자연스럽게 그 문제가 우리 마음속에서 사라지지 않게 됩니다. 스트레스를 받지 않으면서 즐거운 기분으로 이러한 상태를 맞이한다면, 우리의 내면에서는 슈퍼의식이 각성되어 무의식에 저장된 정보들을 효과적으로 검색하고 활용하게 됩니다. 그래서 이 문제에 필요한 자명하고 창조적인 아이디어들이 머릿속에 물밀듯이 떠오르게 될 것입니다. 이러한 상태를 실제로 체험하는 것이 이번 단계의 목표입니다.

• 7단계 '나'에게 몰입하기 •

　몰입력도 핸드폰처럼 충전해야 오래 사용할 수 있습니다. 모든 생각·감정·오감을 내려놓은 '나' 자신에 대한 몰입은, 슈퍼의식을 각성시키고 에너지의 낭비를 막아서, 우리의 몰입력을 급속히 충전해 줍니다. 이것을 실체로 체험하는 것이 이번 단계의 목표입니다.

　이번 단계에서 몰입하고자 하는 대상은 각 단계의 연습을 통해 각성시켰던 '슈퍼의식' 자체, 즉 '나라는 존재감'입니다. 몰입하는 주체이자 '슈퍼의식'인 '나'에 대해 몰입하는 것이 이번 단계의 연습 내용입니다. 따라서 '나'에 대한 몰입에 들어가는 요령은 크게 2가지로 나눌 수 있습니다. 첫째는 다른 대상에 대한 몰입을 먼저 유도한 다음, 몰입의 4단계에 도달했을 때 선명히 느껴지는 몰입의 주체인 '슈퍼의식'으로 몰입의 대상을 전환하는 방법입니다. 둘째는 애초부터 "나!" "나!"라고 암송하여 '나'에 대한 몰입을 단계별로 끌어올리는 방법입니다.

　첫째 방법은 모든 몰입 대상에 두루 적용할 수 있으나, 가장 손쉽게 몰입 상태를 유도하는 몰입 주제인 "모른다!"를 활용하는 것이 효과가 좋습니다. 물론 각자 개인의 취향에 따라 몰입이 잘 되는 몰입 주제를 활용해도 좋습니다. "모른다!"를 예로 들면, 5분 단위로 몰입 시간을 정한 뒤, "모른다!"를 지속적으로 암송하여 몰입의 단계를 높여갑니다. 그리고 "모른다!"라는 느낌만이 우리 내면을 감쌀 때, 선명히 느껴지는 우리 자신인 '나'로 관심을 돌려서 내면의 느낌에 몰입합니다. 그러면 "모른다!"에 대한 몰입에서 '나'에 대한 몰입으로의 전환이 일어납니다.

둘째 방법은 곧장 "나!"라고 지속적으로 암송하여 다른 잡념을 막고 슈퍼의식의 각성을 유도하는 방법입니다. 우리가 '대상'에 대한 몰입에서 활용했던 방법인, 몰입의 주제를 완전한 몰입에 이를 때까지 암송하는 방법을 활용하는 것입니다. 5분 단위로 몰입의 주제인 '나'를 지속적으로 암송합니다. "나!" "나!"라고 마음속으로 단호히 선언하는 것입니다. "나는 이렇게 생각한다." "나는 슬프다." "나는 이런저런 삶을 살고 있다." 등등 '나' 이외의 대상에 관심을 기울이지 말아야 합니다. 오직 주어가 되는 '나'에 대해서만 몰입해야 합니다.

눈을 감고 "나!" "나!"라고만 선언하고 '나라는 존재감'에만 모든 관심을 집중하면서 모든 걸 내려놓고 푹 쉬어보십시오! 오감도 내려놓고 감정도 내려놓고 생각도 내려놓아야 합니다. 모든 것을 내려놓고 '순수한 나'로서만 존재하십시오! 5분씩 연습하면 됩니다. 5분 동안만 모든 것을 내려놓고 백지 상태의 '순수한 나'로만 존재해보면, 참다운 휴식이 무엇인지 알 수 있을 것입니다.

5분 단위로 잠깐씩 짬을 내서 연습하더라도, 다시 생각·감정·오감에 접속을 했을 때 우리는 정말 활기차게 존재해 있는 자신을 발견하게 될 것입니다. 생각과 감정, 오감이 모두 활기차게 충전되어 있을 것입니다. 짧은 시간이라 할지라도 어떠한 내면의 잡음 없이 '순수한 나'로서만 존재할 수 있을 때까지 연습을 게을리해서는 안 됩니다.

유튜브(YouTube): 5분 몰입의 기술(수행의 중요한 팁)

▍양심노트 및 DVD강의 목록

양심노트

양심노트는 일상의 구체적이고 개별적인 생활 속의 사안들을 분석하는 가운데, 자연스럽게 양심의 목소리를 듣고 스스로의 영적 성장을 유도하는 훌륭한 도구입니다. 양심노트를 쓰다 보면 자명함과 뿌듯함을 늘 누리고 살게 되며, 당면한 문제들을 긍정적이고 창의적으로 풀어 나가는 힘을 갖게 됩니다.

윤홍식의 주역 강의(설괘전, 계사전)

영원한 고전 주역의 핵심 원리와 주요 개념을 정확하고 체계적으로 해설해 주는 강의입니다. 설괘전, 계사상전, 계사하전, 교재가 각각 별도의 상품으로 구성되어 있습니다. 주역의 원리와 심법, 개념 등을 이해하는 데 큰 도움을 줄 것입니다.

윤홍식의 대학 강의

대학에서 나를 다스리고 남을 다스리는 8가지 조목을 통해, 인간이 본래 갖추고 있는 양심인 명덕을 이해하고, 사물의 본질을 있는 그대로 꿰뚫어 보는 격물치지, 생각을 다스리는 성의, 감정을 다스리는 정심, 몸가짐을 다스리는 수신, 가정을 다스리고 나라와 천하를 다스리는 핵심 방법을 을 담고 있는 대학의 전문全文 강독입니다.

윤홍식의 중용 강의

희로애락을 초월한 만물의 뿌리 자리인 참나를 깨닫고, 희로애락을 조절하여 모든 사람들과 조화를 이루며, 천하를 경영하고 나아가 천지와 하나가 되는 심법을 담고 있는 중용의 전문全文 강독입니다.

▍양심노트 및 DVD강의 목록

윤홍식의 도마복음 강의

도마복음은 1945년 이집트의 나일강 상류 나그함마디 산기슭에서 발견된, 예수님의 어록으로 이루어진 바이블로서, 2천여 년간 감춰졌던 예수님의 비밀스런 가르침입니다. 옥스퍼드대 교수인 앤드류 하비가 '같은 해 8월 일본 히로시마와 나가사키에 투하된 원자폭탄에 버금가는 문헌'이라고 꼽을 만큼 기독교에 엄청난 영향력을 줄 수 있는 문헌으로, "곧장 내면의 하나님을 깨달으라!"는 파격적인 메시지를 담은 바이블을 현대적 감각에 맞게 해석해드립니다.

윤홍식의 노자 강의

늘 자신의 생명력을 충만하게 하고, 자연과 하나가 되어 살아가는, 무위자연의 경지에서 나와 남을 다스리는 무위의 리더십의 핵심을 담고 있는 노자의 전문 全文 강독입니다.

윤홍식의 수심결 강의

보조국사 지눌의 핵심사상인 돈오頓悟와 점수漸修, 정혜쌍수定慧雙修의 올바른 개념에서부터 '부처에 이르는 길'의 실천법까지, 윤홍식 대표의 해설과 지도로 선불교의 종지를 배울 수 있는 강의입니다.

윤홍식의 금강경 강의

기존의 어떠한 금강경 강의에서도 볼 수 없었던 참신한 번역과 해설을 통해, 금강경의 대승, 아공, 법공 등의 핵심 사상을 알기 쉽게 이해하실 수 있습니다. 금강경의 참뜻을 정확히 알고 싶은 분들께 강력하게 추천합니다.

이상의 DVD는 홍익학당 쇼핑몰(http://hihd.cafe24.com)에서 구입하실 수 있습니다.